해커스 JLPT
| 일본어능력시험 |
기출 단어장 N5-N3

학습을 위한
추가 혜택

무료 MP3
단어(일/일한)/단어+예문(일/일한)/연습문제 체크체크 MP3

[이용 방법]

해커스일본어 사이트(japan.Hackers.com) 접속 후 로그인 ▶
상단의 [교재/MP3 → MP3/자료] 클릭

해커스일본어 [MP3/자료] 바로 가기 ▶

Day별 단어 퀴즈 & 연습문제 체크체크 해석 (PDF)

[이용 방법]

해커스일본어 사이트(japan.Hackers.com) 접속 후 로그인 ▶
상단의 [교재/MP3 → MP3/자료] 클릭

해커스일본어 [MP3/자료] 바로 가기 ▶

해커스일본어 단과/종합 인강 **30%** 할인쿠폰

EFK9-2K2E-9F87-3000

* 쿠폰 유효기간: 쿠폰 등록 후 30일

[이용 방법]

해커스일본어 사이트(japan.Hackers.com) 접속 후 로그인 ▶
메인 우측 하단 [쿠폰&수강권 등록]에서 쿠폰번호 등록 후 강의 결제 시 사용 가능

쿠폰 바로
등록하기 ▶

* 본 쿠폰은 1회에 한해 등록 가능합니다.
* 이 외 쿠폰과 관련된 문의는 해커스 고객센터(02-537-5000)로 연락 바랍니다.

해커스 JLPT
| 일본어능력시험 |
기출 단어장 N5-N3가
특별한 이유!

01

JLPT N5-N3 기출 단어 한 번에 총정리!

JLPT N5·N4·N3에서 출제된 단어와 또 나올 단어를 한 권으로 한 번에 효율적으로 학습할 수 있어요.

02

JLPT N3에 딱 맞는 예문과 문형 정리!

JLPT N3에 나오는 예문과 빈출 문형으로 단어 학습뿐만 아니라 독해와 문법 학습도 도움이 돼요.

03

언제 어디서나
바로바로 골라 듣는
다양한 MP3!

QR코드와 모바일 스트리밍으로
다양한 버전의 MP3를
언제 어디서나 바로 들을 수 있어
듣기 실력도 꾸준히 키울 수 있어요.

04

해커스만의
추가 학습 자료!

각 Day의 연습문제 해석 및 MP3,
추가로 제공되는 단어 퀴즈 PDF로 단어
암기를 한층 더 강화할 수 있어요.

해커스일본어를 선택한 선배들의
일본어 실력 수직상승 비결!

해커스일본어와 함께라면
일본어 실력상승의 주인공은 바로 여러분입니다.

"

답답한 마음을 마치 사이다같이 뚫어주는 꿀팁!

해커스일본어 수강생 이*희

해커스일본어를 통해 공부하기 시작하니 그동안 잃었던 방향을 찾고 꽉 막힌 미로 속에서 지도를 찾은 기분이었고, 덕분에 혼자 공부를 하면서도 아주 만족하면서 공부를 할 수 있었던 것 같습니다. 특히나 혼자 책으로 공부했다면 절대 몰랐을 여러 선생님들의 설명들이 답답한 마음을 마치 사이다같이 뚫어주셔서 꿀팁들이 나올 때마다 마음속으로 정말 환호를 실었습니다.

 해커스일본어 수강생 오*혜

일본어 왕초보도 JLPT 자격증을 취득할 수 있었습니다.

한자의 뜻과 외우는 방법과 그 한자의 발음 등을 하나하나 자세하게 설명해 주셨고 그림과 함께 이해하기 쉽도록 강의를 진행해 주셨어요. 덕분에 한자가 들어간 단어를 보면 어느 정도 왜 이 단어가 만들어졌는지, 정확하겐 모르지만 대충 어떠한 단어겠거니 하는 유추가 가능해졌고 그게 JLPT의 시험에 많은 도움이 되었습니다.

한자를 보면 바로 나올 정도로 기억이 오래가요!

해커스일본어 수강생 감*환

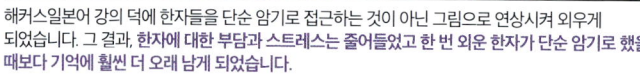

해커스일본어 강의 덕에 한자들을 단순 암기로 접근하는 것이 아닌 그림으로 연상시켜 외우게 되었습니다. 그 결과, 한자에 대한 부담과 스트레스는 줄어들었고 한 번 외운 한자가 단순 암기로 했을 때보다 기억에 훨씬 더 오래 남게 되었습니다.

 해커스일본어 수강생 황*희

일본어 한자 걱정 따위는 하지 않게 되었습니다!

강사님이 꼭 알아두면 좋은 한자나 닮아서 헷갈릴 수 있는 한자 등 중요한 부분만 딱딱 짚어서, 가끔 재밌는 예시도 들어주시면서 쉽게 설명해 주셔서 외우기 어려운 한자들도 쏙쏙 잘 이해되더라구요! 강사님 덕분에 한자를 외우는데 점점 재미도 들리기 시작했고, 한자 때문에 막막하기만 하던 독해 실력도 늘어나서 일석이조 같다는 생각이 들었습니다.

"

해커스일본어
japan.Hackers.com

더 많은 합격수기가 궁금하다면? ▶

해커스 JLPT
기출 단어장
N5-N3

해커스 어학연구소

목차

PART 1 | N5, N4 단어

DAY 01	숫자, 시점	12
DAY 02	가족, 일상생활	18
DAY 03	쇼핑, 음식	24
DAY 04	식당, 안내	30
DAY 05	날씨, 장소	36
DAY 06	교통, 의사소통	42
DAY 07	인물, 성격	48
DAY 08	신체, 가정	54
DAY 09	공부, 학교생활	60
DAY 10	신분, 회사	66
DAY 11	생각, 감정	72
DAY 12	건강, 환경	78
DAY 13	문화, 여가	84
DAY 14	취미, 기술	90
DAY 15	사회, 과학	96

PART 2 | 주제별 N3 단어

DAY 16	시기·숫자 관련	104
DAY 17	인간관계	112
DAY 18	일상생활	120
DAY 19	제품·쇼핑	128
DAY 20	음식·요리	136
DAY 21	식당	144
DAY 22	안내·홍보	152
DAY 23	날씨	160
DAY 24	장소	168
DAY 25	교통	176
DAY 26	의사소통	184
DAY 27	인물·성격	192
DAY 28	신체·외모	200
DAY 29	가정	208
DAY 30	공부	216

해커스 JLPT 기출 단어장 N5-N3

DAY 31	학교생활	224
DAY 32	신분·취업	232
DAY 33	회사·업무	240
DAY 34	생각·의견	248
DAY 35	느낌·감정	256
DAY 36	건강·질병	264
DAY 37	자연·환경	272
DAY 38	예술·문화	280
DAY 39	여가·취미	288
DAY 40	여행	296
DAY 41	운동·경기	304
DAY 42	기술	312
DAY 43	사회 이슈	320
DAY 44	경제	328
DAY 45	과학	336

PART 3 | N5-N3 가타카나어

DAY 46	일상생활	346
DAY 47	음식, 장소	350
DAY 48	학업, 업무	354
DAY 49	환경, 취미	358
DAY 50	운동 및 기타	362

인덱스	367

해커스만의 특별한 무료 학습 자료
- 단어(일/일한) MP3
- 단어+예문(일/일한) MP3
- 연습문제 체크체크 해석 PDF+MP3
- Day별 단어 퀴즈 PDF

모든 MP3와 학습 자료는 해커스일본어 사이트 (japan.Hackers.com)에서 무료로 다운로드 받으실 수 있습니다

이 책의 활용법

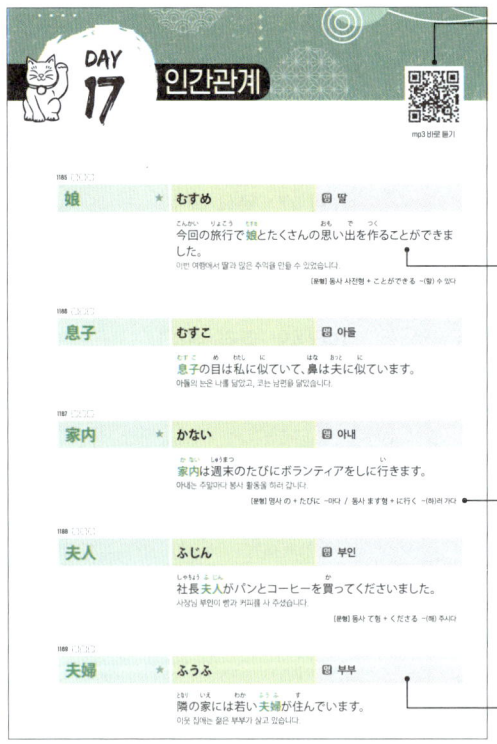

QR코드로 MP3 바로 듣기
QR코드를 통해 필요에 따라 선택할 수 있는 4가지 버전의 MP3를 언제 어디서나 바로 들으며 편리하게 학습할 수 있어요.

JLPT N3 맞춤 예문으로 학습하기
실제 JLPT N3 시험에서 나올법한 예문을 통해 단어의 올바른 쓰임을 효과적으로 학습할 수 있어요.

꼼꼼하게 정리된 문형 익히기
예문에 사용된 JLPT N3 빈출 문형이 꼼꼼히 정리되어 문형도 알차게 학습할 수 있어요.

간편하게 단어 암기 확인하기
발음과 뜻을 가리고 단어만 보면서 확실히 단어를 암기했는지 발음과 뜻을 떠올려보는 암기 확인이 가능해요.

● 교재에 사용된 품사 약호 설명

명 명사　**동** 동사　**い형** い형용사　**な형** な형용사　**접** 접속사　**부** 부사

* 교재에 수록된 모든 단어의 한자 및 히라가나 표기는 JLPT N5-N3 출제 경향에 따른 것입니다.

해커스 JLPT 기출 단어장 N5-N3

연습문제 체크체크!로 확인하기

모든 Day의 마지막에 수록되는 연습문제를 통해 학습한 단어를 간단하고 빠르게 복습하고, 확인할 수 있어요.

다양한 버전의 MP3 골라 듣기

교재에 수록된 모든 단어와 예문에 대한 4가지 버전의 MP3로 학습방법을 다양하게 바꾸면서 단어를 들으며 익힐 수 있어요.

*4가지 버전의 MP3
1. 단어(일) MP3
2. 단어(일한) MP3
3. 단어+예문(일) MP3
4. 단어+예문(일한) MP3

Day별 단어 퀴즈 PDF로 복습하기

Day별 단어 퀴즈 PDF를 활용하여 확실하게 단어를 암기했는지 스스로 점검하고 복습할 수 있어요.

해커스가 제시하는
JLPT N3 단어 학습법

단어를 쓰고 들으며 암기한다!

① 단어를 쓰며 암기하기

단어를 종이에 직접 쓰면서 한자와 히라가나 또는 가타카나, 그리고 뜻을 중얼중얼 반복하면, 쉽고 빠르게 외울 수 있을 뿐만 아니라 오래 기억할 수 있어요.

[예시]

→ 손으로 써보면서 외워요!

学校 がっこう   명 학교

→ 한자와 히라가나, 뜻을 중얼중얼 반복해요!

② MP3를 듣고 따라 읽으며 암기하기

일본어 전문 성우가 읽어주는 발음을 듣고 따라 읽으면 좀 더 확실하게 단어를 암기할 수 있어요.

단어(일한) MP3
일본어와 한국어를 번갈아 들으면서 단어를 외워요.

단어(일) MP3
단어를 일본어로만 듣고 따라 읽으면서 뜻을 정확하게 알고 있는지 스스로 점검해요. 뜻이 잘 떠오르지 않는 단어는 교재에서 다시 찾아보고 복습하여, 확실하게 암기할 수 있도록 해요.

해커스 JLPT 기출 단어장 N5-N3

예문을 읽고 들으며 단어를 한 번 더 암기한다!

① 예문을 읽으며 단어의 쓰임 이해하기

예문을 읽을 때 예문에 사용된 단어의 쓰임을 이해하고, 해석을 통해 의미를 파악하면 단어를 재미있고, 확실하게 암기할 수 있어요.

[예시]

> ほんじつ　　いっしゅうかん　と しょかん　　こう じ
> 本日から一週間図書館の工事をします。
> 오늘부터 일주일간 도서관의 공사를 합니다.

② MP3를 듣고 따라 읽으며 단어와 예문 한 번에 익히기

일본어 전문 성우가 읽어주는 단어와 예문을 듣고 따라 읽으면 단어를 확실하게 암기할 수 있을 뿐만 아니라 청해 실력까지 향상시킬 수 있어요.

단어+예문(일한) MP3

단어와 단어가 활용된 예문까지 정확하게 듣고 이해하는 연습을 해요. 이를 통해 단어를 정확히 들을 수 있을 뿐만 아니라 듣고 이해하는 능력까지 향상시킬 수 있어요.

단어+예문(일) MP3

단어와 예문을 일본어로만 듣고 따라 읽으면서 뜻을 떠올려보아요. 잘 모르는 단어와 예문은 교재에서 다시 찾아보고, 반복하여 들으면서 직청직해가 될 수 있도록 해요.

암기 강화 학습 플랜

50일 학습 플랜

매일 1개 Day의 학습 분량을 차근차근 확실하게 암기하고 싶은 학습자에게 추천합니다.
11일째부터는 괄호 안 Day의 단어 중 잘 안 외워진 단어를 위주로 한 번 더 학습합니다.

1일 __월__일 DAY 01	2일 __월__일 DAY 02	3일 __월__일 DAY 03	4일 __월__일 DAY 04	5일 __월__일 DAY 05
6일 __월__일 DAY 06	7일 __월__일 DAY 07	8일 __월__일 DAY 08	9일 __월__일 DAY 09	10일 __월__일 DAY 10
11일 __월__일 DAY 11 (DAY 1, 2)	12일 __월__일 DAY 12 (DAY 3, 4)	13일 __월__일 DAY 13 (DAY 5, 6)	14일 __월__일 DAY 14 (DAY 7, 8)	15일 __월__일 DAY 15 (DAY 9, 10)
16일 __월__일 DAY 16 (DAY 11, 12)	17일 __월__일 DAY 17 (DAY 13, 14, 15)	18일 __월__일 DAY 18 (DAY 1–15)	19일 __월__일 DAY 19 (DAY 16)	20일 __월__일 DAY 20 (DAY 17)
21일 __월__일 DAY 21 (DAY 18)	22일 __월__일 DAY 22 (DAY 19)	23일 __월__일 DAY 23 (DAY 20)	24일 __월__일 DAY 24 (DAY 21)	25일 __월__일 DAY 25 (DAY 22)
26일 __월__일 DAY 26 (DAY 23)	27일 __월__일 DAY 27 (DAY 24)	28일 __월__일 DAY 28 (DAY 25)	29일 __월__일 DAY 29 (DAY 26)	30일 __월__일 DAY 30 (DAY 27)
31일 __월__일 DAY 31 (DAY 28)	32일 __월__일 DAY 32 (DAY 29)	33일 __월__일 DAY 33 (DAY 30)	34일 __월__일 DAY 34 (DAY 31)	35일 __월__일 DAY 35 (DAY 32)
36일 __월__일 DAY 36 (DAY 33)	37일 __월__일 DAY 37 (DAY 34)	38일 __월__일 DAY 38 (DAY 35)	39일 __월__일 DAY 39 (DAY 36)	40일 __월__일 DAY 40 (DAY 37)

41일 __월__일	42일 __월__일	43일 __월__일	44일 __월__일	45일 __월__일
DAY 41 (DAY 38)	DAY 42 (DAY 39)	DAY 43 (DAY 40)	DAY 44 (DAY 41)	DAY 45 (DAY 42)
46일 __월__일	47일 __월__일	48일 __월__일	49일 __월__일	50일 __월__일
DAY 46 (DAY 43)	DAY 47 (DAY 44)	DAY 48 (DAY 45)	DAY 49 (DAY 16-45)	DAY 50 (DAY 46-50)

30일 학습 플랜

일본어 기초 학습이나 N5·N4 시험 경험이 있어 빠르게 단어를 암기하고 싶은 학습자에게 추천합니다.

1일 __월__일	2일 __월__일	3일 __월__일	4일 __월__일	5일 __월__일
DAY 1, 2	DAY 3, 4	DAY 5, 6	DAY 7, 8	DAY 9, 10
6일 __월__일	7일 __월__일	8일 __월__일	9일 __월__일	10일 __월__일
DAY 11, 12	DAY 13, 14	DAY 15	DAY 1-15 복습	DAY 16, 17
11일 __월__일	12일 __월__일	13일 __월__일	14일 __월__일	15일 __월__일
DAY 18, 19	DAY 20, 21	DAY 22, 23	DAY 24, 25	DAY 16-25 복습
16일 __월__일	17일 __월__일	18일 __월__일	19일 __월__일	20일 __월__일
DAY 26, 27	DAY 28, 29	DAY 30, 31	DAY 32, 33	DAY 34, 35
21일 __월__일	22일 __월__일	23일 __월__일	24일 __월__일	25일 __월__일
DAY 26-35 복습	DAY 36, 37	DAY 38, 39	DAY 40, 41	DAY 42, 43
26일 __월__일	27일 __월__일	28일 __월__일	29일 __월__일	30일 __월__일
DAY 44, 45	DAY 36-45 복습	DAY 46, 47	DAY 48, 49, 50	DAY 46-50 복습

무료 학습자료 제공
japan.Hackers.com

PART 1
N5, N4 단어

DAY 01-15

 숫자, 시점

mp3 바로 듣기

0001	一	いち	명 1, 일
0002	二	に	명 2, 이
0003	三	さん	명 3, 삼
0004	四	し/よん	명 4, 사
0005	五	ご	명 5, 오
0006	六	ろく	명 6, 육
0007	七	しち/なな	명 7, 칠
0008	八	はち	명 8, 팔
0009	九	きゅう/く	명 9, 구
0010	十	じゅう	명 10, 십
0011	百	ひゃく	명 100, 백
0012	千	せん	명 1000, 천
0013	万	まん	명 10000, 만
0014	以上 ★	いじょう	명 이상
0015	以下 ★	いか	명 이하

★ 표시 = 2010년 이후 N5, N4 문자·어휘 기출 단어

0016	数 ★	かず	명 수, 숫자
0017	数える ★	かぞえる	동 세다
0018	割る ★	わる	동 나누다, 깨뜨리다
0019	足す ★	たす	동 더하다, 보태다
0020	朝 ★	あさ	명 아침
0021	昼 ★	ひる	명 낮
0022	昼間	ひるま	명 주간, 낮 동안
0023	夕方 ★	ゆうがた	명 저녁 무렵
0024	夕べ	ゆうべ	명 저녁때
0025	晩 ★	ばん	명 밤, 해 질 녘
0026	夜 ★	よる	명 밤
0027	夜中	よなか	명 한밤중
0028	深夜	しんや	명 심야
0029	今朝 ★	けさ	명 오늘 아침
0030	今夜 ★	こんや	명 오늘 밤
0031	毎朝 ★	まいあさ	명 매일 아침

DAY 01

해커스 JLPT 기출 단어장 N5-N3

★ 표시 = 2010년 이후 N5, N4 문자·어휘 기출 단어

0032	毎晩 ★	まいばん	명 매일 밤
0033	午前 ★	ごぜん	명 오전
0034	午後 ★	ごご	명 오후
0035	昔	むかし	명 예전, 옛날
0036	今	いま	명 지금
0037	後 ★	あと	명 후, 뒤, 나중
0038	もう ★	-	부 벌써, 이미
0039	最後 ★	さいご	명 최후, 마지막
0040	遅い ★	おそい	い형 늦다, 느리다
0041	一日中	いちにちじゅう	하루 종일
0042	以内 ★	いない	명 이내
0043	時間	じかん	명 시간
0044	時	とき	명 때
0045	おととい ★	-	명 그저께
0046	二日前 ★	ふつかまえ	2일 전
0047	昨日 ★	きのう	명 어제

★ 표시 = 2010년 이후 N5, N4 문자·어휘 기출 단어

0048	今日	★	きょう	명 오늘
0049	明日		あした	명 내일
0050	あさって		-	명 모레
0051	先日		せんじつ	명 얼마 전, 며칠 전
0052	先月		せんげつ	명 지난달
0053	先週	★	せんしゅう	명 지난주
0054	今月	★	こんげつ	명 이번 달
0055	今週	★	こんしゅう	명 이번 주
0056	来月	★	らいげつ	명 다음 달
0057	来週	★	らいしゅう	명 다음 주
0058	おととし	★	-	명 재작년
0059	二年前	★	にねんまえ	2년 전
0060	去年	★	きょねん	명 작년, 지난해
0061	今年		ことし	명 올해
0062	来年	★	らいねん	명 내년
0063	再来年		さらいねん	명 후년, 다음 다음 해

DAY 01

해커스 JLPT 기출 단어장 N5-N3

★ 표시 = 2010년 이후 N5, N4 문자·어휘 기출 단어

0064	毎日 ★	まいにち	명 매일
0065	毎月	まいつき/まいげつ	명 매월
0066	毎年 ★	まいとし	명 매년, 매해
0067	半年	はんとし	명 반 년
0068	眠い ★	ねむい	い형 졸리다
0069	眠たい ★	ねむたい	い형 졸리다(眠い보다 센 정도)
0070	眠る ★	ねむる	동 자다, 잠들다
0071	寝る	ねる	동 자다
0072	寝坊 ★	ねぼう	명 늦잠
0073	出る ★	でる	동 나가다, 나오다
0074	届ける ★	とどける	동 보내다
0075	届く ★	とどく	동 도착하다, 도달하다

연습문제 체크체크!

[1] 각 한자 단어의 발음을 찾아 연결하고, 빈칸에 뜻을 써보세요.

01 数　　　　　ⓐ いじょう　　　_____
02 以上　　　　ⓑ かず　　　　　_____
03 今朝　　　　ⓒ でる　　　　　_____
04 出る　　　　ⓓ こんや　　　　_____
05 今夜　　　　ⓔ きょねん　　　_____
06 割る　　　　ⓕ けさ　　　　　_____
07 去年　　　　ⓖ かぞえる　　　_____
08 最後　　　　ⓗ さいご　　　　_____
　　　　　　　ⓘ わる　　　　　_____

[2] 각 발음의 한자 표기를 찾아 연결하고, 빈칸에 뜻을 써보세요.

09 ねぼう　　　　ⓐ 来月　　　_____
10 こんしゅう　　ⓑ 夜　　　　_____
11 ばん　　　　　ⓒ 毎日　　　_____
12 らいげつ　　　ⓓ 夕方　　　_____
13 ゆうがた　　　ⓔ 寝坊　　　_____
14 ふつかまえ　　ⓕ 晩　　　　_____
15 ごご　　　　　ⓖ 二日前　　_____
16 まいにち　　　ⓗ 今週　　　_____
　　　　　　　　ⓘ 午後　　　_____

정답: [1] 01 ⓑ 수, 숫자　02 ⓐ 이상　03 ⓕ 오늘 아침　04 ⓒ 나가다, 나오다　05 ⓓ 오늘 밤　06 ⓘ 나누다, 깨뜨리다
07 ⓔ 작년, 지난해　08 ⓗ 최후, 마지막　*ⓖ 세다　[2] 09 ⓔ 늦잠　10 ⓗ 이번 주　11 ⓕ 밤, 해 질 녘　12 ⓐ 다음 달
13 ⓓ 저녁 무렵　14 ⓖ 2일 전　15 ⓘ 오후　16 ⓒ 매일　*ⓑ 밤

DAY 02 가족, 일상생활

mp3 바로 듣기

0076	家族	★	かぞく	명 가족
0077	父	★	ちち	명 (나의) 아빠, 아버지
0078	お父さん	★	おとうさん	명 아버지
0079	父親		ちちおや	명 부친
0080	母	★	はは	명 (나의) 엄마, 어머니
0081	お母さん	★	おかあさん	명 어머니
0082	母親	★	ははおや	명 모친
0083	両親	★	りょうしん	명 부모님
0084	兄	★	あに	명 (나의) 형, 오빠
0085	お兄さん	★	おにいさん	명 형, 오빠
0086	姉	★	あね	명 (나의) 누나, 언니
0087	お姉さん	★	おねえさん	명 누나, 언니
0088	弟	★	おとうと	명 (나의) 남동생
0089	妹	★	いもうと	명 (나의) 여동생
0090	兄弟	★	きょうだい	명 형제

★ 표시 = 2010년 이후 N5, N4 문자·어휘 기출 단어

0091	祖父 ★	そふ	명 (나의) 할아버지
0092	おじいさん	-	명 할아버지
0093	祖母	そぼ	명 (나의) 할머니
0094	おばあさん ★	-	명 할머니
0095	夫	おっと	명 남편
0096	主人	しゅじん	명 남편, 주인
0097	妻	つま	명 처, 아내
0098	奥さん	おくさん	명 부인
0099	おば	-	명 이모, 고모
0100	親戚	しんせき	명 친척
0101	親類	しんるい	명 친척(가족을 제외한 혈족의 총칭)
0102	自分 ★	じぶん	명 자기 자신
0103	友達 ★	ともだち	명 친구, 벗
0104	友人	ゆうじん	명 친구
0105	先輩	せんぱい	명 선배
0106	秘密 ★	ひみつ	명 비밀

DAY 02

해커스 JLPT 기출 단어장 N5-N3

★ 표시 = 2010년 이후 N5, N4 문자·어휘 기출 단어

0107	訪ねる	★	たずねる	동 방문하다
0108	借りる	★	かりる	동 빌리다
0109	近い	★	ちかい	い형 가깝다
0110	会う	★	あう	동 만나다
0111	間	★	あいだ	명 사이, 간격
0112	貸す	★	かす	동 빌려주다
0113	けんか	★	-	명 다툼, 싸움
0114	彼女	★	かのじょ	명 그녀
0115	遊ぶ	★	あそぶ	동 놀다
0116	関係		かんけい	명 관계
0117	一緒に		いっしょに	함께, 같이
0118	お世話になる		おせわになる	신세를 지다
0119	朝ご飯		あさごはん	명 아침밥
0120	夕飯		ゆうはん	명 저녁밥
0121	閉じる	★	とじる	동 (눈을) 감다, 닫히다
0122	ぬる	★	-	동 바르다

★ 표시 = 2010년 이후 N5, N4 문자·어휘 기출 단어

0123	浴びる	★	あびる	동 (물을) 뒤집어쓰다
0124	はく	★	–	동 (바지, 치마 등을) 입다
0125	かぶる	★	–	동 (모자를) 쓰다, 뒤집어쓰다
0126	脱ぐ	★	ぬぐ	동 벗다
0127	付ける	★	つける	동 붙이다, (전등을) 켜다
0128	なる	★	–	동 (벨 등이) 울리다
0129	生活		せいかつ	명 생활
0130	付く		つく	동 붙다, (기계 등이) 켜지다
0131	引く	★	ひく	동 끌다, 빼다, (선을) 긋다
0132	拾う	★	ひろう	동 줍다
0133	下げる	★	さげる	동 내리다
0134	並べる	★	ならべる	동 늘어놓다
0135	持つ	★	もつ	동 들다, 가지다, 지니다
0136	取る	★	とる	동 집다, 들다, 잡다
0137	しまう	★	–	동 안에 넣다, 끝내다
0138	入れる		いれる	동 넣다

PART 1 N5, N4 단어 | DAY 02 가족, 일상생활

★ 표시 = 2010년 이후 N5, N4 문자·어휘 기출 단어

0139	送る	★	おくる	동 보내다
0140	招待	★	しょうたい	명 초대
0141	手伝う	★	てつだう	동 돕다
0142	となり	★	–	명 옆, 이웃
0143	返す	★	かえす	동 돌려주다
0144	経験	★	けいけん	명 경험
0145	半分	★	はんぶん	명 반, 절반, 반절
0146	ある	★	–	동 (사물, 식물이) 있다
0147	いる	★	–	동 (사람, 동물이) 있다
0148	やおや		–	명 채소 가게
0149	聞こえる		きこえる	동 들리다
0150	すっかり		–	부 모두, 온통, 완전히
0151	できるだけ		–	가능한 한

연습문제 체크체크!

[1] 각 한자 단어의 발음을 찾아 연결하고, 빈칸에 뜻을 써보세요.

01 兄弟	ⓐ はんぶん	_____
02 持つ	ⓑ けいけん	_____
03 半分	ⓒ きょうだい	_____
04 返す	ⓓ かす	_____
05 経験	ⓔ かえす	_____
06 招待	ⓕ もつ	_____
07 秘密	ⓖ あに	_____
08 兄	ⓗ ひみつ	_____
	ⓘ しょうたい	_____

[2] 각 발음의 한자 표기를 찾아 연결하고, 빈칸에 뜻을 써보세요.

09 じぶん	ⓐ 送る	_____
10 かぞく	ⓑ 自分	_____
11 ひろう	ⓒ 家族	_____
12 おとうと	ⓓ 妹	_____
13 おくる	ⓔ 手伝う	_____
14 てつだう	ⓕ 拾う	_____
15 かのじょ	ⓖ 彼女	_____
16 いもうと	ⓗ 取る	_____
	ⓘ 弟	_____

정답: [1] 01 ⓒ 형제 02 ⓕ 들다, 가지다, 지니다 03 ⓐ 반, 절반, 반절 04 ⓔ 돌려주다 05 ⓑ 경험 06 ⓘ 초대 07 ⓗ 비밀 08 ⓖ (나의) 형, 오빠 *ⓓ 빌려주다 [2] 09 ⓑ 자기 자신 10 ⓒ 가족 11 ⓕ 줍다 12 ⓘ (나의) 남동생 13 ⓐ 보내다 14 ⓔ 돕다 15 ⓖ 그녀 16 ⓓ (나의) 여동생 *ⓗ 집다, 들다, 잡다

DAY 03 쇼핑, 음식

mp3 바로 듣기

0152	買い物	★	かいもの	명 쇼핑
0153	都合	★	つごう	명 형편, 사정
0154	予定	★	よてい	명 예정
0155	用事	★	ようじ	명 용무, 볼일, 용건
0156	靴	★	くつ	명 신발
0157	靴下		くつした	명 양말
0158	着る	★	きる	동 입다
0159	服		ふく	명 옷
0160	下着		したぎ	명 속옷
0161	洋服		ようふく	명 양복
0162	しめる		-	동 (넥타이를) 매다
0163	手袋		てぶくろ	명 장갑
0164	製品		せいひん	명 제품
0165	新製品		しんせいひん	명 신제품
0166	品物		しなもの	명 물건, 물품

★ 표시 = 2010년 이후 N5, N4 문자·어휘 기출 단어

0167	鏡		かがみ	명 거울
0168	財布	★	さいふ	명 지갑
0169	かばん		-	명 가방
0170	花瓶		かびん	명 화병, 꽃병
0171	人形		にんぎょう	명 인형
0172	値段	★	ねだん	명 가격
0173	高い	★	たかい	い형 비싸다, 높다
0174	安い	★	やすい	い형 싸다
0175	珍しい	★	めずらしい	い형 드물다, 희귀하다
0176	新しい	★	あたらしい	い형 새롭다
0177	薄い	★	うすい	い형 얇다, (색, 맛이) 연하다
0178	柔らかい	★	やわらかい	い형 부드럽다
0179	買う	★	かう	동 사다
0180	売る	★	うる	동 팔다
0181	売り場	★	うりば	명 파는 곳, 매장
0182	包む	★	つつむ	동 싸다, 포장하다

★ 표시 = 2010년 이후 N5, N4 문자·어휘 기출 단어

0183	取り替える ★	とりかえる	동 바꾸다, 교환하다
0184	いる ★	-	동 필요하다
0185	おつり ★	-	명 거스름돈
0186	封筒	ふうとう	명 봉투
0187	ご飯	ごはん	명 밥, 식사
0188	晩ご飯	ばんごはん	명 저녁 식사
0189	卵 ★	たまご	명 달걀
0190	肉	にく	명 고기
0191	牛肉	ぎゅうにく	명 소고기
0192	とり肉	とりにく	명 닭고기
0193	豚肉	ぶたにく	명 돼지고기
0194	魚 ★	さかな	명 생선, 물고기
0195	かき氷	かきごおり	명 빙수
0196	そば	-	명 소바, 메밀국수
0197	すし	-	명 스시, 초밥
0198	おにぎり	-	명 주먹밥

★ 표시 = 2010년 이후 N5, N4 문자·어휘 기출 단어

0199	果物	★	くだもの	명 과일
0200	りんご	★	–	명 사과
0201	いちご		–	명 딸기
0202	みかん	★	–	명 귤
0203	もも		–	명 복숭아
0204	ぶどう		–	명 포도
0205	野菜	★	やさい	명 채소
0206	にんじん	★	–	명 당근
0207	飲み物	★	のみもの	명 음료
0208	お茶		おちゃ	명 (마시는) 차
0209	紅茶	★	こうちゃ	명 홍차
0210	牛乳		ぎゅうにゅう	명 우유
0211	お湯		おゆ	명 따뜻한 물
0212	飲む	★	のむ	동 마시다, (약을) 먹다
0213	食べる	★	たべる	동 먹다
0214	甘い	★	あまい	い형 달다

DAY 03

해커스 JLPT 기출 단어장 N5-N3

PART 1 N5, N4 단어 | DAY 03 쇼핑, 음식 **27**

★ 표시 = 2010년 이후 N5, N4 문자·어휘 기출 단어

0215	辛い		からい	い형	맵다
0216	おいしい	★	–	い형	맛있다
0217	まずい		–	い형	맛없다
0218	冷える	★	ひえる	동	식다, 차가워지다
0219	熱い	★	あつい	い형	뜨겁다
0220	さとう	★	–	명	설탕
0221	しょうゆ		–	명	간장
0222	料理	★	りょうり	명	요리
0223	沸かす	★	わかす	동	끓이다
0224	冷やす		ひやす	동	식히다
0225	手軽だ		てがるだ	な형	손쉽다
0226	滑る		すべる	동	미끄러지다
0227	無くす	★	なくす	동	잃다, 없애다

연습문제 체크체크!

[1] 각 한자 단어의 발음을 찾아 연결하고, 빈칸에 뜻을 써보세요.

01 料理　　　　　ⓐ あまい　　　　_____

02 予定　　　　　ⓑ やさい　　　　_____

03 野菜　　　　　ⓒ うすい　　　　_____

04 甘い　　　　　ⓓ くだもの　　　_____

05 薄い　　　　　ⓔ りょうり　　　_____

06 卵　　　　　　ⓕ よてい　　　　_____

07 靴　　　　　　ⓖ にんじん　　　_____

08 果物　　　　　ⓗ たまご　　　　_____

　　　　　　　　　ⓘ くつ

[2] 각 발음의 한자 표기를 찾아 연결하고, 빈칸에 뜻을 써보세요.

09 きる　　　　　ⓐ 売る　　　　　_____

10 あたらしい　　ⓑ 熱い　　　　　_____

11 つごう　　　　ⓒ 都合　　　　　_____

12 めずらしい　　ⓓ 用事　　　　　_____

13 あつい　　　　ⓔ 新しい　　　　_____

14 ようじ　　　　ⓕ 着る　　　　　_____

15 ねだん　　　　ⓖ 安い　　　　　_____

16 うる　　　　　ⓗ 珍しい　　　　_____

　　　　　　　　　ⓘ 値段

정답: [1] 01 ⓔ 요리　02 ⓕ 예정　03 ⓑ 채소　04 ⓐ 달다　05 ⓒ 얇다, (색, 맛이) 연하다　06 ⓗ 달걀　07 ⓘ 신발
08 ⓓ 과일　*ⓖ 당근　[2] 09 ⓕ 입다　10 ⓔ 새롭다　11 ⓒ 형편, 사정　12 ⓗ 드물다, 희귀하다　13 ⓑ 뜨겁다
14 ⓓ 용무, 볼일, 용건　15 ⓘ 가격　16 ⓐ 팔다　*ⓖ 싸다

DAY 04 식당, 안내

mp3 바로 듣기

0228	食堂	★	しょくどう	명	식당
0229	皿	★	さら	명	접시
0230	ちゃわん		-	명	찻종, 밥공기
0231	(お)はし		-	명	젓가락
0232	味	★	あじ	명	맛
0233	におい		-	명	냄새
0234	食料品	★	しょくりょうひん	명	식료품
0235	食品		しょくひん	명	식품
0236	うまい	★	-	い형	맛있다, 솜씨가 좋다
0237	有名だ	★	ゆうめいだ	な형	유명하다
0238	ただ		-	명	무료, 공짜
0239	天ぷら		てんぷら	명	튀김
0240	喫茶店	★	きっさてん	명	찻집, 카페
0241	特色		とくしょく	명	특색
0242	店員	★	てんいん	명	점원

★ 표시 = 2010년 이후 N5, N4 문자·어휘 기출 단어

0243	店長		てんちょう	명	점장(님)
0244	閉まる	★	しまる	동	닫히다
0245	空く	★	すく	동	비다, 한산하다
0246	食事	★	しょくじ	명	식사
0247	昼ご飯	★	ひるごはん	명	점심 식사
0248	夕食		ゆうしょく	명	저녁 식사
0249	今晩		こんばん	명	오늘 밤
0250	頼む	★	たのむ	동	주문하다, 부탁하다
0251	注文		ちゅうもん	명	주문
0252	払う	★	はらう	동	지불하다
0253	並ぶ	★	ならぶ	동	줄을 서다
0254	呼ぶ	★	よぶ	동	부르다
0255	客		きゃく	명	손님
0256	まず		-	부	우선
0257	ご飯を食べる	★	ごはんをたべる		밥을 먹다
0258	案内	★	あんない	명	안내

DAY 04

해커스 JLPT 기출 단어장 N5~N3

PART 1 N5, N4 단어 | DAY 04 식당, 안내

★ 표시 = 2010년 이후 N5, N4 문자·어휘 기출 단어

0259	月曜日		げつようび	명 월요일
0260	火曜日	★	かようび	명 화요일
0261	水曜日	★	すいようび	명 수요일
0262	木曜日	★	もくようび	명 목요일
0263	金曜日	★	きんようび	명 금요일
0264	土曜日	★	どようび	명 토요일
0265	日曜日	★	にちようび	명 일요일
0266	曜日		ようび	명 요일
0267	いつ		-	명 언제
0268	変更		へんこう	명 변경
0269	一週間		いっしゅうかん	명 일주일간, 일 주간
0270	期間		きかん	명 기간
0271	日程		にってい	명 일정
0272	日		ひ	명 날, 날짜
0273	受付	★	うけつけ	명 접수(처)
0274	会場	★	かいじょう	명 회장(모임을 가지는 곳)

★ 표시 = 2010년 이후 N5, N4 문자·어휘 기출 단어

0275	予約 ★	よやく	명 예약
0276	指定	してい	명 지정
0277	連絡 ★	れんらく	명 연락
0278	申し込む	もうしこむ	동 신청하다
0279	番号	ばんごう	명 번호
0280	注意 ★	ちゅうい	명 주의
0281	伝える ★	つたえる	동 전달하다, 알리다
0282	探す ★	さがす	동 찾다
0283	(お)知らせ	(お)しらせ	명 안내문, 알림
0284	係り ★	かかり	명 담당
0285	今度 ★	こんど	명 이번, 이다음
0286	今回	こんかい	명 이번, 이번 회
0287	説明 ★	せつめい	명 설명
0288	間に合う ★	まにあう	동 시간에 맞추다, 늦지 않다
0289	待つ ★	まつ	동 기다리다
0290	できる	-	동 할 수 있다, 생기다

★ 표시 = 2010년 이후 N5, N4 문자·어휘 기출 단어

0291	始まる	はじまる	동 시작되다
0292	ゆっくり	–	부 느긋하게, 천천히
0293	はじめに ★	–	우선, 먼저
0294	それから	–	접 그리고
0295	行う ★	おこなう	동 행하다
0296	開く ★	ひらく	동 열리다
0297	開館	かいかん	명 개관
0298	開始	かいし	명 개시
0299	運動会	うんどうかい	명 운동회
0300	展覧会	てんらんかい	명 전람회
0301	音楽会	おんがくかい	명 음악회
0302	発表会	はっぴょうかい	명 발표회

연습문제 체크체크!

[1] 각 한자 단어의 발음을 찾아 연결하고, 빈칸에 뜻을 써보세요.

01 味　　　　　　ⓐ きんようび　　_____

02 店員　　　　　ⓑ てんいん　　　_____

03 案内　　　　　ⓒ あじ　　　　　_____

04 金曜日　　　　ⓓ あんない　　　_____

05 日曜日　　　　ⓔ にちようび　　_____

06 行う　　　　　ⓕ よやく　　　　_____

07 払う　　　　　ⓖ おこなう　　　_____

08 今度　　　　　ⓗ こんど　　　　_____

　　　　　　　　ⓘ はらう

[2] 각 발음의 한자 표기를 찾아 연결하고, 빈칸에 뜻을 써보세요.

09 れんらく　　　ⓐ 説明　　　　　_____

10 かようび　　　ⓑ 連絡　　　　　_____

11 ならぶ　　　　ⓒ 注意　　　　　_____

12 よぶ　　　　　ⓓ 食堂　　　　　_____

13 ちゅうい　　　ⓔ 並ぶ　　　　　_____

14 どようび　　　ⓕ 火曜日　　　　_____

15 しょくどう　　ⓖ 土曜日　　　　_____

16 せつめい　　　ⓗ 呼ぶ　　　　　_____

　　　　　　　　ⓘ 食事

정답: [1] 01 ⓒ 맛 02 ⓑ 점원 03 ⓓ 안내 04 ⓐ 금요일 05 ⓔ 일요일 06 ⓖ 행하다 07 ⓘ 지불하다 08 ⓗ 이번, 이다음
*ⓕ 예약 [2] 09 ⓑ 연락 10 ⓕ 화요일 11 ⓔ 줄을 서다 12 ⓗ 부르다 13 ⓒ 주의 14 ⓖ 토요일 15 ⓓ 식당
16 ⓐ 설명 *ⓘ 식사

 날씨, 장소

mp3 바로 듣기

0303	天気	★	てんき	명 날씨
0304	季節		きせつ	명 계절
0305	春	★	はる	명 봄
0306	夏	★	なつ	명 여름
0307	秋	★	あき	명 가을
0308	冬	★	ふゆ	명 겨울
0309	雨	★	あめ	명 비
0310	雪	★	ゆき	명 눈
0311	空気		くうき	명 공기
0312	雲	★	くも	명 구름
0313	風	★	かぜ	명 바람
0314	吹く	★	ふく	동 불다
0315	降る	★	ふる	동 (비, 눈 등이) 내리다
0316	止む	★	やむ	동 (비가) 그치다
0317	寒い	★	さむい	い형 춥다

★ 표시 = 2010년 이후 N5, N4 문자·어휘 기출 단어

0318	少し	★	すこし	부 조금
0319	涼しい	★	すずしい	い형 시원하다, 선선하다
0320	温かい		あたたかい	い형 따뜻하다
0321	暑い	★	あつい	い형 덥다
0322	蒸し暑い	★	むしあつい	い형 무덥다
0323	ちょうど	★	–	부 정확히, 딱
0324	晴れる		はれる	동 맑다, 날이 개다
0325	曇る		くもる	동 흐리다
0326	台風		たいふう	명 태풍
0327	梅雨		つゆ	명 장마
0328	積もる		つもる	동 쌓이다
0329	いきなり		–	부 갑자기
0330	傘		かさ	명 우산
0331	さす	★	–	동 (우산을) 쓰다, 받치다
0332	ぼうし		–	명 모자
0333	上着	★	うわぎ	명 상의, 겉옷

★ 표시 = 2010년 이후 N5, N4 문자·어휘 기출 단어

0334	用意	★	ようい	명 준비, 마련
0335	閉める	★	しめる	동 닫다
0336	濡れる		ぬれる	동 젖다
0337	冷たい	★	つめたい	い형 차갑다
0338	中止	★	ちゅうし	명 중지
0339	予報	★	よほう	명 예보
0340	天気予報	★	てんきよほう	명 일기 예보
0341	場所	★	ばしょ	명 장소
0342	地下		ちか	명 지하
0343	内部		ないぶ	명 내부
0344	階段	★	かいだん	명 계단
0345	屋上	★	おくじょう	명 옥상
0346	建物	★	たてもの	명 건물
0347	入口		いりぐち	명 입구
0348	駐車場	★	ちゅうしゃじょう	명 주차장
0349	お手洗い	★	おてあらい	명 화장실

★ 표시 = 2010년 이후 N5, N4 문자·어휘 기출 단어

0350	広い	★	ひろい	い형 넓다
0351	狭い	★	せまい	い형 좁다
0352	暗い	★	くらい	い형 어둡다
0353	来る	★	くる	동 오다
0354	開ける	★	あける	동 열다
0355	開く	★	あく	동 열리다
0356	住所	★	じゅうしょ	명 주소
0357	所	★	ところ	명 곳, 장소
0358	旅館	★	りょかん	명 여관
0359	店	★	みせ	명 가게
0360	郵便局	★	ゆうびんきょく	명 우체국
0361	本屋	★	ほんや	명 서점, 책방
0362	港	★	みなと	명 항구
0363	町	★	まち	명 동네, 마을
0364	村	★	むら	명 마을
0365	銀行	★	ぎんこう	명 은행

DAY 05

해커스 JLPT 기출 단어장 N5-N3

★ 표시 = 2010년 이후 N5, N4 문자·어휘 기출 단어

0366	庭 ★	にわ	명 정원, 뜰
0367	交番	こうばん	명 파출소
0368	動物園	どうぶつえん	명 동물원
0369	大使館	たいしかん	명 대사관
0370	会館	かいかん	명 회관
0371	教会	きょうかい	명 교회
0372	新聞社	しんぶんしゃ	명 신문사
0373	飛行場	ひこうじょう	명 비행장
0374	住宅	じゅうたく	명 주택
0375	事務室	じむしつ	명 사무실
0376	水族館	すいぞくかん	명 수족관
0377	広場	ひろば	명 광장
0378	下宿	げしゅく	명 하숙
0379	島 ★	しま	명 섬

연습문제 체크체크!

[1] 각 한자 단어의 발음을 찾아 연결하고, 빈칸에 뜻을 써보세요.

01 庭　　　　　ⓐ じゅうしょ　　_____
02 本屋　　　　ⓑ かぜ　　　　　_____
03 風　　　　　ⓒ にわ　　　　　_____
04 住所　　　　ⓓ ほんや　　　　_____
05 雲　　　　　ⓔ さむい　　　　_____
06 旅館　　　　ⓕ くも　　　　　_____
07 寒い　　　　ⓖ りょかん　　　_____
08 暗い　　　　ⓗ ゆき　　　　　_____
　　　　　　　ⓘ くらい　　　　_____

[2] 각 발음의 한자 표기를 찾아 연결하고, 빈칸에 뜻을 써보세요.

09 かいだん　　ⓐ 島　　　_____
10 なつ　　　　ⓑ 降る　　_____
11 しま　　　　ⓒ 入口　　_____
12 みなと　　　ⓓ 建物　　_____
13 ふる　　　　ⓔ 屋上　　_____
14 たてもの　　ⓕ 港　　　_____
15 おくじょう　ⓖ 来る　　_____
16 いりぐち　　ⓗ 夏　　　_____
　　　　　　　ⓘ 階段　　_____

정답: [1] 01 ⓒ 정원, 뜰　02 ⓓ 서점, 책방　03 ⓑ 바람　04 ⓐ 주소　05 ⓕ 구름　06 ⓖ 여관　07 ⓔ 춥다　08 ⓘ 어둡다
*ⓗ 눈　[2] 09 ⓘ 계단　10 ⓗ 여름　11 ⓐ 섬　12 ⓕ 항구　13 ⓑ (비, 눈 등이) 내리다　14 ⓓ 건물　15 ⓔ 옥상
16 ⓒ 입구　*ⓖ 오다

DAY 06 교통, 의사소통

mp3 바로 듣기

0380	交通	★	こうつう	명 교통
0381	右	★	みぎ	명 오른쪽
0382	右側		みぎがわ	명 우측, 오른쪽
0383	左	★	ひだり	명 왼쪽
0384	左側		ひだりがわ	명 좌측, 왼쪽
0385	上	★	うえ	명 위
0386	下	★	した	명 아래
0387	中	★	なか	명 안, 속
0388	外	★	そと	명 바깥
0389	前	★	まえ	명 앞, 전
0390	後ろ	★	うしろ	명 뒤
0391	東	★	ひがし	명 동쪽, 동
0392	西	★	にし	명 서쪽, 서
0393	南		みなみ	명 남쪽, 남
0394	北	★	きた	명 북쪽, 북

★ 표시 = 2010년 이후 N5, N4 문자·어휘 기출 단어

0395	まっすぐ	★	–	명 곧장
0396	地図	★	ちず	명 지도
0397	どこ	★	–	명 어디
0398	曲がる	★	まがる	동 돌다, 방향을 바꾸다
0399	行き方		いきかた/ゆきかた	명 가는 방법, 하는 방법
0400	近所	★	きんじょ	명 근방, 근처
0401	近く		ちかく	명 근처
0402	角	★	かど	명 모퉁이, 구석
0403	郊外		こうがい	명 교외
0404	道	★	みち	명 길
0405	渡る	★	わたる	동 건너다
0406	込む	★	こむ	동 붐비다, 혼잡하다
0407	落とす	★	おとす	동 떨어뜨리다, 잃어버리다
0408	交差点		こうさてん	명 교차로
0409	道路		どうろ	명 도로
0410	進む	★	すすむ	동 나아가다

DAY 06

해커스 JLPT 기출 단어장 N5-N3

PART 1 N5, N4 단어 | DAY 06 교통, 의사소통

★ 표시 = 2010년 이후 N5, N4 문자·어휘 기출 단어

0411	速い	★	はやい	い형 빠르다
0412	着く	★	つく	동 도착하다
0413	危ない	★	あぶない	い형 위험하다
0414	遅れる	★	おくれる	동 늦다, 늦어지다
0415	降りる	★	おりる	동 (탈 것에서) 내리다
0416	乗る	★	のる	동 (탈 것에) 타다
0417	止める	★	とめる	동 세우다, 멈추다
0418	止まる	★	とまる	동 서다, 멈추다
0419	乗り換える		のりかえる	동 갈아타다, 환승하다
0420	動き出す		うごきだす	동 움직이기 시작하다
0421	乗り物		のりもの	명 탈 것, 교통수단
0422	車	★	くるま	명 차
0423	自動車		じどうしゃ	명 자동차
0424	運転	★	うんてん	명 운전
0425	駅員		えきいん	명 역무원
0426	駅	★	えき	명 역

★ 표시 = 2010년 이후 N5, N4 문자·어휘 기출 단어

0427	きっぷ	★	-	명 표
0428	電車	★	でんしゃ	명 전철, 전차
0429	地下鉄		ちかてつ	명 지하철
0430	出口	★	でぐち	명 출구
0431	終点		しゅうてん	명 종점
0432	往復	★	おうふく	명 왕복
0433	特急	★	とっきゅう	명 특급
0434	急行	★	きゅうこう	명 급행
0435	列車		れっしゃ	명 열차
0436	汽車		きしゃ	명 기차
0437	飛行機		ひこうき	명 비행기
0438	乗客		じょうきゃく	명 승객
0439	バスが込む	★	バスがこむ	버스가 붐비다
0440	嘘	★	うそ	명 거짓말
0441	静かだ	★	しずかだ	な형 조용하다
0442	言う	★	いう	동 말하다

DAY 06

해커스 JLPT 기출 단어장 N5-N3

PART 1 N5, N4 단어 | DAY 06 교통, 의사소통

★ 표시 = 2010년 이후 N5, N4 문자·어휘 기출 단어

0443	質問 ★	しつもん	명 질문
0444	答える ★	こたえる	동 대답하다
0445	ほめる ★	–	동 칭찬하다
0446	分かる ★	わかる	동 알다, 이해하다
0447	言葉	ことば	명 말
0448	話 ★	はなし	명 이야기
0449	話す ★	はなす	동 이야기하다
0450	願う	ねがう	동 바라다, 원하다
0451	祝う	いわう	동 축하하다
0452	手紙 ★	てがみ	명 편지
0453	書き方	かきかた	명 쓰는 법
0454	約束 ★	やくそく	명 약속
0455	ぜひ ★	–	부 꼭, 제발

연습문제 체크체크!

[1] 각 한자 단어의 발음을 찾아 연결하고, 빈칸에 뜻을 써보세요.

01 進む　　　　　ⓐ こむ　　　　　_____
02 渡る　　　　　ⓑ てがみ　　　　_____
03 近所　　　　　ⓒ のる　　　　　_____
04 込む　　　　　ⓓ すすむ　　　　_____
05 嘘　　　　　　ⓔ うんてん　　　_____
06 外　　　　　　ⓕ わたる　　　　_____
07 運転　　　　　ⓖ うそ　　　　　_____
08 乗る　　　　　ⓗ そと　　　　　_____
　　　　　　　　ⓘ きんじょ　　　_____

[2] 각 발음의 한자 표기를 찾아 연결하고, 빈칸에 뜻을 써보세요.

09 やくそく　　　ⓐ 急行　　　　　_____
10 でんしゃ　　　ⓑ 駅員　　　　　_____
11 にし　　　　　ⓒ 地図　　　　　_____
12 えきいん　　　ⓓ 電車　　　　　_____
13 おうふく　　　ⓔ 左　　　　　　_____
14 きゅうこう　　ⓕ 右　　　　　　_____
15 みぎ　　　　　ⓖ 約束　　　　　_____
16 ちず　　　　　ⓗ 往復　　　　　_____
　　　　　　　　ⓘ 西　　　　　　_____

정답: [1] 01 ⓓ 나아가다　02 ⓕ 건너다　03 ⓘ 근방, 근처　04 ⓐ 붐비다, 혼잡하다　05 ⓖ 거짓말　06 ⓗ 바깥　07 ⓔ 운전
08 ⓒ (탈 것에) 타다　*ⓑ 편지　[2] 09 ⓖ 약속　10 ⓓ 전철, 전차　11 ⓘ 서쪽, 서　12 ⓑ 역무원　13 ⓗ 왕복
14 ⓐ 급행　15 ⓕ 오른쪽　16 ⓒ 지도　*ⓔ 왼쪽

DAY 07 인물, 성격

mp3 바로 듣기

0456	男性	★	だんせい	명 남성
0457	男の人	★	おとこのひと	남자
0458	男		おとこ	명 남자
0459	女性	★	じょせい	명 여성
0460	女の人	★	おんなのひと	여자
0461	女		おんな	명 여자
0462	女の子	★	おんなのこ	여자 아이
0463	子ども		こども	명 아이
0464	大人		おとな	명 어른
0465	老人		ろうじん	명 노인
0466	お年寄り		おとしより	명 늙은이, 노인
0467	立つ	★	たつ	동 서다
0468	もらう	★	-	동 받다
0469	あげる		-	동 주다
0470	くれる		-	동 (나에게) 주다

★ 표시 = 2010년 이후 N5, N4 문자·어휘 기출 단어

0471	誘う ★	さそう	동 권유하다
0472	変える	かえる	동 바꾸다
0473	すぐ	–	부 곧, 바로
0474	あいさつ ★	–	명 인사
0475	ていねい ★	–	명 정중
0476	謝る ★	あやまる	동 사과하다
0477	感謝	かんしゃ	명 감사
0478	お礼 ★	おれい	명 감사의 말, 사례
0479	お礼を言う	おれいをいう	감사의 말을 말하다
0480	遠慮 ★	えんりょ	명 사양함, 삼감, 조심함
0481	失礼 ★	しつれい	명 실례
0482	おじぎ ★	–	명 인사, 절
0483	いかが ★	–	부 어떻게
0484	どうぞ	–	부 어서, 부디(권유나 부탁)
0485	どうも	–	부 정말로, 참으로
0486	ふむ	–	동 밟다

★ 표시 = 2010년 이후 N5, N4 문자·어휘 기출 단어

0487	叱る	★	しかる	동 꾸짖다, 혼내다
0488	怒る	★	おこる	동 화내다, 꾸짖다
0489	次	★	つぎ	명 다음
0490	みんな		–	명 모두
0491	早く		はやく	부 일찍이
0492	いらっしゃる		–	동 오시다, 가시다, 계시다 (来る, 行く, いる의 존경)
0493	おっしゃる		–	동 말씀하시다(言う의 존경)
0494	申し上げる		もうしあげる	동 말씀드리다
0495	声をかける		こえをかける	말을 걸다
0496	知る	★	しる	동 알다
0497	独身	★	どくしん	명 독신
0498	習慣	★	しゅうかん	명 습관
0499	忙しい	★	いそがしい	い형 바쁘다
0500	厳しい	★	きびしい	い형 엄하다, 엄격하다
0501	名前	★	なまえ	명 이름
0502	年		とし	명 나이, 해

★ 표시 = 2010년 이후 N5, N4 문자·어휘 기출 단어

0503	かける ★	–	동 (안경을) 쓰다, (전화 등을) 걸다
0504	細かい	こまかい	い형 상세하다, 작다
0505	恥ずかしい ★	はずかしい	い형 부끄럽다, 창피하다
0506	だんだん	–	부 점점
0507	全体	ぜんたい	명 전체
0508	そして	–	접 그리고
0509	親切 ★	しんせつ	명 친절
0510	強い ★	つよい	い형 강하다, 세다
0511	力	ちから	명 힘
0512	大人しい ★	おとなしい	い형 조용하다, 얌전하다
0513	真面目だ ★	まじめだ	な형 성실하다
0514	若い ★	わかい	い형 젊다
0515	明るい ★	あかるい	い형 밝다
0516	早い ★	はやい	い형 이르다, 빠르다
0517	にぎやかだ ★	–	な형 활기차다, 북적이다
0518	長所	ちょうしょ	명 장점

★ 표시 = 2010년 이후 N5, N4 문자·어휘 기출 단어

0519	一生懸命だ		いっしょうけんめいだ	な형	열심히 하다
0520	天才		てんさい	명	천재
0521	上手だ	★	じょうずだ	な형	능숙하다, 잘하다
0522	下手だ	★	へただ	な형	서투르다, 못하다
0523	暇だ	★	ひまだ	な형	한가하다
0524	弱い	★	よわい	い형	약하다
0525	うるさい	★	-	い형	시끄럽다
0526	さわぐ	★	-	동	소란 피우다, 떠들다
0527	ひどい		-	い형	심하다, 지독하다
0528	弱気		よわき	명	나약함
0529	変わる		かわる	동	바뀌다, 변하다

연습문제 체크체크!

[1] 각 한자 단어의 발음을 찾아 연결하고, 빈칸에 뜻을 써보세요.

01 上手だ	ⓐ なまえ	_____
02 男性	ⓑ いそがしい	_____
03 真面目だ	ⓒ じょせい	_____
04 厳しい	ⓓ じょうずだ	_____
05 独身	ⓔ だんせい	_____
06 名前	ⓕ きびしい	_____
07 忙しい	ⓖ しつれい	_____
08 失礼	ⓗ まじめだ	_____
	ⓘ どくしん	_____

[2] 각 발음의 한자 표기를 찾아 연결하고, 빈칸에 뜻을 써보세요.

09 あやまる	ⓐ 下手だ	_____
10 しかる	ⓑ 若い	_____
11 しんせつ	ⓒ 叱る	_____
12 ひまだ	ⓓ 暇だ	_____
13 わかい	ⓔ 謝る	_____
14 しゅうかん	ⓕ 弱い	_____
15 へただ	ⓖ 習慣	_____
16 よわい	ⓗ 親切	_____
	ⓘ 強い	_____

정답: [1] 01 ⓓ 능숙하다, 잘하다 02 ⓔ 남성 03 ⓗ 성실하다 04 ⓕ 엄하다, 엄격하다 05 ⓘ 독신 06 ⓐ 이름 07 ⓑ 바쁘다 08 ⓖ 실례 *ⓒ 여성 [2] 09 ⓔ 사과하다 10 ⓒ 꾸짖다, 혼내다 11 ⓗ 친절 12 ⓓ 한가하다 13 ⓑ 젊다 14 ⓖ 습관 15 ⓐ 서투르다, 못하다 16 ⓕ 약하다 *ⓘ 강하다, 세다

신체, 가정

mp3 바로 듣기

0530	体	★	からだ	몡 신체, 몸
0531	耳	★	みみ	몡 귀
0532	目	★	め	몡 눈
0533	鼻		はな	몡 코
0534	口		くち	몡 입
0535	歯	★	は	몡 이, 이빨
0536	顔	★	かお	몡 얼굴
0537	頭	★	あたま	몡 머리
0538	喉	★	のど	몡 목, 목구멍
0539	指	★	ゆび	몡 손가락
0540	親指	★	おやゆび	몡 엄지손가락
0541	小指		こゆび	몡 새끼손가락
0542	手	★	て	몡 손
0543	足	★	あし	몡 발, 다리
0544	腕		うで	몡 팔, 솜씨, 실력

★ 표시 = 2010년 이후 N5, N4 문자·어휘 기출 단어

0545	背	★	せ	명 등, 키
0546	背中		せなか	명 등
0547	あご		–	명 턱
0548	声	★	こえ	명 목소리, 소리
0549	小声		こごえ	명 작은 목소리
0550	重い	★	おもい	い형 무겁다
0551	太い	★	ふとい	い형 굵다
0552	小さい	★	ちいさい	い형 작다, 어리다
0553	似る	★	にる	동 닮다
0554	美しい	★	うつくしい	い형 아름답다
0555	きれいだ	★	–	な형 예쁘다, 깨끗하다
0556	大きい	★	おおきい	い형 크다
0557	長い	★	ながい	い형 길다
0558	かわいい		–	い형 귀엽다
0559	素敵だ		すてきだ	な형 멋지다
0560	美人		びじん	명 미인

DAY 08

해커스 JLPT 기출 단어장 N5-N3

★ 표시 = 2010년 이후 N5, N4 문자·어휘 기출 단어

0561	かなり	–	부 꽤, 상당히
0562	もし	–	부 만약
0563	格好	かっこう	명 모습
0564	太る ★	ふとる	동 살찌다
0565	不満だ	ふまんだ	な형 불만이다
0566	似合う ★	にあう	동 어울리다, 잘 맞다
0567	以外 ★	いがい	명 이외
0568	めがね ★	–	명 안경
0569	家庭	かてい	명 가정
0570	育てる ★	そだてる	동 양육하다, 기르다
0571	飼う ★	かう	동 사육하다, 기르다
0572	世話 ★	せわ	명 보살핌, 도와 줌, 신세
0573	誕生日 ★	たんじょうび	명 생일
0574	生まれる ★	うまれる	동 태어나다
0575	結婚 ★	けっこん	명 결혼
0576	赤ん坊	あかんぼう	명 갓난아기

번호	단어		읽기	뜻
0577	家賃	★	やちん	명 집세
0578	家	★	いえ	명 집(장소, 공간)
0579	うち		–	명 집(가족과 함께 사는)
0580	窓	★	まど	명 창문
0581	住む	★	すむ	동 살다
0582	留守	★	るす	명 부재중
0583	引っ越す	★	ひっこす	동 이사하다
0584	部屋	★	へや	명 방
0585	台所	★	だいどころ	명 부엌
0586	居間		いま	명 거실
0587	玄関		げんかん	명 현관
0588	住まい		すまい	명 사는 곳, 주거
0589	家具	★	かぐ	명 가구, 집안 살림에 쓰는 기구
0590	かぎ		–	명 열쇠
0591	箱		はこ	명 상자
0592	本棚		ほんだな	명 책장

번호	단어		읽기	뜻
0593	冷蔵庫		れいぞうこ	몡 냉장고
0594	ごみ	★	-	몡 쓰레기
0595	捨てる	★	すてる	동 버리다
0596	置く	★	おく	동 두다
0597	掃除	★	そうじ	몡 청소
0598	みがく	★	-	동 (문질러) 닦다, 윤을 내다
0599	消す	★	けす	동 끄다, 지우다
0600	洗濯	★	せんたく	몡 세탁
0601	汚れる	★	よごれる	동 더러워지다
0602	汚い	★	きたない	い형 더럽다
0603	洗う	★	あらう	동 씻다
0604	切る	★	きる	동 자르다

연습문제 체크체크!

[1] 각 한자 단어의 발음을 찾아 연결하고, 빈칸에 뜻을 써보세요.

01 声　　　　　ⓐ きる　　　　＿＿＿＿＿＿

02 部屋　　　　ⓑ まど　　　　＿＿＿＿＿＿

03 家賃　　　　ⓒ へや　　　　＿＿＿＿＿＿

04 窓　　　　　ⓓ にる　　　　＿＿＿＿＿＿

05 切る　　　　ⓔ かぐ　　　　＿＿＿＿＿＿

06 似る　　　　ⓕ るす　　　　＿＿＿＿＿＿

07 留守　　　　ⓖ けす　　　　＿＿＿＿＿＿

08 消す　　　　ⓗ こえ　　　　＿＿＿＿＿＿

　　　　　　　ⓘ やちん

[2] 각 발음의 한자 표기를 찾아 연결하고, 빈칸에 뜻을 써보세요.

09 あたま　　　ⓐ 重い　　　　＿＿＿＿＿＿

10 けっこん　　ⓑ 喉　　　　　＿＿＿＿＿＿

11 そうじ　　　ⓒ 太い　　　　＿＿＿＿＿＿

12 のど　　　　ⓓ 頭　　　　　＿＿＿＿＿＿

13 いがい　　　ⓔ 誕生日　　　＿＿＿＿＿＿

14 ふとい　　　ⓕ 掃除　　　　＿＿＿＿＿＿

15 おもい　　　ⓖ 以外　　　　＿＿＿＿＿＿

16 たんじょうび　ⓗ 台所　　　　＿＿＿＿＿＿

　　　　　　　ⓘ 結婚

정답: [1] 01 ⓗ 목소리, 소리　02 ⓒ 방　03 ⓘ 집세　04 ⓑ 창문　05 ⓐ 자르다　06 ⓓ 닮다　07 ⓕ 부재중　08 ⓖ 끄다, 지우다
＊ⓔ 가구, 집안 살림에 쓰는 기구　[2] 09 ⓓ 머리　10 ⓘ 결혼　11 ⓕ 청소　12 ⓑ 목, 목구멍　13 ⓖ 이외　14 ⓒ 굵다
15 ⓐ 무겁다　16 ⓔ 생일　＊ⓗ 부엌

공부, 학교생활

mp3 바로 듣기

0605	勉強	★	べんきょう	명 공부
0606	字	★	じ	명 글씨, 글자
0607	予習	★	よしゅう	명 예습
0608	発音		はつおん	명 발음
0609	作文		さくぶん	명 작문
0610	辞書	★	じしょ	명 사전
0611	字引		じびき	명 옥편, 사전(예스러운 표현)
0612	椅子	★	いす	명 의자
0613	机	★	つくえ	명 책상
0614	鉛筆		えんぴつ	명 연필
0615	日記	★	にっき	명 일기
0616	宿題	★	しゅくだい	명 숙제
0617	漢字	★	かんじ	명 한자
0618	書く	★	かく	동 쓰다
0619	熱心だ	★	ねっしんだ	な형 열심이다

★ 표시 = 2010년 이후 N5, N4 문자·어휘 기출 단어

0620	合格 ★	ごうかく	명 합격
0621	問題 ★	もんだい	명 문제
0622	試験	しけん	명 시험
0623	覚える ★	おぼえる	동 외우다, 기억하다
0624	頑張る	がんばる	동 힘내다, 열심히 하다
0625	文法	ぶんぽう	명 문법
0626	会話	かいわ	명 회화
0627	英会話	えいかいわ	명 영어 회화
0628	英文学	えいぶんがく	명 영문학
0629	文学	ぶんがく	명 문학
0630	数学	すうがく	명 수학
0631	計算	けいさん	명 계산
0632	社会学	しゃかいがく	명 사회학
0633	歴史	れきし	명 역사
0634	研究会	けんきゅうかい	명 연구회
0635	研究室	けんきゅうしつ	명 연구실

★ 표시 = 2010년 이후 N5, N4 문자·어휘 기출 단어

0636	帰国	★	きこく	명	귀국
0637	短期		たんき	명	단기
0638	将来	★	しょうらい	명	장래, 미래
0639	夢	★	ゆめ	명	꿈
0640	絵を描く		えをえがく		그림을 그리다
0641	学校	★	がっこう	명	학교
0642	入る	★	はいる	동	들어가다, 들어오다
0643	入学		にゅうがく	명	입학
0644	出席		しゅっせき	명	출석
0645	全員		ぜんいん	명	전원
0646	学ぶ		まなぶ	동	배우다
0647	教える	★	おしえる	동	알려주다, 가르치다
0648	教わる	★	おそわる	동	가르침을 받다, 배우다
0649	聞く	★	きく	동	듣다, 묻다
0650	見学	★	けんがく	명	견학
0651	講義		こうぎ	명	강의

★ 표시 = 2010년 이후 N5, N4 문자·어휘 기출 단어

0652	終える		おえる	동 끝내다
0653	終わる	★	おわる	동 끝나다
0654	授業	★	じゅぎょう	명 수업
0655	受ける		うける	동 받다
0656	教育		きょういく	명 교육
0657	教科書		きょうかしょ	명 교과서
0658	学部		がくぶ	명 학부
0659	夏休み		なつやすみ	명 여름 방학
0660	冬休み		ふゆやすみ	명 겨울 방학
0661	昼休み		ひるやすみ	명 점심시간
0662	支度		したく	명 준비
0663	学期		がっき	명 학기
0664	受験		じゅけん	명 수험
0665	図書館	★	としょかん	명 도서관
0666	教室		きょうしつ	명 교실
0667	講堂		こうどう	명 강당

★ 표시 = 2010년 이후 N5, N4 문자·어휘 기출 단어

0668	廊下	ろうか	명 복도
0669	音楽室	おんがくしつ	명 음악실
0670	体育館	たいいくかん	명 체육관
0671	すみ	–	명 구석, 모퉁이
0672	小学校	しょうがっこう	명 초등학교
0673	中学校	ちゅうがっこう	명 중학교
0674	高校	こうこう	명 고교, 고등학교
0675	大学 ★	だいがく	명 대학
0676	大学院	だいがくいん	명 대학원
0677	校外	こうがい	명 교외(학교의 밖)
0678	留学	りゅうがく	명 유학
0679	留学生	りゅうがくせい	명 유학생
0680	飾る ★	かざる	동 장식하다, 꾸미다
0681	乾く ★	かわく	동 마르다, 건조하다
0682	片づける ★	かたづける	동 정리하다, 치우다
0683	いつも ★	–	부 항상 명 보통 때

연습문제 체크체크!

[1] 각 한자 단어의 발음을 찾아 연결하고, 빈칸에 뜻을 써보세요.

01 見学　　　ⓐ ごうかく　　_____

02 合格　　　ⓑ おそわる　　_____

03 飾る　　　ⓒ おわる　　　_____

04 将来　　　ⓓ がっこう　　_____

05 終わる　　ⓔ かざる　　　_____

06 机　　　　ⓕ しょうらい　_____

07 教わる　　ⓖ かんじ　　　_____

08 漢字　　　ⓗ つくえ　　　_____

　　　　　　ⓘ けんがく　　_____

[2] 각 발음의 한자 표기를 찾아 연결하고, 빈칸에 뜻을 써보세요.

09 ゆめ　　　　ⓐ 図書館　　_____

10 よしゅう　　ⓑ 椅子　　　_____

11 じゅぎょう　ⓒ 乾く　　　_____

12 いす　　　　ⓓ 予習　　　_____

13 きこく　　　ⓔ 夢　　　　_____

14 としょかん　ⓕ 授業　　　_____

15 かく　　　　ⓖ 聞く　　　_____

16 かわく　　　ⓗ 帰国　　　_____

　　　　　　　ⓘ 書く　　　_____

정답: [1] 01 ⓘ 견학　02 ⓐ 합격　03 ⓔ 장식하다, 꾸미다　04 ⓕ 장래, 미래　05 ⓒ 끝나다　06 ⓗ 책상
07 ⓑ 가르침을 받다, 배우다　08 ⓖ 한자　*ⓓ 학교　[2] 09 ⓔ 꿈　10 ⓓ 예습　11 ⓕ 수업　12 ⓑ 의자　13 ⓗ 귀국
14 ⓐ 도서관　15 ⓘ 쓰다　16 ⓒ 마르다, 건조하다　*ⓖ 듣다, 묻다

 신분, 회사

mp3 바로 듣기

0684	学生 ★	がくせい	명 학생
0685	生徒	せいと	명 학생(중고등학생)
0686	小学生	しょうがくせい	명 초등학생
0687	中学生	ちゅうがくせい	명 중학생
0688	高校生	こうこうせい	명 고등학생
0689	大学生	だいがくせい	명 대학생
0690	出身	しゅっしん	명 출신
0691	担当	たんとう	명 담당
0692	会員	かいいん	명 회원
0693	市民	しみん	명 시민
0694	住民	じゅうみん	명 주민
0695	参加者	さんかしゃ	명 참가자
0696	先生 ★	せんせい	명 선생(님)
0697	公務員	こうむいん	명 공무원
0698	運転手	うんてんしゅ	명 운전사

★ 표시 = 2010년 이후 N5, N4 문자·어휘 기출 단어

0699	おまわりさん	-	명 순경, 경찰
0700	けいかん	-	명 경찰관
0701	歌手	かしゅ	명 가수
0702	作家	さっか	명 작가
0703	写真家	しゃしんか	명 사진가
0704	大使	たいし	명 대사
0705	歯医者	はいしゃ	명 치과 (의사)
0706	画家	がか	명 화가
0707	課長	かちょう	명 과장(님)
0708	部長	ぶちょう	명 부장(님)
0709	社長	しゃちょう	명 사장(님)
0710	校長	こうちょう	명 교장
0711	相談 ★	そうだん	명 상담, 상의
0712	見せる ★	みせる	동 보이다
0713	理由 ★	りゆう	명 이유
0714	紹介 ★	しょうかい	명 소개

PART 1 N5, N4 단어 | DAY 10 신분, 회사 **67**

★ 표시 = 2010년 이후 N5, N4 문자·어휘 기출 단어

0715	背広		せびろ	명 신사복, 양복
0716	成功	★	せいこう	명 성공
0717	決まる	★	きまる	동 정해지다, 결정되다
0718	仕方ない		しかたない	い형 어쩔 수 없다
0719	とうとう		-	부 드디어, 결국, 마침내
0720	会社	★	かいしゃ	명 회사
0721	会社員		かいしゃいん	명 회사원
0722	職員		しょくいん	명 직원
0723	関係者		かんけいしゃ	명 관계자
0724	返事	★	へんじ	명 답장, 대답
0725	資料		しりょう	명 자료
0726	書類		しょるい	명 서류
0727	文書		ぶんしょ	명 문서
0728	生産	★	せいさん	명 생산
0729	結果	★	けっか	명 결과
0730	習う	★	ならう	동 배우다, 익히다

★ 표시 = 2010년 이후 N5, N4 문자·어휘 기출 단어

0731	調べる	★	しらべる	동	조사하다
0732	途中	★	とちゅう	명	도중
0733	仕事	★	しごと	명	일, 업무
0734	急ぐ	★	いそぐ	동	서두르다
0735	戻る	★	もどる	동	되돌아가다, 되돌아오다
0736	工事	★	こうじ	명	공사
0737	失敗	★	しっぱい	명	실패, 실수
0738	渡す	★	わたす	동	건네주다
0739	運ぶ	★	はこぶ	동	나르다, 운반하다
0740	選ぶ	★	えらぶ	동	고르다, 선택하다
0741	決定		けってい	명	결정
0742	済む	★	すむ	동	끝나다
0743	連絡先		れんらくさき	명	연락처
0744	じゃま		-	명	방해, 방해물
0745	工場	★	こうじょう	명	공장
0746	事務所		じむしょ	명	사무소

PART 1 N5, N4 단어 | DAY 10 신분, 회사

★ 표시 = 2010년 이후 N5, N4 문자·어휘 기출 단어

0747	遅刻 ★	ちこく	명 지각
0748	働く ★	はたらく	동 일하다
0749	会議	かいぎ	명 회의
0750	会議室	かいぎしつ	명 회의실
0751	休業	きゅうぎょう	명 휴업
0752	掲示板	けいじばん	명 게시판
0753	休みを取る	やすみをとる	휴가를 받다
0754	例えば	たとえば	부 예를 들면
0755	たまに	-	간혹, 이따금
0756	ちっとも	-	부 조금도, 전혀

연습문제 체크체크!

[1] 각 한자 단어의 발음을 찾아 연결하고, 빈칸에 뜻을 써보세요.

01 相談 　　　　ⓐ りゆう 　　　　_____

02 紹介 　　　　ⓑ はこぶ 　　　　_____

03 学生 　　　　ⓒ そうだん 　　　_____

04 戻る 　　　　ⓓ しらべる 　　　_____

05 理由 　　　　ⓔ せいこう 　　　_____

06 運ぶ 　　　　ⓕ がくせい 　　　_____

07 選ぶ 　　　　ⓖ もどる 　　　　_____

08 成功 　　　　ⓗ しょうかい 　　_____

　　　　　　　　ⓘ えらぶ

[2] 각 발음의 한자 표기를 찾아 연결하고, 빈칸에 뜻을 써보세요.

09 とちゅう 　　ⓐ 生産 　　　　_____

10 へんじ 　　　ⓑ 結果 　　　　_____

11 ちこく 　　　ⓒ 働く 　　　　_____

12 ならう 　　　ⓓ 遅刻 　　　　_____

13 せいさん 　　ⓔ 途中 　　　　_____

14 はたらく 　　ⓕ 失敗 　　　　_____

15 しっぱい 　　ⓖ 習う 　　　　_____

16 けっか 　　　ⓗ 返事 　　　　_____

　　　　　　　　ⓘ 工場

정답: [1] 01 ⓒ 상담, 상의　02 ⓗ 소개　03 ⓕ 학생　04 ⓖ 되돌아가다, 되돌아오다　05 ⓐ 이유　06 ⓑ 나르다, 운반하다　07 ⓘ 고르다, 선택하다　08 ⓔ 성공　*ⓓ 조사하다　[2] 09 ⓔ 도중　10 ⓗ 답장, 대답　11 ⓓ 지각　12 ⓖ 배우다, 익히다　13 ⓐ 생산　14 ⓒ 일하다　15 ⓕ 실패, 실수　16 ⓑ 결과　*ⓘ 공장

DAY 11 생각, 감정

mp3 바로 듣기

0757	考える ★	かんがえる	동 고안하다, 생각하다
0758	思う ★	おもう	동 생각하다
0759	思い出す	おもいだす	동 생각나다, 생각해 내다
0760	悩む	なやむ	동 고민하다
0761	欲しい	ほしい	い형 원하다, 바라다
0762	考え方	かんがえかた	명 사고방식
0763	生き方	いきかた	명 생활 방식
0764	つもり	–	명 예정, 작정
0765	意見 ★	いけん	명 의견
0766	決める ★	きめる	동 결정하다, 정하다
0767	政治	せいじ	명 정치
0768	特別だ ★	とくべつだ	な형 특별하다
0769	易しい ★	やさしい	い형 쉽다
0770	簡単だ	かんたんだ	な형 간단하다
0771	大事だ ★	だいじだ	な형 중요하다, 소중하다

★ 표시 = 2010년 이후 N5, N4 문자·어휘 기출 단어

0772	面白い ★	おもしろい	い형 재미있다
0773	大丈夫だ	だいじょうぶだ	な형 괜찮다
0774	足りる ★	たりる	동 충분하다
0775	足りない ★	たりない	부족하다
0776	正しい	ただしい	い형 맞다, 올바르다
0777	間違える ★	まちがえる	동 착각하다, 틀리다
0778	賛成 ★	さんせい	명 찬성
0779	同じだ ★	おなじだ	な형 같다
0780	合う	あう	동 맞다, 어울리다
0781	反対 ★	はんたい	명 반대
0782	違う	ちがう	동 다르다, 틀리다
0783	ぶつかる	–	동 부딪치다
0784	多い ★	おおい	い형 많다
0785	明らかだ	あきらかだ	な형 분명하다
0786	どうして	–	부 어째서, 왜
0787	また	–	부 또, 또한

DAY 11

해커스 JLPT 기출 단어장 N5-N3

PART 1 N5, N4 단어 | DAY 11 생각, 감정

★ 표시 = 2010년 이후 N5, N4 문자·어휘 기출 단어

0788	場合	ばあい	명 경우
0789	両方	りょうほう	명 양쪽, 양방
0790	一方	いっぽう	명 한쪽, 한편
0791	十分だ ★	じゅうぶんだ	な형 충분하다
0792	なかなか ★	–	부 상당히, 꽤, 좀처럼
0793	多数	たすう	명 다수
0794	やはり ★	–	부 역시
0795	特に ★	とくに	부 특히
0796	きっと	–	부 꼭, 반드시, 틀림없이
0797	決して	けっして	부 결코
0798	少しも	すこしも	부 조금도
0799	わざわざ	–	부 일부러
0800	つまらない ★	–	재미없다
0801	気持ち ★	きもち	명 감정, 기분
0802	気分 ★	きぶん	명 기분
0803	心 ★	こころ	명 마음

★ 표시 = 2010년 이후 N5, N4 문자·어휘 기출 단어

0804	本気		ほんき	명 본심, 제정신
0805	出す	★	だす	동 내다
0806	残る	★	のこる	동 남다
0807	好きだ	★	すきだ	な형 좋아하다, 좋다(선호함)
0808	大好きだ		だいすきだ	な형 매우 좋아하다
0809	良い	★	いい/よい	い형 좋다
0810	安心だ	★	あんしんだ	な형 안심이다
0811	楽しい	★	たのしい	い형 즐겁다
0812	楽しむ		たのしむ	동 즐기다
0813	笑う	★	わらう	동 웃다
0814	喜ぶ	★	よろこぶ	동 기뻐하다, 즐거워하다
0815	慣れる	★	なれる	동 익숙해지다
0816	驚く	★	おどろく	동 놀라다
0817	結構だ	★	けっこうだ	な형 훌륭하다
0818	にこにこ	★	-	부 싱글벙글, 생글생글
0819	嬉しい		うれしい	い형 기쁘다

DAY 11

해커스 JLPT 기출 단어장 N5-N3

PART 1 N5, N4 단어 | DAY 11 생각, 감정

★ 표시 = 2010년 이후 N5, N4 문자·어휘 기출 단어

0820	一番		いちばん	부 가장, 제일
0821	たくさん		–	부 많이
0822	とても	★	–	부 매우, 대단히
0823	いっぱい		–	부 가득
0824	不便だ	★	ふべんだ	な형 불편하다
0825	苦い	★	にがい	い형 쓰다, 씁쓸하다
0826	残念だ	★	ざんねんだ	な형 유감이다, 아쉽다
0827	心配だ		しんぱいだ	な형 걱정이다
0828	悲しい	★	かなしい	い형 슬프다
0829	悪い		わるい	い형 나쁘다
0830	嫌だ		いやだ	な형 싫다
0831	嫌いだ		きらいだ	な형 싫어하다
0832	あまり		–	부 그다지
0833	本当	★	ほんとう	명 사실, 진실, 정말, 진짜
0834	もっと	★	–	부 더욱
0835	びっくりする	★	–	깜짝 놀라다

연습문제 체크체크!

[1] 각 한자 단어의 발음을 찾아 연결하고, 빈칸에 뜻을 써보세요.

01 大事だ	ⓐ なれる	_____
02 不便だ	ⓑ はんたい	_____
03 慣れる	ⓒ かんたんだ	_____
04 残念だ	ⓓ たのしい	_____
05 足りない	ⓔ おおい	_____
06 簡単だ	ⓕ ふべんだ	_____
07 反対	ⓖ たりない	_____
08 多い	ⓗ だいじだ	_____
	ⓘ ざんねんだ	_____

[2] 각 발음의 한자 표기를 찾아 연결하고, 빈칸에 뜻을 써보세요.

09 いけん	ⓐ 気分	_____
10 あんしんだ	ⓑ 心配だ	_____
11 こころ	ⓒ 悲しい	_____
12 にがい	ⓓ 賛成	_____
13 しんぱいだ	ⓔ 意見	_____
14 きぶん	ⓕ 易しい	_____
15 かなしい	ⓖ 心	_____
16 やさしい	ⓗ 苦い	_____
	ⓘ 安心だ	_____

정답: [1] 01 ⓗ 중요하다, 소중하다 02 ⓕ 불편하다 03 ⓐ 익숙해지다 04 ⓘ 유감이다, 아쉽다 05 ⓖ 부족하다
06 ⓒ 간단하다 07 ⓑ 반대 08 ⓔ 많다 *ⓓ 즐겁다 [2] 09 ⓔ 의견 10 ⓘ 안심이다 11 ⓖ 마음
12 ⓗ 쓰다, 씁쓸하다 13 ⓑ 걱정이다 14 ⓐ 기분 15 ⓒ 슬프다 16 ⓕ 쉽다 *ⓓ 찬성

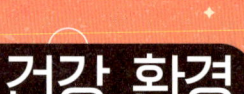

mp3 바로 듣기

0836	元気だ ★	げんきだ	な형 기운있다, 건강하다
0837	薬 ★	くすり	명 약
0838	禁煙 ★	きんえん	명 금연
0839	たばこ	–	명 담배
0840	吸う ★	すう	동 (담배를) 피우다, 들이마시다
0841	危険だ ★	きけんだ	な형 위험하다
0842	強調	きょうちょう	명 강조
0843	痛む	いたむ	동 아프다
0844	続ける	つづける	동 계속하다
0845	倒れる ★	たおれる	동 쓰러지다
0846	具合 ★	ぐあい	명 상태, 형편
0847	疲れる ★	つかれる	동 지치다, 피로해지다
0848	熱 ★	ねつ	명 열
0849	生きる	いきる	동 살다, 생존하다
0850	死ぬ	しぬ	동 죽다

★ 표시 = 2010년 이후 N5, N4 문자·어휘 기출 단어

0851	だいぶ	–	부 상당히
0852	どんどん ★	–	부 점점, 척척, 순조롭게
0853	お腹	おなか	명 배(신체 부위)
0854	生む ★	うむ	동 낳다
0855	お見舞い ★	おみまい	명 병문안
0856	医者 ★	いしゃ	명 의사
0857	入院 ★	にゅういん	명 입원
0858	病院 ★	びょういん	명 병원
0859	看護師	かんごし	명 간호사
0860	血	ち	명 피
0861	原因 ★	げんいん	명 원인
0862	けが ★	–	명 부상, 상처
0863	治す	なおす	동 치료하다, 고치다
0864	治る ★	なおる	동 낫다, 치료되다
0865	病気	びょうき	명 병
0866	風邪 ★	かぜ	명 감기

PART 1 N5, N4 단어 | DAY 12 건강, 환경 **79**

★ 표시 = 2010년 이후 N5, N4 문자·어휘 기출 단어

0867	風邪をひく	かぜをひく	감기에 걸리다
0868	気をつける	きをつける	주의하다
0869	薬を飲む	くすりをのむ	약을 먹다
0870	元気になる	げんきになる	건강해지다
0871	花 ★	はな	몡 꽃
0872	桜	さくら	몡 벚꽃
0873	咲く ★	さく	동 (꽃이) 피다
0874	落ちる ★	おちる	동 떨어지다
0875	木 ★	き	몡 나무
0876	枝	えだ	몡 (나무의) 가지
0877	植物	しょくぶつ	몡 식물
0878	動物 ★	どうぶつ	몡 동물
0879	犬 ★	いぬ	몡 개, 강아지
0880	猫 ★	ねこ	몡 고양이
0881	鳥 ★	とり	몡 새
0882	小鳥	ことり	몡 작은 새

0883	触る	★	さわる	동 만지다, 닿다
0884	鳴く		なく	동 (동물이) 울다
0885	飛ぶ		とぶ	동 날다
0886	噛む		かむ	동 물다, 씹다
0887	虫		むし	명 벌레
0888	馬		うま	명 말(동물)
0889	山	★	やま	명 산
0890	川	★	かわ	명 강, 하천
0891	海	★	うみ	명 바다
0892	海岸		かいがん	명 해안
0893	湖	★	みずうみ	명 호수
0894	池	★	いけ	명 연못
0895	空	★	そら	명 하늘
0896	星	★	ほし	명 별
0897	林	★	はやし	명 수풀, 숲
0898	森	★	もり	명 숲, 삼림

★ 표시 = 2010년 이후 N5, N4 문자·어휘 기출 단어

0899	石	いし	명 돌
0900	坂	さか	명 고개
0901	地震	じしん	명 지진
0902	揺れる	ゆれる	동 흔들리다
0903	険しい	けわしい	い형 험하다
0904	半島	はんとう	명 반도
0905	暮れる	くれる	동 저물다, 해가 지다
0906	深い ★	ふかい	い형 깊다
0907	浅い ★	あさい	い형 얕다
0908	色 ★	いろ	명 색
0909	赤	あか	명 빨강, 빨간색
0910	青	あお	명 파랑, 파란색
0911	白	しろ	명 하양, 하얀색
0912	黒	くろ	명 검정, 검정색
0913	黄色	きいろ	명 노랑, 노란색
0914	茶色	ちゃいろ	명 갈색

연습문제 체크체크!

[1] 각 한자 단어의 발음을 찾아 연결하고, 빈칸에 뜻을 써보세요.

01 具合　　　　　　ⓐ いけ　　　　　_____
02 倒れる　　　　　ⓑ ぐあい　　　　_____
03 深い　　　　　　ⓒ みずうみ　　　_____
04 お見舞い　　　　ⓓ ふかい　　　　_____
05 落ちる　　　　　ⓔ げんいん　　　_____
06 原因　　　　　　ⓕ うみ　　　　　_____
07 池　　　　　　　ⓖ おちる　　　　_____
08 湖　　　　　　　ⓗ たおれる　　　_____
　　　　　　　　　 ⓘ おみまい　　　_____

[2] 각 발음의 한자 표기를 찾아 연결하고, 빈칸에 뜻을 써보세요.

09 そら　　　　　　ⓐ 鳥　　　　　_____
10 いろ　　　　　　ⓑ 病院　　　　_____
11 なおる　　　　　ⓒ 入院　　　　_____
12 さわる　　　　　ⓓ 医者　　　　_____
13 げんきだ　　　　ⓔ 触る　　　　_____
14 とり　　　　　　ⓕ 治る　　　　_____
15 にゅういん　　　ⓖ 空　　　　　_____
16 いしゃ　　　　　ⓗ 元気だ　　　_____
　　　　　　　　　 ⓘ 色　　　　　_____

정답: [1] 01 ⓑ 상태, 형편　02 ⓗ 쓰러지다　03 ⓓ 깊다　04 ⓘ 병문안　05 ⓖ 떨어지다　06 ⓔ 원인　07 ⓐ 연못　08 ⓒ 호수
*ⓕ 바다　[2] 09 ⓖ 하늘　10 ⓘ 색　11 ⓕ 낫다, 치료되다　12 ⓔ 만지다, 닿다　13 ⓗ 기운있다, 건강하다　14 ⓐ 새
15 ⓒ 입원　16 ⓓ 의사　*ⓑ 병원

DAY 13 문화, 여가

mp3 바로 듣기

0915	文化	ぶんか	명 문화
0916	光る ★	ひかる	동 빛나다
0917	大切だ ★	たいせつだ	な형 중요하다, 소중하다
0918	豊かだ	ゆたかだ	な형 풍부하다
0919	使い捨て	つかいすて	명 1회용
0920	花火	はなび	명 불꽃
0921	花火大会	はなびたいかい	명 불꽃놀이
0922	花見	はなみ	명 꽃구경, 꽃놀이
0923	着物	きもの	명 기모노(일본 전통 옷)
0924	祭り	まつり	명 축제
0925	お正月	おしょうがつ	명 설, 정월
0926	映画 ★	えいが	명 영화
0927	音楽	おんがく	명 음악
0928	番組	ばんぐみ	명 (TV)프로그램, 방송
0929	放送	ほうそう	명 방송

번호	단어	읽기	뜻
0930	人気 ★	にんき	명 인기
0931	場面	ばめん	명 장면
0932	意味	いみ	명 의미, 뜻
0933	最初 ★	さいしょ	명 처음, 최초
0934	迎える ★	むかえる	동 맞이하다
0935	寺 ★	てら	명 절(건물)
0936	祈る	いのる	동 빌다, 기원하다
0937	お見合い	おみあい	명 맞선
0938	形 ★	かたち	명 모양, 형식
0939	絵	え	명 그림
0940	美術館	びじゅつかん	명 미술관
0941	作品	さくひん	명 작품
0942	消える	きえる	동 꺼지다, 사라지다
0943	時代	じだい	명 시대
0944	博物館	はくぶつかん	명 박물관
0945	入場	にゅうじょう	명 입장

★ 표시 = 2010년 이후 N5, N4 문자·어휘 기출 단어

0946	見る	★	みる	동 보다
0947	映画館	★	えいがかん	명 영화관
0948	弾く	★	ひく	동 연주하다, 치다
0949	練習	★	れんしゅう	명 연습
0950	歌う		うたう	동 노래하다
0951	よく		-	부 자주, 잘
0952	毎週	★	まいしゅう	명 매주
0953	最近	★	さいきん	명 최근
0954	時々		ときどき	부 가끔, 때때로
0955	週末		しゅうまつ	명 주말
0956	休む	★	やすむ	동 쉬다
0957	古い	★	ふるい	い형 낡다, 오래되다
0958	小説	★	しょうせつ	명 소설
0959	本	★	ほん	명 책
0960	読む	★	よむ	동 읽다
0961	読書		どくしょ	명 독서

★ 표시 = 2010년 이후 N5, N4 문자·어휘 기출 단어

0962	絵本		えほん	명 그림책
0963	短編		たんぺん	명 단편
0964	紙	★	かみ	명 종이
0965	印刷		いんさつ	명 인쇄
0966	切手	★	きって	명 우표
0967	道具		どうぐ	명 도구
0968	作る	★	つくる	동 만들다
0969	写真	★	しゃしん	명 사진
0970	撮る		とる	동 (사진을) 찍다
0971	出かける	★	でかける	동 외출하다
0972	公園		こうえん	명 공원
0973	散歩	★	さんぽ	명 산책
0974	通う	★	かよう	동 다니다
0975	始める	★	はじめる	동 시작하다
0976	やめる	★	-	동 그만두다, 끊다
0977	興味	★	きょうみ	명 흥미

★ 표시 = 2010년 이후 N5, N4 문자·어휘 기출 단어

0978	葉書	★	はがき	명 엽서
0979	集める	★	あつめる	동 모으다
0980	外国	★	がいこく	명 외국
0981	海外		かいがい	명 해외
0982	韓国		かんこく	명 한국
0983	中国		ちゅうごく	명 중국
0984	日本		にほん	명 일본
0985	国	★	くに	명 나라, 고향
0986	地理	★	ちり	명 지리
0987	地名		ちめい	명 지명
0988	田舎		いなか	명 시골
0989	全国		ぜんこく	명 전국
0990	思い出	★	おもいで	명 추억
0991	自由だ	★	じゆうだ	な형 자유롭다

연습문제 체크체크!

[1] 각 한자 단어의 발음을 찾아 연결하고, 빈칸에 뜻을 써보세요.

01 迎える　　　　ⓐ でかける　　＿＿＿＿＿＿＿
02 興味　　　　　ⓑ しゃしん　　＿＿＿＿＿＿＿
03 出かける　　　ⓒ じゆうだ　　＿＿＿＿＿＿＿
04 通う　　　　　ⓓ かいがい　　＿＿＿＿＿＿＿
05 映画　　　　　ⓔ きょうみ　　＿＿＿＿＿＿＿
06 写真　　　　　ⓕ むかえる　　＿＿＿＿＿＿＿
07 毎週　　　　　ⓖ えいが　　　＿＿＿＿＿＿＿
08 自由だ　　　　ⓗ まいしゅう　＿＿＿＿＿＿＿
　　　　　　　　ⓘ かよう　　　＿＿＿＿＿＿＿

[2] 각 발음의 한자 표기를 찾아 연결하고, 빈칸에 뜻을 써보세요.

09 ちり　　　　　ⓐ 紙　　　　　＿＿＿＿＿＿＿
10 さいしょ　　　ⓑ 寺　　　　　＿＿＿＿＿＿＿
11 てら　　　　　ⓒ 始める　　　＿＿＿＿＿＿＿
12 はがき　　　　ⓓ 最初　　　　＿＿＿＿＿＿＿
13 しょうせつ　　ⓔ 田舎　　　　＿＿＿＿＿＿＿
14 かみ　　　　　ⓕ 集める　　　＿＿＿＿＿＿＿
15 はじめる　　　ⓖ 地理　　　　＿＿＿＿＿＿＿
16 あつめる　　　ⓗ 葉書　　　　＿＿＿＿＿＿＿
　　　　　　　　ⓘ 小説　　　　＿＿＿＿＿＿＿

정답: [1] 01 ⓕ 맞이하다　02 ⓔ 흥미　03 ⓐ 외출하다　04 ⓘ 다니다　05 ⓖ 영화　06 ⓑ 사진　07 ⓗ 매주　08 ⓒ 자유롭다
*ⓓ 해외　[2] 09 ⓖ 지리　10 ⓓ 처음, 최초　11 ⓑ 절(건물)　12 ⓗ 엽서　13 ⓘ 소설　14 ⓐ 종이　15 ⓒ 시작하다
16 ⓕ 모으다　*ⓔ 시골

DAY 14 취미, 기술

mp3 바로 듣기

0992	趣味	★	しゅみ	명 취미
0993	旅行	★	りょこう	명 여행
0994	景色		けしき	명 경치
0995	お土産		おみやげ	명 기념품, 선물
0996	おおぜい		–	명 여럿, 많은 사람
0997	集まる	★	あつまる	동 모이다
0998	旅行先		りょこうさき	명 여행지
0999	見物		けんぶつ	명 구경
1000	食べ物	★	たべもの	명 음식, 먹을 것
1001	お弁当		おべんとう	명 도시락
1002	忘れる	★	わすれる	동 잊다, 잊고 오다
1003	計画	★	けいかく	명 계획
1004	準備	★	じゅんび	명 준비
1005	いつか	★	–	부 언젠가
1006	年末		ねんまつ	명 연말

★ 표시 = 2010년 이후 N5, N4 문자·어휘 기출 단어

1007	空港	★	くうこう	몡 공항
1008	出発	★	しゅっぱつ	몡 출발
1009	通る	★	とおる	동 통하다, 지나다
1010	行く	★	いく	동 가다
1011	遠い	★	とおい	い형 멀다
1012	帰る	★	かえる	동 돌아가다, 돌아오다
1013	連れる		つれる	동 데리고 가다(오다), 동반하다
1014	寄る	★	よる	동 들르다
1015	目的地		もくてきち	몡 목적지
1016	動く	★	うごく	동 움직이다
1017	する	★	-	동 하다
1018	やる	★	-	동 주다, 하다
1019	登る	★	のぼる	동 오르다
1020	踊る	★	おどる	동 춤추다
1021	起きる	★	おきる	동 일어나다
1022	歩く	★	あるく	동 걷다

번호	단어		읽기	의미
1023	走る	★	はしる	동 달리다, 뛰다
1024	走り出す		はしりだす	동 뛰기 시작하다
1025	橋		はし	명 다리(시설물)
1026	泳ぐ	★	およぐ	동 헤엄치다
1027	水泳	★	すいえい	명 수영
1028	野球		やきゅう	명 야구
1029	自転車	★	じてんしゃ	명 자전거
1030	柔道		じゅうどう	명 유도
1031	卓球		たっきゅう	명 탁구
1032	硬い	★	かたい	い형 딱딱하다, 단단하다
1033	必要だ	★	ひつようだ	な형 필요하다
1034	運動	★	うんどう	명 운동
1035	戻す		もどす	동 되돌리다, 돌려놓다
1036	代わりに		かわりに	대신에
1037	全部	★	ぜんぶ	명 전부
1038	非常に	★	ひじょうに	매우

★ 표시 = 2010년 이후 N5, N4 문자·어휘 기출 단어

1039	適当だ		てきとうだ	な형	적당하다
1040	負ける	★	まける	동	지다, 패배하다
1041	試合	★	しあい	명	시합
1042	優勝		ゆうしょう	명	우승
1043	運動場		うんどうじょう	명	운동장
1044	汗をかく		あせをかく		땀을 흘리다
1045	技術	★	ぎじゅつ	명	기술
1046	利用	★	りよう	명	이용
1047	使用		しよう	명	사용
1048	使う	★	つかう	동	사용하다, 쓰다
1049	作り方	★	つくりかた	명	만드는 법
1050	仕方		しかた	명	하는 방법
1051	押す	★	おす	동	누르다
1052	はる	★	-	동	붙이다, 바르다
1053	丈夫だ	★	じょうぶだ	な형	튼튼하다
1054	軽い	★	かるい	い형	가볍다

★ 표시 = 2010년 이후 N5, N4 문자·어휘 기출 단어

1055	安全	★	あんぜん	명 안전
1056	電話	★	でんわ	명 전화
1057	携帯電話		けいたいでんわ	명 휴대전화
1058	時計	★	とけい	명 시계
1059	機械	★	きかい	명 기계
1060	水道	★	すいどう	명 수도
1061	暖房		だんぼう	명 난방
1062	冷房		れいぼう	명 냉방
1063	電灯		でんとう	명 전등
1064	故障	★	こしょう	명 고장
1065	壊れる	★	こわれる	동 고장 나다, 부서지다
1066	直す		なおす	동 고치다, 수리하다
1067	電気	★	でんき	명 전기
1068	電気をつける		でんきをつける	전등을 켜다

연습문제 체크체크!

[1] 각 한자 단어의 발음을 찾아 연결하고, 빈칸에 뜻을 써보세요.

01 計画　　　　　ⓐ しゅっぱつ　　＿＿＿＿＿＿＿

02 集まる　　　　ⓑ いく　　　　　＿＿＿＿＿＿＿

03 硬い　　　　　ⓒ けいかく　　　＿＿＿＿＿＿＿

04 負ける　　　　ⓓ りよう　　　　＿＿＿＿＿＿＿

05 時計　　　　　ⓔ あつまる　　　＿＿＿＿＿＿＿

06 出発　　　　　ⓕ かたい　　　　＿＿＿＿＿＿＿

07 利用　　　　　ⓖ しよう　　　　＿＿＿＿＿＿＿

08 行く　　　　　ⓗ とけい　　　　＿＿＿＿＿＿＿

　　　　　　　　ⓘ まける　　　　＿＿＿＿＿＿＿

[2] 각 발음의 한자 표기를 찾아 연결하고, 빈칸에 뜻을 써보세요.

09 けしき　　　　ⓐ 技術　　　　　＿＿＿＿＿＿＿

10 しあい　　　　ⓑ 軽い　　　　　＿＿＿＿＿＿＿

11 くうこう　　　ⓒ 景色　　　　　＿＿＿＿＿＿＿

12 でんわ　　　　ⓓ 歩く　　　　　＿＿＿＿＿＿＿

13 うごく　　　　ⓔ 試合　　　　　＿＿＿＿＿＿＿

14 とおい　　　　ⓕ 遠い　　　　　＿＿＿＿＿＿＿

15 あるく　　　　ⓖ 電話　　　　　＿＿＿＿＿＿＿

16 ぎじゅつ　　　ⓗ 空港　　　　　＿＿＿＿＿＿＿

　　　　　　　　ⓘ 動く　　　　　＿＿＿＿＿＿＿

정답: [1] 01 ⓒ 계획　02 ⓔ 모이다　03 ⓕ 딱딱하다, 단단하다　04 ⓘ 지다, 패배하다　05 ⓗ 시계　06 ⓐ 출발　07 ⓓ 이용　08 ⓑ 가다　*ⓖ 사용　[2] 09 ⓒ 경치　10 ⓔ 시합　11 ⓗ 공항　12 ⓖ 전화　13 ⓘ 움직이다　14 ⓕ 멀다　15 ⓓ 걷다　16 ⓐ 기술　*ⓑ 가볍다

사회, 과학

mp3 바로 듣기

1069	社会		しゃかい	명 사회
1070	比べる	★	くらべる	동 비교하다
1071	以前		いぜん	명 이전
1072	高級		こうきゅう	명 고급
1073	回転		かいてん	명 회전
1074	建てる	★	たてる	동 짓다, 세우다
1075	建つ		たつ	동 (건물이) 지어지다
1076	写す	★	うつす	동 베끼다, (사진을) 찍다
1077	写る	★	うつる	동 (사진에) 찍히다
1078	都会	★	とかい	명 도회, 도시
1079	都市		とし	명 도시
1080	中心		ちゅうしん	명 중심
1081	東洋		とうよう	명 동양
1082	西洋		せいよう	명 서양
1083	世界	★	せかい	명 세계

★ 표시 = 2010년 이후 N5, N4 문자·어휘 기출 단어

1084	国際	こくさい	명 국제
1085	戦争	せんそう	명 전쟁
1086	ずっと ★	-	부 쭉, 계속
1087	人口 ★	じんこう	명 인구
1088	少ない ★	すくない	い형 적다
1089	ほとんど	-	부 거의, 대부분
1090	共働き	ともばたらき	명 맞벌이
1091	新聞 ★	しんぶん	명 신문
1092	国立	こくりつ	명 국립
1093	言語	げんご	명 언어
1094	外国語	がいこくご	명 외국어
1095	韓国語	かんこくご	명 한국어
1096	日本語 ★	にほんご	명 일본어
1097	英語 ★	えいご	명 영어
1098	外国人	がいこくじん	명 외국인
1099	日本人	にほんじん	명 일본인

PART 1 N5, N4 단어 | DAY 15 사회, 과학 97

★ 표시 = 2010년 이후 N5, N4 문자·어휘 기출 단어

1100	逃げる ★	にげる	동 도망가다, 도망치다
1101	火事	かじ	명 화재
1102	事故	じこ	명 사고
1103	事件	じけん	명 사건
1104	起こす	おこす	동 일으키다, 발생시키다
1105	起こる	おこる	동 일어나다, 발생하다
1106	営業 ★	えいぎょう	명 영업
1107	無料	むりょう	명 무료
1108	経済	けいざい	명 경제
1109	専門	せんもん	명 전문
1110	節約	せつやく	명 절약
1111	売買	ばいばい	명 매매
1112	増える ★	ふえる	동 늘다, 증가하다
1113	円 ★	えん	명 엔(일본의 화폐 단위)
1114	上がる	あがる	동 오르다, 올라가다
1115	産業	さんぎょう	명 산업

★ 표시 = 2010년 이후 N5, N4 문자·어휘 기출 단어

1116	成長		せいちょう	명 성장
1117	輸出	★	ゆしゅつ	명 수출
1118	輸入	★	ゆにゅう	명 수입
1119	貿易	★	ぼうえき	명 무역
1120	船	★	ふね	명 배(교통수단)
1121	ふりこみ	★	-	명 납입
1122	貯金	★	ちょきん	명 저금
1123	貸出し/貸し出し		かしだし	명 대출
1124	借金		しゃっきん	명 빚
1125	窓口		まどぐち	명 창구
1126	科学		かがく	명 과학
1127	氷	★	こおり	명 얼음
1128	水	★	みず	명 물
1129	表		おもて	명 겉, 표면
1130	もうすぐ	★	-	이제 곧, 머지않아
1131	便利だ	★	べんりだ	な형 편리하다

DAY 15

해커스 JLPT 기출 단어장 N5-N3

PART 1 N5, N4 단어 | DAY 15 사회, 과학

1132	まだ	–	부 아직
1133	研究 ★	けんきゅう	명 연구
1134	見つける ★	みつける	동 발견하다, 찾다
1135	見つかる ★	みつかる	동 발견되다
1136	難しい ★	むずかしい	い형 어렵다
1137	なぜ	–	부 왜
1138	どう	–	부 어떻게
1139	実験	じっけん	명 실험
1140	発明	はつめい	명 발명
1141	表紙	ひょうし	명 표지
1142	または	–	접 또는
1143	音 ★	おと	명 소리, 음
1144	光	ひかり	명 빛
1145	速度	そくど	명 속도

연습문제 체크체크!

[1] 각 한자 단어의 발음을 찾아 연결하고, 빈칸에 뜻을 써보세요.

01 見つかる　　ⓐ しんぶん　　_____

02 貿易　　　　ⓑ みつかる　　_____

03 増える　　　ⓒ くらべる　　_____

04 研究　　　　ⓓ うつる　　　_____

05 比べる　　　ⓔ ぼうえき　　_____

06 建てる　　　ⓕ たてる　　　_____

07 写る　　　　ⓖ ふえる　　　_____

08 新聞　　　　ⓗ べんりだ　　_____

　　　　　　　ⓘ けんきゅう　_____

[2] 각 발음의 한자 표기를 찾아 연결하고, 빈칸에 뜻을 써보세요.

09 こおり　　　ⓐ 営業　　　　_____

10 ちょきん　　ⓑ 氷　　　　　_____

11 おと　　　　ⓒ 水　　　　　_____

12 にげる　　　ⓓ 逃げる　　　_____

13 ふね　　　　ⓔ 輸出　　　　_____

14 えいぎょう　ⓕ 船　　　　　_____

15 ゆしゅつ　　ⓖ 音　　　　　_____

16 ゆにゅう　　ⓗ 貯金　　　　_____

　　　　　　　ⓘ 輸入　　　　_____

정답: [1] 01 ⓑ 발견되다 02 ⓔ 무역 03 ⓖ 늘다, 증가하다 04 ⓘ 연구 05 ⓒ 비교하다 06 ⓕ 짓다, 세우다 07 ⓓ (사진에)찍히다 08 ⓐ 신문 *ⓗ 편리하다 [2] 09 ⓑ 얼음 10 ⓗ 저금 11 ⓖ 소리, 음 12 ⓓ 도망가다, 도망치다 13 ⓕ 배(교통수단) 14 ⓐ 영업 15 ⓔ 수출 16 ⓘ 수입 *ⓒ 물

무료 학습자료 제공
japan.Hackers.com

PART 2
주제별 N3 단어

DAY 16-45

시기·숫자 관련

mp3 바로 듣기

1146 ☐☐☐

本日 | **ほんじつ** | 명 오늘, 금일

本日から一週間図書館の工事をします。
오늘부터 일주일간 도서관의 공사를 합니다.

1147 ☐☐☐

明日 ★ | **あす** | 명 내일, 가까운 미래

明日は進学相談のため、先生の研究室を伺います。
내일은 진학 상담을 위해, 선생님의 연구실을 방문합니다.

[문형] 명사 の + ため ~위해

1148 ☐☐☐

前日 | **ぜんじつ** | 명 전날

試合の前日だからみんなで最後に練習してみよう。
시합 전날이니까 다 같이 마지막으로 연습해 보자.

1149 ☐☐☐

当日 ★ | **とうじつ** | 명 당일

運動会は当日雨が降って延期になりました。
운동회는 당일 비가 와서 연기되었습니다.

1150 ☐☐☐

翌日 ★ | **よくじつ** | 명 다음날, 익일

帰国した翌日に発表会へ行ってきてとても疲れました。
귀국한 다음날에 발표회에 다녀와서 매우 지쳤습니다.

★ 표시 = 2010년 이후 N3 문자·어휘 기출 단어

1151
後日 ★ | ごじつ | 명 후일(앞으로 다가올 날)

英会話教室に申し込みした方には後日連絡いたします。
영어 회화 교실을 신청한 분에게는 후일 연락드리겠습니다.

1152
半日 ★ | はんにち | 명 한나절(하루의 반)

こんな簡単な仕事なら半日で終わりそうです。
이런 간단한 일이라면 한나절이면 끝날 것 같습니다.

[문형] 명사 + なら ~라면 / 동사 ます형 + そうだ ~(할) 것 같다

1153
平日 ★ | へいじつ | 명 평일

平日は午後9時、週末は午後10時まで営業します。
평일은 오후 9시, 주말은 오후 10시까지 영업합니다.

1154
中旬 ★ | ちゅうじゅん | 명 중순

今月の中旬に本屋をオープンするつもりです。
이번 달 중순에 서점을 오픈할 계획입니다.

[문형] 동사 사전형 + つもりだ ~(할) 계획이다

1155
月日 | がっぴ | 명 월일

履歴書に名前と生年月日を書きました。
이력서에 이름과 생년월일을 적었습니다.

1156
年中 ★ | ねんじゅう | 명 항상, 늘, 연중

彼は年中ゲームしてばかりいて、目が悪くなったそうだ。
그는 항상 게임하기만 해서, 눈이 나빠졌다고 한다.

[문형] 동사 て형 + ばかりいる ~(하)기만 하다 / 동사 보통형 + そうだ ~라고 한다

DAY 16

해커스 JLPT 기출 단어장 N5-N3

PART 2 주제별 N3 단어 | DAY 16 시기·숫자 관련 **105**

★ 표시 = 2010년 이후 N3 문자·어휘 기출 단어

1157 □□□

| 次の年 ★ | つぎのとし | 다음 해 |

来年まで日本で勉強して、その次の年には国に戻ります。
내년까지 일본에서 공부하고, 그 다음 해에는 고국에 돌아갑니다.

1158 □□□

| 翌年 ★ | よくねん | 명 이듬해, 내년 |

森さんによると、南先生は翌年学校をやめるらしい。
모리 씨에 의하면, 미나미 선생님은 이듬해에 학교를 그만둔다고 한다.

[문형] 명사 + によると ~에 의하면 / 동사 보통형 + らしい ~라고 한다

1159 □□□

| 後で ★ | あとで | 나중에 |

今から昼休みだから残った仕事は後でしましょう。
지금부터 점심시간이니까 남은 일은 나중에 합시다.

1160 □□□

| 以降 ★ | いこう | 명 이후 |

23時以降はご注文できません。
23시 이후는 주문하실 수 없습니다.

1161 □□□

| 直後 | ちょくご | 명 직후 |

毎朝起きた直後に顔を洗います。
매일 아침 일어난 직후에 얼굴을 씻습니다.

1162 □□□

| 後期 | こうき | 명 (일정 기간을 둘 혹은 셋으로 나눴을 때 가장) 뒤의 시기, 후기 |

前期試験は落ちたけど、後期は受かりました。
앞선 시기의 시험은 떨어졌지만, 그 뒤의 시기에는 합격했습니다.

★ 표시 = 2010년 이후 N3 문자·어휘 기출 단어

1163
早速 ★ | さっそく | 튀 즉시

友だちが入院したと聞いて早速お見舞いに行った。
친구가 입원했다고 들어서 즉시 병문안을 갔다.

1164
さっき ★ | - | 명 아까, 조금 전

原田君は具合が悪くなってさっき帰っちゃったよ。
하라다 군은 몸 상태가 나빠져서 아까 돌아가 버렸어.
[문형] 동사 て형 + ちゃう ~(해) 버리다 ★て를 빼고 ちゃう를 붙임

1165
少し前に ★ | すこしまえに | 조금 전에

少し前にシャワーを浴びたのに暑くてまた汗をかいた。
조금 전에 샤워를 했는데 더워서 다시 땀을 흘렸다.

1166
たまたま | - | 튀 우연히, 때마침

今朝ラジオでこの曲をたまたま聞いて好きになった。
오늘 아침 라디오에서 이 곡을 우연히 듣고 좋아하게 되었다.

1167
たった | - | 튀 단, 겨우

たった一度だけの人生だから自分がしたいことをしよう。
단 한 번뿐인 인생이니까 자신이 하고 싶은 것을 하자.
[문형] 동사 ます형 + たい ~(하)고 싶다

1168
しばらく ★ | - | 튀 잠시, 잠깐, 오래간만

しばらく会社を休もうと思っています。
잠시 회사를 쉬려고 생각하고 있습니다.
[문형] 동사 의지형 + と思う ~(하)려고 생각하다

DAY 16

★ 표시 = 2010년 이후 N3 문자·어휘 기출 단어

1169 ☐☐☐
この頃 ★ | このごろ | 요즘

この頃とても忙しくて毎日疲れている。
요즘 매우 바빠서 매일 피곤하다.

1170 ☐☐☐
とっくに | - | 벌써, 훨씬 전에

約束の時間はとっくに過ぎたが、彼は電話にも出ない。
약속 시간은 벌써 지났는데, 그는 전화도 받지 않는다.

1171 ☐☐☐
朝晩 | あさばん | 몡 아침저녁

朝晩は寒いからコートを着て出かけた方がいいよ。
아침저녁은 추우니까 코트를 입고 외출하는 편이 좋아.

[문형] 동사 た형 + 方がいい ~(하)는 편이 좋다

1172 ☐☐☐
経つ ★ | たつ | 동 (시간이) 지나다, 경과하다

今日は時間が経つのも忘れるくらい楽しい一日でした。
오늘은 시간이 지나는 것도 잊을 정도로 즐거운 하루였습니다.

1173 ☐☐☐
過ぎる ★ | すぎる | 동 (시간, 장소를) 지나다

年をとればとるほど、時間が早く過ぎるように感じるという。
나이를 먹으면 먹을수록, 시간이 빠르게 지나는 것처럼 느낀다고 한다.

[문형] 동사 사전형 う단을 え단으로 + ば + 동사 사전형 + ほど ~(하)면 ~(할)수록
/ 동사 보통형 + ように ~처럼

1174 ☐☐☐
明ける ★ | あける | 동 (기간이) 끝나다, (날이) 밝다

梅雨は明けましたが、今もずっと曇っています。
장마는 끝났지만, 지금도 계속 흐립니다.

★ 표시 = 2010년 이후 N3 문자·어휘 기출 단어

1175
| 夜が明ける | よがあける | 날이 새다, 밤이 밝아지다 |

どうしても眠れなくて夜が明けるまで起きっぱなしだった。
어떻게 해도 잘 수 없어서 날이 샐 때까지 깨어 있는 채로 있었다.

[문형] 동사 ます형 + っぱなし ~(한) 채

1176
| 数字 | すうじ | 명 숫자 |

数字の計算をよく間違えてしまいます。
숫자 계산을 자주 틀려 버립니다.

[문형] 동사 て형 + しまう ~(해) 버리다

1177
| 秒 ★ | びょう | 명 초 |

おとといの大会で原さんが100メートルを10秒で走ったよ。
그저께 대회에서 하라 씨가 100미터를 10초에 뛰었어.

1178
| 複数 ★ | ふくすう | 명 여러 개, 복수 |

複数の写真の中から雑誌に載せる1枚を選びました。
여러 개의 사진 중에서 잡지에 실을 1장을 골랐습니다.

1179
| 約 ★ | やく | 부 약 (어떤 수량에 가까운 정도) |

毎月約2万人が旅行でこの町に来るということだ。
매월 약 2만명이 여행으로 이 마을에 온다고 한다.

[문형] 동사 보통형 + ということだ ~라고 한다

1180
| およそ | - | 부 대략, 약 명 대강, 대충 |

この映画はおよそ50年前に作られた古い映画だ。
이 영화는 대략 50년 전에 만들어진 오래된 영화다.

★ 표시 = 2010년 이후 N3 문자·어휘 기출 단어

1181 ☐☐☐
倍 ★ | **ばい** | 명 배, 2배

うちの<ruby>店<rt>みせ</rt></ruby>はテレビに<ruby>出<rt>で</rt></ruby>てから<ruby>客<rt>きゃく</rt></ruby>が<ruby>倍<rt>ばい</rt></ruby>になりました。
우리 가게는 텔레비전에 나오고 나서 손님이 배가 되었습니다.

[문형] 동사 て형 + から ~(하)고 나서

1182 ☐☐☐
程度 | **ていど** | 명 정도

500<ruby>人<rt>にん</rt></ruby><ruby>程度<rt>ていど</rt></ruby>の<ruby>留学生<rt>りゅうがくせい</rt></ruby>がこの<ruby>学校<rt>がっこう</rt></ruby>で<ruby>勉強<rt>べんきょう</rt></ruby>しています。
500명 정도의 유학생이 이 학교에서 공부하고 있습니다.

1183 ☐☐☐
余る ★ | **あまる** | 동 남다, 넘치다

<ruby>野菜<rt>やさい</rt></ruby>を<ruby>買<rt>か</rt></ruby>った<ruby>後<rt>あと</rt></ruby>、<ruby>余<rt>あま</rt></ruby>った<ruby>お金<rt>かね</rt></ruby>は<ruby>自由<rt>じゆう</rt></ruby>に<ruby>使<rt>つか</rt></ruby>ってもかまいませんよ。
채소를 산 후, 남은 돈은 자유롭게 사용해도 괜찮아요.

[문형] 동사 て형 + もかまわない ~(해)도 괜찮다

1184 ☐☐☐
分ける ★ | **わける** | 동 나누다

<ruby>誕生日<rt>たんじょうび</rt></ruby>ケーキを<ruby>弟<rt>おとうと</rt></ruby>と<ruby>二人<rt>ふたり</rt></ruby>で<ruby>分<rt>わ</rt></ruby>けて<ruby>食<rt>た</rt></ruby>べました。
생일 케이크를 남동생과 둘이 나누어 먹었습니다.

연습문제 체크체크!

[1] 단어에 해당하는 발음을 고른 후, 뜻을 써보세요.

01 翌日　　　　ⓐ よくじつ　ⓑ いくじつ　　_____

02 年中　　　　ⓐ ねんじゅう　ⓑ としじゅう　_____

03 余る　　　　ⓐ すぎる　ⓑ あまる　　　　_____

04 以降　　　　ⓐ いこう　ⓑ いこ　　　　　_____

05 本日　　　　ⓐ ほんじつ　ⓑ とうじつ　　_____

06 倍　　　　　ⓐ ばい　ⓑ ぼい　　　　　　_____

07 複数　　　　ⓐ ふくす　ⓑ ふくすう　　　_____

08 約　　　　　ⓐ およそ　ⓑ やく　　　　　_____

09 月日　　　　ⓐ げつひ　ⓑ がっぴ　　　　_____

10 直後　　　　ⓐ ちょくこう　ⓑ ちょくご　_____

[2] 문맥에 맞게 괄호에 들어갈 단어를 고르세요.

11 担当者(たんとうしゃ)をお呼(よ)びしますので、(しばらく / 後(あと)で) お待(ま)ちください。

12 あっという間に夏休(なつやす)みが (明(あ)けて / 分けて) しまいました。

13 (当日 / 平日) 雨(あめ)が降(ふ)ったら、大会(たいかい)は延期(えんき)になります。

14 今月(こんげつ) (この頃 / 中旬) から桜(さくら)が咲(さ)き始(はじ)めるそうです。

15 昨晩(さくばん)テレビで紹介(しょうかい)されていた店(みせ)に (半日 / 早速) 行(い)ってきた。

정답: 01 ⓐ 다음날, 익일　02 ⓐ 항상, 늘, 연중　03 ⓑ 남다, 넘치다　04 ⓐ 이후　05 ⓐ 오늘, 금일　06 ⓐ 배, 2배
07 ⓑ 여러 개, 복수　08 ⓑ 약(어떤 수량에 가까운 정도)　09 ⓑ 월일　10 ⓑ 직후　11 しばらく　12 明けて　13 当日
14 中旬　15 早速

 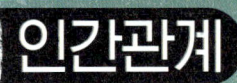

mp3 바로 듣기

1185 ☐☐☐

| 娘 ★ | むすめ | 몡 딸 |

今回の旅行で娘とたくさんの思い出を作ることができました。
이번 여행에서 딸과 많은 추억을 만들 수 있었습니다.

[문형] 동사 사전형 + ことができる ~(할) 수 있다

1186 ☐☐☐

| 息子 | むすこ | 몡 아들 |

息子の目は私に似ていて、鼻は夫に似ています。
아들의 눈은 나를 닮았고, 코는 남편을 닮았습니다.

1187 ☐☐☐

| 家内 ★ | かない | 몡 아내 |

家内は週末のたびにボランティアをしに行きます。
아내는 주말마다 봉사 활동을 하러 갑니다.

[문형] 명사 の + たびに ~마다 / 동사 ます형 + に行く ~(하)러 가다

1188 ☐☐☐

| 夫人 | ふじん | 몡 부인 |

社長夫人がパンとコーヒーを買ってくださいました。
사장님 부인이 빵과 커피를 사 주셨습니다.

[문형] 동사 て형 + くださる ~(해) 주시다

1189 ☐☐☐

| 夫婦 ★ | ふうふ | 몡 부부 |

隣の家には若い夫婦が住んでいます。
이웃 집에는 젊은 부부가 살고 있습니다.

★ 표시 = 2010년 이후 N3 문자·어휘 기출 단어

1190
孫 ★ | **まご** | 명 손자

これはうちの孫が作ったコップです。
이것은 우리 손자가 만든 컵이에요.

1191
めい ★ | **-** | 명 조카딸

先月生まれためいに、明日いよいよ会えます。
지난달 태어난 조카딸을, 내일 드디어 만날 수 있습니다.

1192
親しい ★ | **したしい** | い형 친하다, 가깝다

いくら親しい友人でもひみつはあるのだ。
아무리 친한 친구라도 비밀은 있는 것이다.

[문형] 동사 보통형 + のだ ~인 것이다

1193
ばらばら ★ | **-** | 부 뿔뿔이

卒業後ばらばらになっていた大学の同窓たちと久々に会いました。
졸업 후 뿔뿔이 흩어졌던 대학 동창들과 오랜만에 만났습니다.

| 관련어 | **ばらばらだ** [な형] 제각기 다르다, 여기저기 흩어져 있다 |

1194
しゃべる ★ | **-** | 동 수다 떨다, 말하다

妹と少しだけしゃべるつもりだったのに2時間も経っていた。
여동생과 조금만 수다 떨 생각이었는데 2시간이나 지나 있었다.

[문형] 동사 사전형 + つもりだ ~(할) 생각이다

1195
自慢 ★ | **じまん** | 명 자랑

新しく買ったスマホを早く友達に自慢したい。
새로 산 스마트폰을 빨리 친구에게 자랑하고 싶다.

[문형] 동사 ます형 + たい ~(하)고 싶다

★ 표시 = 2010년 이후 N3 문자·어휘 기출 단어

1196
友情 | **ゆうじょう** | 명 우정

今回の旅行を通じて森くんとの友情がもっと深まった。
이번 여행을 통해 모리 군과의 우정이 더욱 깊어졌다.

[문형] 명사 + を通じて ~을 통해

1197
交際 | **こうさい** | 명 교제

大学の時から交際してきた相手と来月の中旬に結婚します。
대학 때부터 교제해 온 상대와 다음 달 중순에 결혼합니다.

1198
仲間 | **なかま** | 명 동료, 친구

バイトの仲間に仕事を手伝ってもらいました。
아르바이트 동료에게 일을 도움 받았습니다.

[문형] 동사 て형 + もらう ~(해) 받다

1199
後輩 | **こうはい** | 명 후배

レストランでたまたま後輩に会って一緒に食事をしました。
레스토랑에서 우연히 후배를 만나서 함께 식사를 했습니다.

1200
同期 | **どうき** | 명 동기(같은 연도에 입학, 입사한 사람)

会社の同期の山下さんは来年、家族みんなでアメリカに行くそうです。
회사 동기인 야마시타 씨는 내년, 가족 모두와 미국에 간다고 합니다.

[문형] 동사 보통형 + そうだ ~라고 한다

1201
得る | **える** | 동 얻다

みんなから信頼を得られる人になりたい。
모두에게 신뢰를 얻을 수 있는 사람이 되고싶다.

★ 표시 = 2010년 이후 N3 문자·어휘 기출 단어

1202
| 支える | ささえる | 동 지지하다, 버티다 |

子どもの夢を支えてあげる親になろうと思っています。
아이의 꿈을 지지해 주는 부모가 되려고 생각하고 있습니다.

[문형] 동사 て형 + あげる ~(해) 주다 / 동사 의지형 + と思う ~(하)려고 생각하다

1203
| 信じる ★ | しんじる | 동 믿다 |

私を信じてくれる人たちを失望させるわけにはいかない。
나를 믿어주는 사람들을 실망시킬 수는 없다.

[문형] 동사 て형 + くれる ~(해) 주다 / 동사 사전형 + わけにはいかない ~(할) 수는 없다

1204
| 結ぶ ★ | むすぶ | 동 맺다, 묶다, 잇다 |

同僚と良い関係を結ぶには十分なコミュニケーションが必要だ。
동료와 좋은 관계를 맺으려면 충분한 커뮤니케이션이 필요하다.

[문형] 동사 사전형 + には ~(하)려면

1205
| 期待 ★ | きたい | 명 기대 |

林さんの誕生日パーティーは期待以上に楽しかったです。
하야시 씨의 생일 파티는 기대 이상으로 즐거웠습니다.

1206
| 頼る ★ | たよる | 동 의지하다 |

大学に入ってからは経済的に親に頼らないつもりです。
대학에 들어가고 나서는 경제적으로 부모님에게 의지하지 않을 생각입니다.

[문형] 동사 て형 + から ~(하)고 나서 / 동사 ない형 + ないつもりだ ~(하)지 않을 생각이다

★ 표시 = 2010년 이후 N3 문자·어휘 기출 단어

1207
事情 ★ じじょう 	명 사정

急な事情ができて弟との約束を延期することになった。
급한 사정이 생겨서 남동생과의 약속을 연기하게 되었다.

[문형] 동사 사전형 + ことになる ~(하)게 되다

1208
お互いに ★ おたがいに 	부 서로

兄と僕はお互いに助け合って、病気の両親の世話をしている。
형과 나는 서로 도우며, 병을 앓는 부모님을 보살피고 있다.

1209
知り合う 	しりあう 	동 알게 되다, 아는 사이가 되다

田中さんとは水泳教室で知り合いました。
다나카 씨와는 수영 교실에서 알게 되었습니다.

| 관련어 | 知り合い　しりあい　명 아는 사람, 지인 |

1210
怒鳴る ★ どなる 	동 고함치다, 호통치다

今まで山田先生が学生に怒鳴るのを見たことがない。
지금까지 야마다 선생님이 학생에게 고함치는 것을 본 적이 없다.

[문형] 동사 た형 + ことがない ~(한) 적이 없다

1211
個人 ★ こじん 	명 개인

個人で働くより他の人たちと一緒に働く方が好きです。
개인으로 일하기보다 다른 사람들과 함께 일하는 쪽이 좋습니다.

[문형] 동사 보통형 + 方が好きだ ~쪽이 좋다

★ 표시 = 2010년 이후 N3 문자·어휘 기출 단어

1212 相手 ★ | あいて | 명 상대

自分とは意見が異なるといっても、相手の意見を尊重すべきだ。
자신과는 의견이 다르다고 해도, 상대의 의견을 존중해야 한다.

[문형] 동사 보통형 + といっても ~라고 해도 / 동사 사전형 + べきだ ~(해)야 한다
★예외 する → すべきだ라고도 함

1213 他人 ★ | たにん | 명 타인

他人と一緒に使う場所はきれいに使ってください。
타인과 함께 사용하는 장소는 깨끗하게 사용해 주세요.

1214 知人 | ちじん | 명 지인

知人からイタリア人の友達を紹介してもらいました。
지인으로부터 이탈리아인 친구를 소개해 받았습니다.

1215 信用 | しんよう | 명 신용

彼女はとても正直な人だから信用しています。
그녀는 매우 정직한 사람이기 때문에 신용하고 있습니다.

1216 信頼 | しんらい | 명 신뢰

信頼できる人だけにお金を貸せます。
신뢰할 수 있는 사람에게만 돈을 빌려줄 수 있습니다.

1217 深まる | ふかまる | 동 깊어지다

運動会の準備をしながら、クラスの友達との関係が深まった。
운동회 준비를 하면서, 반 친구들과의 관계가 깊어졌다.

★ 표시 = 2010년 이후 N3 문자·어휘 기출 단어

1218
別れる ★ | **わかれる** | 통 헤어지다

パクさんと駅で別れた後、バスに乗って家に帰りました。
박 씨와 역에서 헤어진 후, 버스를 타고 집에 돌아갔습니다.

> 관련어 **別れ** わかれ 명 헤어짐, 이별

1219
申し訳ない | **もうしわけない** | い형 미안하다, 죄송하다

娘に申し訳ないが今年に予定していた旅行は翌年行くことにした。
딸에게 미안하지만 올해로 예정했던 여행은 내년 가기로 했다.

> [문형] 동사 사전형 + ことにする ~(하)기로 하다

1220
各自 | **かくじ** | 명 각자

子どもたちはけんかした後、各自の部屋から出てこなかった。
아이들은 싸운 후, 각자의 방에서 나오지 않았다.

1221
迷惑 | **めいわく** | 명 민폐, 성가심

そんなにうるさくするのは近所に迷惑をかけるからやめて。
그렇게 시끄럽게 하는 것은 이웃집에 민폐를 끼치니까 그만해.

> 관련어 **迷惑だ** めいわくだ な형 민폐이다, 성가시다

1222
おわびする | - | 사과하다

先輩の本を無くしたことをおわびしたいです。
선배의 책을 잃어버린 것을 사과하고 싶습니다.

> [문형] 동사 ます형 + たい ~(하)고 싶다

1223
おじゃまする | - | 방문하다, 실례하다

昨日は親しい友達の家におじゃまました。
어제는 친한 친구의 집에 방문했습니다.

연습문제 체크체크!

[1] 단어에 해당하는 발음을 고른 후, 뜻을 써보세요.

01 自慢　　ⓐ じばん　ⓑ じまん　　＿＿＿＿＿＿＿＿

02 事情　　ⓐ じじょう　ⓑ じじょ　　＿＿＿＿＿＿＿＿

03 家内　　ⓐ かない　ⓑ かうち　　＿＿＿＿＿＿＿＿

04 相手　　ⓐ あいて　ⓑ あいで　　＿＿＿＿＿＿＿＿

05 頼る　　ⓐ どなる　ⓑ たよる　　＿＿＿＿＿＿＿＿

06 信用　　ⓐ しんらい　ⓑ しんよう　　＿＿＿＿＿＿＿＿

07 娘　　ⓐ めい　ⓑ むすめ　　＿＿＿＿＿＿＿＿

08 期待　　ⓐ きたい　ⓑ ぎたい　　＿＿＿＿＿＿＿＿

09 得る　　ⓐ える　ⓑ ささえる　　＿＿＿＿＿＿＿＿

10 交際　　ⓐ こさい　ⓑ こうさい　　＿＿＿＿＿＿＿＿

[2] 문맥에 맞게 괄호에 들어갈 단어를 고르세요.

11 私は (他人 / 個人) の顔や名前を覚えるのが早いほうです。

12 自転車で (各自 / 孫) を幼稚園に迎えに行きました。

13 夏休みに (親しい / 申し訳ない) 友人と旅行に行く計画だ。

14 このアパートには若い (夫婦 / 息子) がたくさん住んでいます。

15 林さんとは五年前に (深まりました / 知り合いました)。

정답: 01 ⓑ 자랑　02 ⓐ 사정　03 ⓐ 아내　04 ⓐ 상대　05 ⓑ 의지하다　06 ⓑ 신용　07 ⓑ 딸　08 ⓐ 기대　09 ⓐ 얻다
10 ⓑ 교제　11 他人　12 孫　13 親しい　14 夫婦　15 知り合いました

DAY 18 일상생활

mp3 바로 듣기

1224 ☐☐☐

日常 ★ にちじょう 　　　　　명 일상

さいきん　　　　　　　　　　　　にちじょう　　　かんが
最近ではスマホがない日常が考えられないようになった。
최근에는 스마트폰이 없는 일상을 생각할 수 없게 되었다.

[문형] 동사 보통형 + ようになる ~(하)게 되다

1225 ☐☐☐

暮らす ★ くらす 　　　　　동 살다, 생활하다

かのじょ　　りょうしん　　いっしょ　　く
彼女は両親と一緒に暮らしています。
그녀는 부모님과 함께 살고 있습니다.

관련어 暮らし くらし 명 생활

1226 ☐☐☐

一人暮らし ひとりぐらし 　　　　　명 혼자 삶, 독신 생활

だいがくせい　　　　　　ちょくご　　ひとりぐ　　　　はじ
大学生になった直後に一人暮らしを始めました。
대학생이 된 직후에 혼자 살기 시작했습니다.

1227 ☐☐☐

普段 ★ ふだん 　　　　　명 평소

ふ　だん　　　　　　　　　　　　くつか　　　　　　　　　　おも
普段よくはくようなら、あの靴買ってもいいと思うよ。
평소 잘 신을 것 같으면, 저 신발 사도 좋다고 생각해.

[문형] 동사 보통형 + ようなら ~(할) 것 같으면, 인 경우에

1228 ☐☐☐

常に つねに 　　　　　부 항상

みせ　にんき　　　　へいじつ　つね　まんせき
この店は人気なので平日も常に満席です。
이 가게는 인기라서 평일도 항상 만석입니다.

★ 표시 = 2010년 이후 N3 문자·어휘 기출 단어

1229
| 基本的だ | きほんてきだ | な형 기본적이다 |

料理や洗濯程度の**基本的な**家事なら自分でできます。
요리나 세탁 정도의 기본적인 집안일이라면 스스로 할 수 있습니다.

[문형] 명사 + なら ~라면, (한)다면

1230
| 偶然 ★ | ぐうぜん | 부 우연히 명 우연 |

やおやの前で彼に**偶然**会ったのは約1週間前だ。
채소 가게 앞에서 그를 우연히 만난 것은 약 1주일 전이다.

1231
| そっくり ★ | - | 부 몽땅, 그대로 |

娘が弁当の野菜を**そっくり**残して帰ってきた。
딸이 도시락의 야채를 몽땅 남겨서 돌아왔다.

1232
| うっかり ★ | - | 부 깜박, 무심코 |

息子との約束を**うっかり**忘れてしまいました。
아들과의 약속을 깜박 잊어버렸습니다.

[문형] 동사 て형 + しまう ~(해) 버리다

1233
| 癖 ★ | くせ | 명 버릇, 습관 |

必要以上に物を買う**癖**があり、いつも料理の材料が余ります。
필요 이상으로 물건을 사는 버릇이 있어, 항상 요리 재료가 남습니다.

1234
| そっと ★ | - | 부 살짝 |

赤ちゃんが眠っている部屋に**そっと**入りました。
아기가 자고 있는 방에 살짝 들어갔습니다.

★ 표시 = 2010년 이후 N3 문자·어휘 기출 단어

1235
こっそり
- | 🔹 살며시, 가만히, 몰래

勉強中の弟をじゃましないようにこっそり家を出ました。
공부 중인 남동생을 방해하지 않도록 살며시 집을 나왔습니다.

[문형] 동사 ない형 + ないように ~(하)지 않도록

1236
睡眠
すいみん | 🔹 수면

最近、夜遅くまで仕事していて十分な睡眠がとれない。
최근, 밤 늦게까지 일하고 있어서 충분한 수면을 취할 수 없다.

1237
映る
うつる | 🔹 비치다

シャワーを浴びた後、鏡に映る自分の顔を見ました。
샤워를 한 후, 거울에 비치는 제 얼굴을 봤습니다.

1238
見かける
みかける | 🔹 보다, 눈에 띄다, 언뜻 보다

この頃同期の森さんを見かけないけど、何かあったのかな。
요즘 동기인 모리 씨를 보지 못했는데, 무언가 있었던 걸까?

1239
済ます
すます | 🔹 끝내다, 마치다

残った宿題を済ましてからでないと、ゲームはできませんよ。
남은 숙제를 끝내지 않고서는, 게임은 할 수 없어요.

[문형] 동사 て형 + からでないと ~(하)지 않고서는

1240
郵便 ★
ゆうびん | 🔹 우편

留学に必要な書類は後日郵便でお送りします。
유학에 필요한 서류는 후일 우편으로 보내 드리겠습니다.

★ 표시 = 2010년 이후 N3 문자·어휘 기출 단어

1241
役立つ　　やくだつ　　동 도움이 되다, 쓸모가 있다

発表会の前日に練習したことがすごく役立ちました。
발표회의 전날에 연습한 것이 굉장히 도움이 되었습니다.

> 관련어 　役に立つ　やくにたつ　도움이 되다

1242
助かる　　たすかる　　동 도움이 되다, 살아나다

重いのにここまで持ってきてくれてありがとう、助かったよ。
무거운데 여기까지 들고 와 줘서 고마워, 도움이 됐어.

[문형] 동사 て형 + くれる　~(해) 주다

1243
返納　　へんのう　　명 반납(도로 돌려줌)

祖父は運転できなくなったら免許を返納するつもりだと言った。
할아버지는 운전할 수 없게 되면 면허를 반납할 계획이라고 말했다.

[문형] 동사 た형 + ら　~(하)면 / 동사 사전형 + つもりだ　~(할) 계획이다

1244
留守番電話　　るすばんでんわ　　명 자동 응답기

留守番電話のメッセージが入っていました。
자동 응답기 메시지가 들어와 있습니다.

1245
放す　　はなす　　동 놓다

人が多いところで子どもの手を放してはいけない。
사람이 많은 곳에서 아이의 손을 놓으면 안 된다.

[문형] 동사 て형 + はいけない　~(하)면 안 된다

★ 표시 = 2010년 이후 N3 문자·어휘 기출 단어

1246 ☐☐☐
騒がしい　さわがしい　　　　い형　시끄럽다, 소란하다

店内が騒がしかったせいで、お互いの話がよく聞こえなかった。
가게 안이 시끄러웠던 탓에, 서로의 이야기가 잘 들리지 않았다.

[문형] い형용사 보통형 + せいで　~탓에, 탓으로

1247 ☐☐☐
会計 ★　かいけい　　　　명　(대금) 계산

お客様、お会計は先にお願いします。
손님, 계산은 먼저 부탁드립니다.

1248 ☐☐☐
おごる　-　　　　동　한턱내다

後輩の誕生日には私が夕飯をおごりました。
후배의 생일에는 제가 저녁밥을 한턱냈습니다.

1249 ☐☐☐
支払う　しはらう　　　　동　지불하다

このパソコン、結構高くて6カ月に分けて代金を支払いました。 이 컴퓨터, 꽤 비싸서 6개월로 나눠서 대금을 지불했습니다.

| 관련어 | 支払い　しはらい　명 지불 |

1250 ☐☐☐
稼ぐ　かせぐ　　　　동　벌다

今まで稼いだお金は全て貯金しておきました。
지금까지 번 돈은 전부 저금해 두었습니다.

[문형] 동사 て형 + おく　~(해) 두다

1251 ☐☐☐
ぶつける 　-　　　　동　부딪치다

壁にぶつけた所が痛かったら、病院に行った方がいいよ。
벽에 부딪친 곳이 아프다면, 병원에 가는 편이 좋아.

[문형] 동사 た형 + 方がいい　~(하)는 편이 좋다

★ 표시 = 2010년 이후 N3 문자·어휘 기출 단어

1252 ☐☐☐
転ぶ ★ | **ころぶ** | 동 구르다, 넘어지다

さっき階段で転んでけがしてしまいました。
아까 계단에서 굴러서 다쳐 버렸습니다.

[문형] 동사 て형 + しまう ~(해) 버리다

1253 ☐☐☐
困る ★ | **こまる** | 동 곤란하다

忙しいのにしばらく電車が止まっていて困りました。
바쁜데 한동안 전철이 멈춰 있어서 곤란했습니다.

1254 ☐☐☐
割れる ★ | **われる** | 동 갈라지다, 깨지다, 나누어지다

妻と夏休みにどこへ行こうか話してみたが、意見が割れた。
아내와 여름휴가에 어디에 갈지 이야기해 봤는데, 의견이 갈라졌다.

1255 ☐☐☐
苦労 ★ | **くろう** | 명 고생

年を取るにつれ、両親の苦労が分かるようになりました。
나이를 먹음에 따라, 부모님의 고생을 이해하게 되었습니다.

[문형] 동사 사전형 + につれ ~(함)에 따라 / 동사 보통형 + ようになる ~(하)게 되다

1256 ☐☐☐
やぶる ★ | - | 동 (약속 등을) 깨다, 찢다

彼は当日急に約束をやぶったくせに、謝りもしなかった。
그는 당일 갑자기 약속을 깬 주제에, 사과도 하지 않았다.

[문형] 동사 보통형 + くせに ~주제에

1257 ☐☐☐
切れる | **きれる** | 동 다 되다, 떨어지다

リモコンの電池はとっくに切れていました。
리모컨의 건전지는 훨씬 전에 다 되어 있었습니다.

★ 표시 = 2010년 이후 N3 문자·어휘 기출 단어

1258
手に入る | **てにはいる** | 손에 들어오다, 가지다

ずっと欲<small>ほ</small>しかった人形<small>にんぎょう</small>が**手<small>て</small>に入<small>はい</small>った時<small>とき</small>**、とても嬉<small>うれ</small>しかった。
계속 가지고 싶었던 인형이 손에 들어왔을 때, 매우 기뻤다.

1259
横になる | **よこになる** | 눕다

午後<small>ごご</small>10時<small>じ</small>を過<small>す</small>ぎて帰<small>かえ</small>ったので、眠<small>ねむ</small>くて早<small>はや</small>く**横<small>よこ</small>になり**たい。
오후 10시를 지나서 돌아왔기 때문에, 졸려서 빨리 눕고 싶다.

[문형] 동사 ます형 + たい ~(하)고 싶다

1260
お茶を入れる | **おちゃをいれる** | 차를 끓여 내다

うちに来<small>き</small>てくれた知<small>し</small>り合<small>あ</small>いに**お茶<small>ちゃ</small>を入<small>い</small>れました**。
우리 집에 와 준 지인에게 차를 끓여 내왔습니다.

[문형] 동사 て형 + くれる ~(해) 주다

1261
お腹がすく ★ | **おなかがすく** | 배가 고프다

今日<small>きょう</small>は朝<small>あさ</small>から何<small>なに</small>も食<small>た</small>べていないから、とても**お腹<small>なか</small>がすいて**いる。
오늘은 아침부터 아무것도 먹지 않았기 때문에, 매우 배가 고프다.

1262
気がつく | **きがつく** | 깨닫다, 알아차리다

仕事<small>しごと</small>が忙<small>いそ</small>しくて、**気<small>き</small>がついたら**夜<small>よる</small>になっていました。
일이 바빠서, 깨닫고 보니 밤이 되어 있었습니다.

[문형] 동사 た형 + ら ~(했)더니, (하)면

연습문제 체크체크!

[1] 단어에 해당하는 발음을 고른 후, 뜻을 써보세요.

01 普段　　ⓐ ふだん　ⓑ ほだん　　＿＿＿＿＿＿＿

02 偶然　　ⓐ ぐぜん　ⓑ ぐうぜん　＿＿＿＿＿＿＿

03 苦労　　ⓐ くろう　ⓑ くろ　　　＿＿＿＿＿＿＿

04 暮らす　ⓐ ぐらす　ⓑ くらす　　＿＿＿＿＿＿＿

05 日常　　ⓐ にちじょ　ⓑ にちじょう　＿＿＿＿＿＿＿

06 返納　　ⓐ べんのう　ⓑ へんのう　＿＿＿＿＿＿＿

07 常に　　ⓐ つねに　ⓑ じょうに　＿＿＿＿＿＿＿

08 放す　　ⓐ はなす　ⓑ すます　　＿＿＿＿＿＿＿

09 映る　　ⓐ たすかる　ⓑ うつる　＿＿＿＿＿＿＿

10 手に入る　ⓐ よこになる　ⓑ てにはいる　＿＿＿＿＿＿＿

[2] 문맥에 맞게 괄호에 들어갈 단어를 고르세요.

11 通勤時間に電車が遅れて、多くの人が (転んで / 困って) いました。

12 チケットは後日 (郵便 / 会計) でお送りいたします。

13 部屋で寝ている娘を起こさないように (そっと / うっかり) ドアを開けた。

14 コップが (割れた / おごった) 音がして、急いで台所に向かった。

15 子どものころ、爪をかむ (睡眠 / 癖) がありました。

정답: 01 ⓐ 평소　02 ⓑ 우연히, 우연　03 ⓐ 고생　04 ⓑ 살다, 생활하다　05 ⓑ 일상　06 ⓑ 반납　07 ⓐ 항상　08 ⓐ 놓다
09 ⓑ 비치다　10 ⓑ 손에 들어오다, 가지다　11 困って　12 郵便　13 そっと　14 割れた　15 癖

제품·쇼핑

mp3 바로 듣기

1263

最新 ★ | さいしん | 명 최신

これは最新のパソコンだというのに、昔のものより使いにくい。
이것은 최신 컴퓨터라고 하는데, 예전 것보다 사용하기 어렵다.

[문형] 명사 だ + というのに ~라고 하는데 / 동사 ます형 + にくい ~(하)기 어렵다

1264

新ただ | あらただ | な형 새롭다

あのカメラは新たな技術で作られたので安いはずがない。
저 카메라는 새로운 기술로 만들어졌기 때문에 저렴할 리가 없다.

[문형] い형용사 보통형 + はずがない ~일 리가 없다

1265

中古 ★ | ちゅうこ | 명 중고

最近買った車は中古車だけど期待より調子がよくて満足しました。
최근에 산 차는 중고차이지만 기대보다 상태가 좋아서 만족했습니다.

1266

商品 ★ | しょうひん | 명 상품

代金は商品を受け取る際に、お支払いください。
대금은 상품을 받을 때, 지불해 주세요.

★ 표시 = 2010년 이후 N3 문자·어휘 기출 단어

1267 ★
短い | **みじかい** | **い형** 짧다

このスカートは短いうえに薄いから冬にはあまりはきません。
이 치마는 짧은데다가 얇기 때문에 겨울에는 그다지 입지 않습니다.

[문형] い형용사 보통형 + うえに ~인 데다가

1268 ★
厚い | **あつい** | **い형** 두껍다, 두텁다

この本は厚すぎて一日で読めるわけがない。
이 책은 너무 두꺼워서 하루에 읽을 수 있을 리가 없다.

[문형] い형용사 어간 + すぎる 너무 ~(하)다 / 동사 보통형 + わけがない ~일 리가 없다

1269 ★
底 | **そこ** | **명** 바닥, 속

ネットで買った靴の底に穴が空いていました。
인터넷에서 산 신발의 바닥에 구멍이 나 있었습니다.

1270
中身 | **なかみ** | **명** 내용물, 알맹이, 속에 든 것

パッケージがきれいだからといって中身もいいとは限らない。
포장이 예쁘다고 해서 내용물도 좋다고는 단정 지을 수 없다.

[문형] な형용사 어간 だ + からといって ~라고 해서
/ い형용사 보통형 + とは限らない ~라고는 단정 지을 수 없다

1271 ★
大きさ | **おおきさ** | **명** 크기

家内からもらった財布はデザインも大きさも気に入っている。
아내에게 받은 지갑은 디자인도 크기도 마음에 든다.

1272
模様 | **もよう** | **명** 모양, 무늬

めいの誕生日に星の模様があるかわいいかばんをあげた。
조카딸의 생일에 별 모양이 있는 귀여운 가방을 주었다.

★ 표시 = 2010년 이후 N3 문자·어휘 기출 단어

1273
柄 | **がら** | 명 무늬

会社の仲間から花柄のハンカチをもらいました。
회사 동료로부터 꽃무늬 손수건을 받았습니다.

1274
緑 ★ | **みどり** | 명 초록, 녹색

クリスマスだからプレゼントは緑色のリボンで結んだらどう?
크리스마스니까 선물은 초록색 리본으로 묶으면 어때?

[문형] 동사 た형 + ら ~(하)면, (했)더니

1275
銀色 | **ぎんいろ** | 명 은색

今度のパーティーで着ようと思って銀色のドレスを買いました。
이번 파티에서 입으려고 생각해서 은색 드레스를 샀습니다.

[문형] 동사 의지형 + と思う ~(하)려고 생각하다

1276
材料 ★ | **ざいりょう** | 명 재료

一人暮らしをしているので料理の材料はいつも少しだけ買います。
혼자 살고 있기 때문에 요리 재료는 항상 조금만 삽니다.

1277
原料 ★ | **げんりょう** | 명 원료

ここは体にいい原料で化粧品を作っていて信用できます。
여기는 몸에 좋은 원료로 화장품을 만들고 있어서 신용할 수 있습니다.

1278
きつい ★ | - | い형 꼭 끼다, 심하다

孫のズボンがきつくなって、新しいものを買ってあげました。
손자의 바지가 꼭 끼게 되어, 새로운 것을 사 주었습니다.

[문형] 동사 て형 + あげる ~(해) 주다

★ 표시 = 2010년 이후 N3 문자·어휘 기출 단어

1279
ゆるい ★ - **[い형]** 헐렁하다, 완만하다

ベルトがないと着(き)られないくらいスカートが**ゆるい**です。
벨트가 없으면 입을 수 없을 정도로 치마가 헐렁합니다.

1280
満足 ★ **まんぞく** **[명]** 만족

信頼(しんらい)を得(え)るためには、まずお客様(きゃくさま)を**満足(まんぞく)**させることが重要(じゅうよう)だ。
신뢰를 얻기 위해서는, 우선 손님을 만족시키는 것이 중요하다.

[문형] 동사 사전형 + ために ~위해서

[관련어] **満足だ** まんぞくだ **[な형]** 만족하다

1281
実際 **じっさい** **[명]** 실제

このスマホを**実際(じっさい)**に使(つか)ってみた人(ひと)によるとすごく便利(べんり)だそうです。
이 스마트폰을 실제로 사용해 본 사람에 의하면 굉장히 편리하다고 합니다.

[문형] 명사 + によると ~에 의하면, 에 따르면 / な형용사 어간 だ + そうだ ~라고 한다

1282
種類 ★ **しゅるい** **[명]** 종류

同(おな)じ**種類(しゅるい)**のシャツだけど色(いろ)が違(ちが)うからか別(べつ)の服(ふく)に見(み)える。
같은 종류의 셔츠인데 색이 달라서인지 다른 옷으로 보인다.

1283
大量 ★ **たいりょう** **[명]** 대량

この時計(とけい)は海外(かいがい)で**大量(たいりょう)**に作(つく)られています。
이 시계는 해외에서 대량으로 만들어지고 있습니다.

1284
多様だ **たようだ** **[な형]** 다양하다

デパートは**多様(たよう)**な商品(しょうひん)を売(う)っているが、大体(だいたい)高(たか)い。
백화점은 다양한 상품을 팔고 있지만, 대체로 비싸다.

PART 2 주제별 N3 단어 | DAY 19 제품·쇼핑

★ 표시 = 2010년 이후 N3 문자·어휘 기출 단어

1285 上げる ★ あげる 〔동〕 올리다

材料費が上がったため、商品の価格を上げることになりました。
재료비가 올랐기 때문에, 상품의 가격을 올리게 되었습니다.

[문형] 동사 사전형 + ことになる ~(하)게 되다

1286 郵送 ★ ゆうそう 〔명〕 우송

新製品カタログの郵送にはお客様の住所と連絡先が必要です。
신제품 카탈로그의 우송에는 손님의 주소와 연락처가 필요합니다.

1287 配達 はいたつ 〔명〕 배달

配達サービスのおかげで、日常生活が便利になった。
배달 서비스 덕분에, 일상생활이 편리해졌다.

[문형] 명사 の + おかげで ~덕분에

1288 扱う ★ あつかう 〔동〕 취급하다, 다루다

申し訳ありませんが、この商品は今扱っておりません。
죄송하지만, 이 상품은 지금 취급하고 있지 않습니다.

1289 専用 せんよう 〔명〕 전용

ショッピング専用のアプリで家でも簡単に買い物できる。
쇼핑 전용 어플로 집에서도 간단하게 쇼핑할 수 있다.

1290 あらゆる - 온갖, 모든

あのスーパーはあらゆる物があって見るだけでも楽しい。
저 슈퍼는 온갖 물건이 있어서 보는 것만으로도 즐겁다.

[문형] 동사 보통형 + だけでも ~만으로도

★ 표시 = 2010년 이후 N3 문자·어휘 기출 단어

1291
価格 ★　かかく　　　　　　　　　명 가격

最近、野菜の価格が信じられないぐらい上がっている。
최근, 채소의 가격이 믿을 수 없을 정도로 오르고 있다.

1292
割引 ★　わりびき　　　　　　　　명 할인

知人が店に来たので、ワンピースを割引してあげました。
지인이 가게에 왔기 때문에, 원피스를 할인해 주었습니다.

1293
決心 ★　けっしん　　　　　　　　명 결심

最新のカメラは高すぎて悩んだが、結局買う決心をした。
최신 카메라는 너무 비싸서 고민했지만, 결국 살 결심을 했다.

[문형] い형용사 어간 + すぎる 너무 ~(하)다

1294
交換 ★　こうかん　　　　　　　　명 교환

昨日買った皿に少し割れているところがあって交換してもらった。
어제 산 접시에 조금 깨져 있는 부분이 있어서 교환해 받았다.

[문형] 동사 て형 + もらう ~(해) 받다

1295
かかる ★　-　　　　　　　　동 (비용·시간 등이) 들다

ご注文のキャンセルには手数料がかかります。
주문 취소에는 수수료가 듭니다.

1296
発売　　はつばい　　　　　　　　명 발매

来週発売される好きな歌手のアルバムを予約しました。
다음 주 발매되는 좋아하는 가수의 앨범을 예약했습니다.

★ 표시 = 2010년 이후 N3 문자·어휘 기출 단어

1297
販売　　はんばい　　⟨명⟩ 판매

妹(いもうと)夫婦(ふうふ)が販売(はんばい)している花瓶(かびん)はとてもきれいです。
여동생 부부가 판매하고 있는 꽃병은 매우 예쁩니다.

1298
売れる　　うれる　　⟨동⟩ 팔리다

寒(さむ)くなるにつれ手袋(てぶくろ)がよく売(う)れる。
추워짐에 따라 장갑이 잘 팔린다.

[문형] 동사 사전형 + につれ ~(함)에 따라

1299
払い戻す　　はらいもどす　　⟨동⟩ 환불하다

会計(かいけい)の後(あと)、サイズが合(あ)わないことが分(わ)かって、払(はら)い戻(もど)した。
계산 후, 사이즈가 맞지 않다는 것을 알아서, 환불했다.

1300
気に入る ★　　きにいる　　마음에 들다

あの店(みせ)に入(はい)ったとたん気(き)に入(い)る靴(くつ)を見(み)つけました。
저 가게에 들어가자마자 마음에 드는 신발을 발견했습니다.

[문형] 동사 た형 + とたん ~(하)자마자

1301
めったにない　　-　　좀처럼 없다

ワイシャツがこんなに安(やす)く売(う)られることはめったにない。
와이셔츠가 이렇게 싸게 팔리는 일은 좀처럼 없다.

연습문제 체크체크!

[1] 단어에 해당하는 발음을 고른 후, 뜻을 써보세요.

01 底　　　　ⓐ がら　ⓑ そこ　　　　_____

02 交換　　　ⓐ こうかん　ⓑ こかん　_____

03 商品　　　ⓐ しょひん　ⓑ しょうひん　_____

04 中身　　　ⓐ なかしん　ⓑ なかみ　_____

05 厚い　　　ⓐ あつい　ⓑ ゆるい　_____

06 販売　　　ⓐ はつばい　ⓑ はんばい　_____

07 短い　　　ⓐ みじかい　ⓑ きつい　_____

08 郵送　　　ⓐ ゆうそ　ⓑ ゆうそう　_____

09 実際　　　ⓐ じっさい　ⓑ じつさい　_____

10 多様だ　　ⓐ だようだ　ⓑ たようだ　_____

[2] 문맥에 맞게 괄호에 들어갈 단어를 고르세요.

11 長く使ったパソコンを (大量 / 最新) のものに替えた。

12 この店ではいろんな (種類 / 決心) のシャツが安く手に入る。

13 夕食に使う (材料 / 原料) を買いにスーパーへ寄った。

14 冬用の布団が (割引 / 満足) されていました。

15 ここ数年で、野菜の (中古 / 価格) がどんどん上がっています。

정답: 01 ⓑ 바닥, 속　02 ⓐ 교환　03 ⓑ 상품　04 ⓑ 내용물, 알맹이, 속에 든 것　05 ⓐ 두껍다, 두텁다　06 ⓑ 판매　07 ⓐ 짧다
08 ⓑ 우송　09 ⓐ 실제　10 ⓑ 다양하다　11 最新　12 種類　13 材料　14 割引　15 価格

음식·요리

mp3 바로 듣기

1302 ☐☐☐
貝 ★ **かい** 　명 조개

私はこの間木村さんに貝のスープを作ってあげました。
저는 얼마 전 기무라 씨에게 조개 스프를 만들어 주었습니다.

[문형] 동사 て형 + あげる　~(해) 주다

1303 ☐☐☐
豆 ★ **まめ** 　명 콩

最近肉の代わりに豆を使って作った料理をよく見かけます。
최근 고기 대신에 콩을 사용해 만든 요리를 자주 봅니다.

[문형] 명사 の + 代わりに　~대신에

1304 ☐☐☐
油 ★ **あぶら** 　명 기름

パーティーで天ぷらを出すつもりだから油が大量に必要です。
파티에서 튀김을 낼 계획이니까 기름이 대량으로 필요합니다.

[문형] 동사 사전형 + つもりだ　~(할) 계획이다, (할) 생각이다

1305 ☐☐☐
米 ★ **こめ** 　명 쌀

お米を食べる国は多いですが米の種類は国によって少し違います。
쌀을 먹는 나라는 많지만 쌀의 종류는 나라에 따라 조금 다릅니다.

[문형] 명사 + によって　~에 따라

★ 표시 = 2010년 이후 N3 문자·어휘 기출 단어

1306
塩 ★ しお   명 소금

健康のために塩を入れずに料理しています。
건강을 위해서 소금을 넣지 않고 요리하고 있습니다.

[문형] 명사 の + ために ~위해서 / 동사 ない형 + ずに ~(하)지 않고

1307
芋 ★ いも   명 고구마, 감자

偶然入ったカフェでおいしい芋ケーキを食べました。
우연히 들어간 카페에서 맛있는 고구마 케이크를 먹었습니다.

1308
粉 ★ こな   명 가루, 분말

日本で暮らしていた時、たこ焼きの粉でたこ焼きをよく作っていた。
일본에서 살았을 때, 다코야키 가루로 다코야키를 자주 만들었다.

1309
皮 ★ かわ   명 껍질, 가죽

りんごはきれいに洗えば皮も食べられますよ。
사과는 깨끗하게 씻으면 껍질도 먹을 수 있어요.

[문형] 동사 사전형 う단을 え단으로 + ば ~(하)면

1310
団子 だんご   명 당고(경단)

日本各地にいろんな種類の団子があります。
일본 각지에 다양한 종류의 당고가 있습니다.

1311
緑茶 りょくちゃ   명 녹차

この緑茶は人気でいつも売り切れだったが今日やっと手に入った。
이 녹차는 인기라서 항상 품절이었는데 오늘 드디어 손에 들어왔다.

★ 표시 = 2010년 이후 N3 문자·어휘 기출 단어

1312
各地 ★ | **かくち** | 몡 각지

全国各地に旅行に行くと、必ずその土地の料理を食べてみる。
전국 각지에 여행을 가면, 반드시 그 지방의 요리를 먹어 본다.

[문형] 동사 사전형 + と ~(하)면

1313
各国 | **かっこく** | 몡 각국

世界各国の食べ物の中には口に合わないものもあった。
세계 각국의 음식 중에는 입에 맞지 않는 것도 있었다.

1314
嫌う ★ | **きらう** | 동 싫어하다

弟は甘いものを嫌って、ケーキを食べることはめったにない。
남동생은 단 것을 싫어해서, 케이크를 먹는 일은 좀처럼 없다.

1315
朝食 ★ | **ちょうしょく** | 몡 아침 (식사)

毎朝サンドイッチなどで簡単に朝食を済ませている。
매일 아침 샌드위치 등으로 간단하게 아침 식사를 끝내고 있다.

1316
昼食 ★ | **ちゅうしょく** | 몡 점심 (식사)

普段、昼食は弁当を配達してもらっています。
평소, 점심은 도시락을 배달해 받고 있습니다.

[문형] 동사 て형 + もらう ~(해) 받다

1317
小食 ★ | **しょうしょく** | 몡 소식, 적게 먹는 것

健康を意識して小食になってから体が軽くなった気がします。
건강을 의식하여 소식하게 되고 나서 몸이 가벼워진 기분이 듭니다.

[문형] 동사 て형 + から ~(하)고 나서

1318 ずいぶん ★ - 🔹 대단히, 몹시

時間が**ずいぶん**かかった代わりに、満足できる料理が作られた。
시간이 **대단히** 걸린 대신에, 만족할 수 있는 요리가 만들어졌다.

1319 割合 ★ わりあい 🔹 비율

おいしいご飯を作るためにはお米と水の**割合**が重要です。
맛있는 밥을 만들기 위해서는 쌀과 물의 **비율**이 중요합니다.

1320 容器 ★ ようき 🔹 용기, 그릇

デリバリーによる使い捨て**容器**の利用は増える一方です。
배달 음식에 의한 일회용 **용기**의 이용은 늘기만 합니다.

[문형] 명사 + による ~에 의한, 에 따른 / 동사 사전형 + 一方だ ~(하)기만 하다

1321 こぼす ★ - 🔹 엎지르다, 흘리다

部長と食事していた時、水をうっかり**こぼし**ちゃって困った。
부장님과 식사하고 있던 때, 물을 무심코 엎질러 버려서 곤란했다.

[문형] 동사 て형 + ちゃう ~(해) 버리다 ★て를 빼고 ちゃう를 붙인다

1322 別々 ★ べつべつ 🔹 따로따로, 각각

ここのそばはスープと麺が**別々**になっています。
여기의 소바는 스프와 면이 **따로따로** 되어 있습니다.

[관련어] 別々だ べつべつだ [な형] 따로따로다, 서로 다르다

1323 飲み物代 のみものだい 음료값

サークルのみんなにお茶をおごって**飲み物代**が結構かかりました。
동아리 사람 모두에게 차를 한턱내서 **음료값**이 꽤 들었습니다.

★ 표시 = 2010년 이후 N3 문자·어휘 기출 단어

1324
冷める ★ | **さめる** | 동 식다

りょうり さ め あ
料理が冷めないうちに、どうぞ召し上がってください。
요리가 식기 전에, 어서 드셔 주세요.

[문형] 동사 ない형 + ないうちに ~(하)기 전에, (하)지 않는 동안에

1325
ぬるい ★ | - | い형 (액체가) 미지근하다

そと さむ あつ
外が寒くて熱かったコーヒーがすぐぬるくなりました。
밖이 추워서 뜨거웠던 커피가 바로 미지근해졌습니다.

1326
残す ★ | **のこす** | 동 남기다

はは くろう つく りょうり なか いた はんぶんいじょう
母が苦労して作った料理なのに、お腹が痛くて半分以上
のこ
残した。
어머니가 고생해서 만든 요리인데, 배가 아파서 반 이상 남겼다.

1327
深刻だ | **しんこくだ** | な형 심각하다

た くせ からだ しんこく えいきょう あた
食べすぎる癖は体に深刻な影響を与えます。
너무 먹는 버릇은 몸에 심각한 영향을 줍니다.

[문형] 동사 ます형 + すぎる 너무 ~(하)다

1328
焼く ★ | **やく** | 동 굽다, 태우다

はやし いえ かれ あに や
林さんの家におじゃましましたとき、彼の兄がパンを焼いて
くれました。
하야시 씨의 집에 방문했을 때, 그의 형이 빵을 구워 주었습니다.

[문형] 동사 て형 + くれる ~(해) 주다

★ 표시 = 2010년 이후 N3 문자·어휘 기출 단어

1329
| 焦げる ★ | こげる | 통 검게 타다, 그을리다, 눋다 |

焦げた食べ物は食べないほうがいいそうです。
검게 탄 음식은 먹지 않는 편이 좋다고 합니다.

[문형] 동사 ない형 + ないほうがいい ~(하)지 않는 편이 좋다
/ い형용사 보통형 + そうだ ~라고 한다

1330
| かきまぜる ★ | - | 통 뒤섞다 |

最初に卵とさとうをかきまぜてください。
처음에 계란과 설탕을 뒤섞어 주세요.

1331
| しぼる ★ | - | 통 (쥐어)짜다, 좁히다 |

からあげの上にレモンをしぼりました。
가라아게 위에 레몬을 짰습니다.

1332
| 温める/暖める ★ | あたためる | 통 데우다 |

温める時間が短かったせいで、コロッケの中身はまだ冷たかった。
데우는 시간이 짧았던 탓에, 크로켓 속은 아직 차가웠다.

[문형] い형용사 보통형 + せいで ~탓에, 탓으로

1333
| 剥く ★ | むく | 통 (껍질을) 까다, 벗기다 |

3歳の娘にみかんの皮を剥いてあげました。
3살인 딸에게 귤 껍질을 까 주었습니다.

[문형] 동사 て형 + あげる ~(해) 주다

1334
| ゆでる | - | 통 삶다 |

卵をゆでる際は、沸騰している水に常に気をつけなさい。
계란을 삶을 때는, 끓고 있는 물에 항상 조심하세요.

★ 표시 = 2010년 이후 N3 문자·어휘 기출 단어

1335
冷凍 | れいとう | 몡 냉동

私は基本的に残ったご飯は冷凍しておきます。
저는 기본적으로 남은 밥은 냉동해 둡니다.

[문형] 동사 て형 + おく ~(해) 두다

1336
固い ★ | かたい | い형 딱딱하다

弟が焼いた肉は固いうえにまずかった。
동생이 구운 고기는 딱딱한 데다가 맛이 없었다.

[문형] い형용사 보통형 + うえに ~인 데다가

1337
たっぷり | - | 뷔 듬뿍, 충분히

野菜をたっぷり入れてカレーを作りました。
야채를 듬뿍 넣어서 카레를 만들었습니다.

1338
分量 | ぶんりょう | 몡 분량

食べ物を捨てないように、食べられる分量だけ用意しよう。
음식을 버리지 않도록, 먹을 수 있는 분량만 준비하자.

[문형] 동사 ない형 + ないように ~(하)지 않도록

1339
手間 | てま | 몡 (일하는 데 드는) 수고, 시간

客には手間をかけてでもおいしいお茶を入れるようにしています。
손님에게는 수고를 들여서라도 맛있는 차를 끓여 내도록 하고 있습니다.

[문형] 동사 사전형 + ようにする ~(하)도록 하다

1340
手間がかかる | てまがかかる | 손이 많이 가다

平日は忙しくて手間がかからない簡単な料理だけ作っています。
평일은 바빠서 손이 많이 가지 않는 간단한 요리만 만들고 있습니다.

연습문제 체크체크!

[1] 단어에 해당하는 발음을 고른 후, 뜻을 써보세요.

01 貝　　　ⓐ まめ　ⓑ かい　　　_____

02 塩　　　ⓐ しお　ⓑ あぶら　　_____

03 粉　　　ⓐ こな　ⓑ いも　　　_____

04 剥く　　ⓐ やく　ⓑ むく　　　_____

05 朝食　　ⓐ ちょしょく　ⓑ ちょうしょく　_____

06 容器　　ⓐ ようき　ⓑ よおき　_____

07 深刻だ　ⓐ しんごくだ　ⓑ しんこくだ　_____

08 各地　　ⓐ かくち　ⓑ かくじ　_____

09 分量　　ⓐ ふんりょう　ⓑ ぶんりょう　_____

10 手間　　ⓐ てあいだ　ⓑ てま　_____

[2] 문맥에 맞게 괄호에 들어갈 단어를 고르세요.

11 お (皮 / 米) を食べる国は多いです。

12 ご飯を冷蔵庫に入れておいたら (固く / ぬるく) なった。

13 残ったコロッケは明日もう一度 (温めて / しぼって) 食べよう。

14 普段、(割合 / 昼食) は家から弁当を持って来ています。

15 熱いお茶を手に (かきまぜて / こぼして) しまいました。

정답: 01 ⓑ 조개　02 ⓐ 소금　03 ⓐ 가루, 분말　04 ⓑ (껍질을) 까다, 벗기다　05 ⓑ 아침 (식사)　06 ⓐ 용기, 그릇
07 ⓑ 심각하다　08 ⓐ 각지　09 ⓑ 분량　10 ⓑ (일하는 데 드는) 수고, 시간　11 米　12 固く　13 温めて　14 昼食
15 こぼして

# 식당

mp3 바로 듣기

1341
代表的だ ★ だいひょうてきだ
[な形] 대표적이다

すみません、この店の代表的なメニューは何ですか。
실례합니다, 이 가게의 대표적인 메뉴는 무엇입니까?

1342
正常 ★ せいじょう
[명] 정상(제대로인 상태)

お店のオーブンが正常に動きません。
가게의 오븐이 정상으로 작동하지 않습니다.

| 관련어 | 正常だ せいじょうだ [な形] 정상이다 |

1343
休日 ★ きゅうじつ
[명] 휴일

休日は弟がずいぶん前から行きたがっていたそば屋に行ってきた。
휴일은 남동생이 상당히 예전부터 가고 싶어 했던 소바 가게에 갔다 왔다.

[문형] 동사 ます형 + たがる ~싶어 하다

1344
最終日 ★ さいしゅうび
[명] 마지막 날

毎月最終日は全メニューを100円割引させていただきます。
매월 마지막 날은 전 메뉴를 100엔 할인해 드립니다.

1345
うわさ ★ -
[명] 소문

駅前の食堂が来月閉店するといううわさがあります。
역 앞의 식당이 다음 달 폐점한다는 소문이 있습니다.

[문형] 동사 보통형 + という ~라는, 라고 하는

1346
実力 ★ じつりょく 　　　　명 실력

実力のあるシェフがいてここの料理は全部おいしいよ。
실력이 있는 셰프가 있어서 여기 요리는 전부 맛있어.

1347
中華 　 ちゅうか 　　　　명 중화

家のとなりの中華料理店が値段をあげたそうです。
집 옆의 중화요리점이 가격을 올렸다고 합니다.

[문형] 동사 보통형 + そうだ ~라고 한다

1348
専門家 ★ せんもんか 　　　　명 전문가

パンの専門家の店で買ったパンなのに固くてまずかった。
빵 전문가의 가게에서 산 빵인데 딱딱하고 맛없었다.

1349
看板 　 かんばん 　　　　명 간판

そこは看板を見てもどんな料理を売っているか分かりにくい。
거기는 간판을 봐도 어떤 요리를 팔고 있는지 알기 어렵다.

[문형] 동사 ます형 + にくい ~(하)기 어렵다

1350
慌ただしい 　 あわただしい 　　　　い형 분주하다, 바쁘다

昼食の時間だから店員さんが慌ただしそうです。
점심시간이어서 점원이 분주할 것 같습니다.

[문형] い형용사 어간 + そうだ ~것 같다

1351
色々だ ★ いろいろだ 　　　　な형 여러 가지다

あの店は色々なメニューがあって、何を頼むか迷ってしまう。
저 가게는 여러 가지 메뉴가 있어서, 무엇을 주문할지 망설이고 만다.

[문형] 동사 て형 + しまう ~(하)고 말다, (해) 버리다

관련어　色々　いろいろ　명 부 여러 가지

★ 표시 = 2010년 이후 N3 문자·어휘 기출 단어

1352 全て ★ すべて
명 모두 **부** 모두, 모조리

ここのスイーツは全て気に入っているのでよく買いに来る。
여기의 디저트는 모두 마음에 들어서 자주 사러 온다.

1353 主に ★ おもに
부 주로

ここでは主にとんかつを注文します。
여기에서는 주로 돈가스를 주문합니다.

1354 詳しい ★ くわしい
い형 상세하다, 정통하다

お店のシェフにどんな材料を使ったか詳しく聞いてみた。
가게의 셰프에게 어떤 재료를 사용했는지 상세하게 물어봤다.

1355 食べ放題 たべほうだい
명 무제한으로 먹을 수 있음

お肉は食べ放題ですが、飲み物代は別です。
고기는 무제한으로 먹을 수 있지만, 음료값은 따로입니다.

1356 おしまい ★ -
명 끝

申し訳ないですが、本日の営業はおしまいです。
죄송하지만, 오늘의 영업은 끝입니다.

1357 新鮮だ ★ しんせんだ
な형 신선하다

ここの新鮮なすしを食べに全国各地から客が来ています。
이곳의 신선한 스시를 먹으러 전국 각지에서 손님이 옵니다.

관련어 新鮮 しんせん **명** 신선

1358 順番 ★ じゅんばん 　 閏 순번, 차례

お客様、順番をお待ちください。
손님, 순번을 기다려 주세요.

1359 多少 ★ たしょう 　 閏 다소

料理が出るまで多少時間はかかったが、味は満足でした。
요리가 나오기까지 다소 시간은 걸렸지만, 맛은 만족했습니다.

1360 食器 ★ しょっき 　 閏 식기

高級レストランだけあって食器もとても高級だ。
고급 레스토랑인 만큼 식기도 대단히 고급이다.

[문형] 명사 + だけあって ~인 만큼

1361 外食 ★ がいしょく 　 閏 외식

学校前の新しいお店で家族と外食することにしました。
학교 앞의 새로운 가게에서 가족과 외식하기로 했습니다.

[문형] 동사 사전형 + ことにする ~(하)기로 하다

1362 持ち帰る 　 もちかえる 　 閏 테이크아웃하다, 가지고 돌아가다

テイクアウト専用のクーポンがあって帰り道にピザを持ち帰った。
테이크아웃 전용 쿠폰이 있어서 돌아오는 길에 피자를 테이크아웃했다.

관련어 持ち帰り もちかえり 閏 테이크아웃, 포장 판매

1363 相当 　 そうとう 　 閏 상당히

このステーキ、大きさのわりには値段が相当高い。
이 스테이크, 크기에 비해서는 가격이 상당히 비싸다.

[문형] 명사 の + わりに ~에 비해서

관련어 相当だ そうとうだ [な형] 상당하다

★ 표시 = 2010년 이후 N3 문자·어휘 기출 단어

1364
鍋料理 | **なべりょうり** | 명 냄비 요리

原田さんの店なら鍋料理が一番おいしいよ。
하라다 씨의 가게라면 냄비 요리가 가장 맛있어.

[문형] 명사 + なら ~라면

1365
味わう | **あじわう** | 동 맛보다, 감상하다

実際に味わってはじめてなぜこのメニューが有名なのか分かった。 실제로 맛보고 나서야 비로소 왜 이 메뉴가 유명한지 이해했다.

[문형] 동사 て형 + はじめて ~(하)고 나서야 비로소

1366
盛んだ ★ | **さかんだ** | な형 활발하다, 번성하다

この町は貿易が盛んで、多様な国の料理を売っている店が多い。 이 마을은 무역이 활발해서, 다양한 나라의 요리를 팔고 있는 가게가 많다.

1367
商売 ★ | **しょうばい** | 명 장사

かき氷のように決まった時期だけよく売れるものの商売は難しい。 빙수처럼 정해진 시기에만 잘 팔리는 것의 장사는 어렵다.

[문형] 명사 の + ように ~처럼

1368
相変わらず | **あいかわらず** | 부 변함없이, 여전히

昔から行っていたケーキ屋のケーキは今も相変わらずおいしい。 옛날부터 가던 케이크 가게의 케이크는 지금도 변함없이 맛있다.

★ 표시 = 2010년 이후 N3 문자·어휘 기출 단어

1369 ☐☐☐

問い合わせる　　といあわせる　　동 문의하다

頼んでいない料理が届いたから払い戻しについて問い合わせた。 주문하지 않은 요리가 도착했기 때문에 환불에 대해서 문의했다.

[문형] 명사 + について ~에 대해서

> 관련어　問い合わせ　といあわせ　명 문의

1370 ☐☐☐

提供　　ていきょう　　명 제공

あのラーメン屋は昼に飲み物を無料で提供していますよ。
저 라멘 가게는 점심에 음료를 무료로 제공하고 있어요.

1371 ☐☐☐

駅前　　えきまえ　　명 역 앞

冬になると、駅前のレストランは店内に緑色のツリーを置きます。 겨울이 되면, 역 앞 레스토랑은 가게 안에 녹색의 트리를 놓습니다.

[문형] 동사 사전형 + と ~(하)면

1372 ☐☐☐

売り上げ　　うりあげ　　명 매상, 매출

となりにカフェができて、うちのカフェの売り上げが下がった。
옆에 카페가 생겨서 우리 카페의 매상이 떨어졌다.

1373 ☐☐☐

過去　★　　かこ　　명 과거

過去にこの店で販売していた弁当はすごくおいしかった。
과거에 이 가게에서 판매했던 도시락은 굉장히 맛있었다.

★ 표시 = 2010년 이후 N3 문자·어휘 기출 단어

1374
清潔だ ★　　せいけつだ　　　　[な형] 청결하다

食堂のキッチンは常に清潔でなければなりません。
식당의 주방은 항상 청결하지 않으면 안 됩니다.

[문형] な형용사 어간 で + なければならない　~(하)지 않으면 안 된다

관련어　清潔 せいけつ [명] 청결

1375
一般化　　いっぱんか　　　　[명] 일반화

無人システムが一般化されて注文を受ける職員がいない店もある。무인 시스템이 일반화되어 주문을 받는 직원이 없는 가게도 있다.

1376
雇う　　やとう　　　　[동] 고용하다

平日の昼間に働くパートの店員を5人雇っている。
평일 낮에 일하는 파트타임 점원을 5명 고용하고 있다.

1377
勧める　　すすめる　　　　[동] 권하다

何にするか悩んでいたところ店員が看板メニューを勧めてくれた。무엇으로 할지 막 고민하던 참에 점원이 간판 메뉴를 권해 주었다.

[문형] 동사 て형 + いたところ　막 ~(하)던 참이다 / 동사 て형 + くれる　~(해) 주다

1378
拡張　　かくちょう　　　　[명] 확장

田中さんの食堂は拡張してからもっと客が増えました。
다나카 씨의 식당은 확장하고 나서 더욱 손님이 늘었습니다.

[문형] 동사 て형 + から　~(하)고 나서

1379
改造　　かいぞう　　　　[명] 개조

最近工場を改造したような特色のあるカフェが人気だそうです。최근 공장을 개조한 것 같은 특색 있는 카페가 인기라고 합니다.

[문형] 동사 보통형 + ような　~같은 / な형용사 어간 だ + そうだ　~라고 한다

연습문제 체크체크!

[1] 단어에 해당하는 발음을 고른 후, 뜻을 써보세요.

01 主に　　　ⓐ しゅに　ⓑ おもに　　　_____

02 正常　　　ⓐ せいじょう　ⓑ せいじょ　　　_____

03 商売　　　ⓐ しょばい　ⓑ しょうばい　　　_____

04 順番　　　ⓐ しゅんばん　ⓑ じゅんばん　　　_____

05 実力　　　ⓐ じつりょく　ⓑ しつりょく　　　_____

06 提供　　　ⓐ てきょう　ⓑ ていきょう　　　_____

07 拡張　　　ⓐ かくじょう　ⓑ かくちょう　　　_____

08 最終日　　　ⓐ さいしゅうび　ⓑ さいしゅび　　　_____

09 多少　　　ⓐ たしょう　ⓑ たいしょう　　　_____

10 看板　　　ⓐ かんはん　ⓑ かんばん　　　_____

[2] 문맥에 맞게 괄호에 들어갈 단어를 고르세요.

11 この店の (代表的な / 色々な) メニューはカレーです。
   　　みせ

12 久しぶりに家族そろって (食器 / 外食) した。
   ひさ　　　　かぞく

13 家の近くに新しい食堂ができるという (過去 / うわさ) がある。
   いえ ちか　あたら　しょくどう

14 ここのスイーツは (全て / 相変わらず) 食べてみたことがあります。
   　　　　　　　　　　　　　　　　　　　た

15 今朝とれた (新鮮な / 清潔な) 魚を使って作ったおすしを用意しています。
   けさ　　　　　　　　　　　さかな つか　つく　　　　よう い

정답: 01 ⓑ 주로　02 ⓐ 정상(제대로인 상태)　03 ⓑ 장사　04 ⓑ 순번, 차례　05 ⓐ 실력　06 ⓑ 제공　07 ⓑ 확장　08 ⓐ 마지막 날　09 ⓐ 다소　10 ⓑ 간판　11 代表的な　12 外食　13 うわさ　14 全て　15 新鮮な

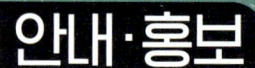

1380
宣伝 ★ せんでん　　명 선전

あの旅行会社はテレビを通じて新ツアーの宣伝をしています。
저 여행 회사는 텔레비전을 통하여 새 투어의 선전을 하고 있습니다.

[문형] 명사 + を通じて ~을 통하여

1381
広告 ★ こうこく　　명 광고

広告を作る前に、イベントに主に誰が来るか調査してみよう。
광고를 만들기 전에, 이벤트에 주로 누가 오는지 조사해 보자.

[문형] 동사 사전형 + 前に ~전에

1382
大会 ★ たいかい　　명 대회

スピーチ大会でいい成績を残した学生は短期留学ができます。
스피치 대회에서 좋은 성적을 남긴 학생은 단기 유학을 할 수 있습니다.

1383
行事　　ぎょうじ　　명 행사

今回の行事ではいちごがたっぷり入ったデザートが食べられます。
이번 행사에서는 딸기가 듬뿍 들어간 디저트를 먹을 수 있습니다.

1384 定期的だ / ていきてきだ / な형 정기적이다

国立美術館では定期的に展覧会や文化教室などを行っています。
국립 미술관에서는 정기적으로 전람회나 문화 교실 등을 진행하고 있습니다.

1385 禁止 ★ / きんし / 명 금지

果物の皮などの生ごみを個人が燃やすことは禁止されています。
과일 껍질 등의 음식물 쓰레기를 개인이 태우는 것은 금지되어 있습니다.

1386 追加 / ついか / 명 추가

朝食の追加予約はホテルのチェックインの際にできます。
조식의 추가 예약은 호텔 체크인 때 가능합니다.

1387 位置 ★ / いち / 명 위치

この地図アプリは速く乗り換えできる乗車位置を案内してくれる。
이 지도 어플은 빨리 환승할 수 있는 승차 위치를 안내해 준다.

[문형] 동사 て형 + くれる ~(해) 주다

1388 情報 ★ / じょうほう / 명 정보

音楽会についての詳しい情報はホームページを見てください。
음악회에 대한 상세한 정보는 홈페이지를 봐 주세요.

[문형] 명사 + について ~에 대한

1389 日時 / にちじ / 명 일시

台風のせいで、試合の日時が変わりました。
태풍 탓에, 시합의 일시가 바뀌었습니다.

[문형] 명사 の + せいで ~탓에, 탓으로

★ 표시 = 2010년 이후 N3 문자·어휘 기출 단어

1390 ☐☐☐
人数 | **にんずう** | 명 인원수

研究会の時は人数分の緑茶を用意しようと思っています。
연구회 때는 인원수분의 녹차를 준비하려고 생각하고 있습니다.

[문형] 동사 의지형 + と思う ~(하)려고 생각하다

1391 ☐☐☐
定員 | **ていいん** | 명 정원, 정해진 인원

申し訳ないですが、このシャトルバスは定員になりました。
죄송하지만, 이 셔틀버스는 정원이 찼습니다.

1392 ☐☐☐
身分証明書/身分証 | **みぶんしょうめいしょ/みぶんしょう** | 명 신분증

身分証明書がない場合は申し込みできません。
신분증이 없는 경우는 신청할 수 없습니다.

[문형] い형용사 보통형 + 場合 ~인 경우

1393 ☐☐☐
具体的だ | **ぐたいてきだ** | な형 구체적이다

海外ボランティア活動の具体的な資料はメールでお送りします。
해외 봉사활동의 구체적인 자료는 메일로 보내드리겠습니다.

1394 ☐☐☐
詳細 | **しょうさい** | 명 자세한 내용, 상세

今年の花火大会の詳細は下の案内を見てください。
올해 불꽃놀이의 자세한 내용은 아래의 안내를 봐 주세요.

1395 ☐☐☐
各日 | **かくじつ** | 명 각각의 날짜

各日ごとにイベントの内容が違います。
각각의 날짜마다 이벤트 내용이 다릅니다.

[문형] 명사 + ごとに ~마다

★ 표시 = 2010년 이후 N3 문자·어휘 기출 단어

1396
下記 | **かき** | 몡 하기, 아래의 내용

夕食のメニューは下記よりお選びできます。
저녁 식사 메뉴는 하기에서 선택하실 수 있습니다.

1397
事項 | **じこう** | 몡 사항

注意事項を読んだうえでお申し込みいただくようにお願いします。
주의 사항을 읽은 후에 신청해 주시도록 부탁드립니다.

[문형] 동사 た형 + うえで ~후에 / 동사 사전형 + ように ~(하)도록

1398
除く | **のぞく** | 동 제외하다, 제거하다

土日、祝日を除いた日にお問い合わせください。
토요일과 일요일, 공휴일을 제외한 날에 문의해 주세요.

1399
含む | **ふくむ** | 동 포함하다

この旅行プランには新鮮な貝料理を食べる日程が含まれています。
이 여행 플랜에는 신선한 조개 요리를 먹는 일정이 포함되어 있습니다.

1400
知らせる ★ | **しらせる** | 동 알리다

参加者に説明会の場所が変わったことを知らせました。
참가자에게 설명회 장소가 바뀐 것을 알렸습니다.

관련어 **知らせ** しらせ 몡 통지, 안내, 소식

1401
参加 ★ | **さんか** | 몡 참가

参加費と材料費は別々になっております。
참가비와 재료비는 따로따로 되어 있습니다.

관련어 **参加費** さんかひ 몡 참가비

★ 표시 = 2010년 이후 N3 문자·어휘 기출 단어

1402
係員 | **かかりいん** | 몡 담당자

チケット売り場がどこにあるか係員に聞きました。
티켓 파는 곳이 어디에 있는지 담당자에게 물었습니다.

1403
受け持ち | **うけもち** | 몡 담당, 담당자

質問があったら受け持ちの先生に聞いてください。
질문이 있으면 담당 선생님에게 물어 주세요.

[문형] 동사 た형 + ら ~(하)면

1404
実施 | **じっし** | 몡 실시

今度実施する日本文化クラスではおにぎりを作るということだ。
이번에 실시하는 일본 문화 클래스에서는 주먹밥을 만든다고 한다.

[문형] 동사 보통형 + ということだ ~라고 한다

1405
配る ★ | **くばる** | 동 나누어 주다

チラシを配るのは手間のわりに、広告効果が少ないと思う。
전단지를 나누어 주는 것은 수고에 비해서, 광고 효과가 적다고 생각한다.

[문형] 명사 の + わりに ~에 비해서

1406
申請 ★ | **しんせい** | 몡 신청

世界各国の色々な料理が楽しめるイベントの申請は今日までです。
세계 각국의 여러 가지 요리를 즐길 수 있는 이벤트의 신청은 오늘까지입니다.

1407
授業料 | **じゅぎょうりょう** | 몡 수업료

授業料はカードで支払ってもかまいません。
수업료는 카드로 지불해도 괜찮습니다.

[문형] 동사 て형 + もかまわない ~(해)도 괜찮다

★ 표시 = 2010년 이후 N3 문자·어휘 기출 단어

1408
終了 | **しゅうりょう** | 명 종료

定員になりましたので受付を終了いたします。
정원이 찼기 때문에 접수를 종료하겠습니다.

1409
材料費 | **ざいりょうひ** | 명 재료비

お団子作りクラスの材料費はただです。
당고 만들기 클래스의 재료비는 무료입니다.

1410
持参 | **じさん** | 명 지참

キャンプなので簡単に温めて食べられるものを持参してください。
캠프니까 간단하게 데워서 먹을 수 있는 것을 지참해 주세요.

1411
待ち合わせる ★ | **まちあわせる** | 동 (사전에 시간과 장소를 정해서) 만나다, 만나기로 하다

旅行の当日は朝9時、駅前でガイドと待ち合わせてから出発します。
여행 당일은 아침 9시, 역 앞에서 가이드와 만나고 나서 출발합니다.

[문형] 동사 て형 + から ~(하)고 나서

> 관련어 **待ち合わせ** まちあわせ 명 만나기로 함

1412
締め切り ★ | **しめきり** | 명 마감

締め切りが明日なので、明日までに参加するか教えてください。
마감이 내일이므로, 내일까지 참가할지 알려 주세요.

1413
招待状 | **しょうたいじょう** | 명 초대장

誕生日パーティーの招待状を友だちに配りました。
생일 파티의 초대장을 친구들에게 나누어 줬습니다.

★ 표시 = 2010년 이후 N3 문자·어휘 기출 단어

1414 ☐☐☐
歓迎会 | **かんげいかい** | 몡 환영회

今年の<ruby>歓迎会<rt>かんげいかい</rt></ruby>は<ruby>焼肉<rt>やきにく</rt></ruby><ruby>食<rt>た</rt></ruby>べ<ruby>放題<rt>ほうだい</rt></ruby>の<ruby>店<rt>みせ</rt></ruby>でしましょう。
올해의 환영회는 고기를 무제한으로 구워 먹을 수 있는 가게에서 합시다.

1415 ☐☐☐
申込書/ 申し込み書 ★ | **もうしこみしょ** | 몡 신청서

<ruby>申込書<rt>もうしこみしょ</rt></ruby>は<ruby>市民会館<rt>しみんかいかん</rt></ruby>に<ruby>出<rt>だ</rt></ruby>したらいいよ。
신청서는 시민 회관에 제출하면 돼.

1416 ☐☐☐
記入 | **きにゅう** | 몡 기입

<ruby>食<rt>た</rt></ruby>べられないものがある<ruby>方<rt>かた</rt></ruby>は、<ruby>下<rt>した</rt></ruby>にご<ruby>記入<rt>きにゅう</rt></ruby>ください。
먹지 못하는 것이 있는 분은, 아래에 기입해 주세요.

1417 ☐☐☐
前もって | **まえもって** | 부 사전에, 미리

<ruby>博物館<rt>はくぶつかん</rt></ruby>のチケットは<ruby>前<rt>まえ</rt></ruby>もって<ruby>郵送<rt>ゆうそう</rt></ruby>してもらった。
박물관 티켓은 사전에 우송해 받았다.

[문형] 동사 て형 + もらう ~(해) 받다

1418 ☐☐☐
別に | **べつに** | 부 특별히, 별도로

<ruby>身分証<rt>みぶんしょう</rt></ruby>は<ruby>別<rt>べつ</rt></ruby>にいらないので、<ruby>持<rt>も</rt></ruby>ってこなくてもかまいません。
신분증은 특별히 필요하지 않으므로, 가져오지 않아도 괜찮습니다.

연습문제 체크체크!

[1] 단어에 해당하는 발음을 고른 후, 뜻을 써보세요.

01 位置　　　　ⓐ いち　ⓑ ぎち　　　　　＿＿＿＿＿＿

02 大会　　　　ⓐ たいかい　ⓑ だいかい　＿＿＿＿＿＿

03 広告　　　　ⓐ ここく　ⓑ こうこく　　＿＿＿＿＿＿

04 定員　　　　ⓐ ていいん　ⓑ てんいん　＿＿＿＿＿＿

05 宣伝　　　　ⓐ せんでん　ⓑ せんてん　＿＿＿＿＿＿

06 各日　　　　ⓐ かくにち　ⓑ かくじつ　＿＿＿＿＿＿

07 具体的だ　　ⓐ ぐたいてきだ　ⓑ ていきてきだ　＿＿＿＿＿＿

08 追加　　　　ⓐ つうか　ⓑ ついか　　　＿＿＿＿＿＿

09 記入　　　　ⓐ きにゅ　ⓑ きにゅう　　＿＿＿＿＿＿

10 申込書　　　ⓐ もうしこみしょう　ⓑ もうしこみしょ　＿＿＿＿＿＿

[2] 문맥에 맞게 괄호에 들어갈 단어를 고르세요.

11 お客さんを増やすため、駅前でチラシを (配る / 待ち合わせる) ことにした。

12 小学生以下の方は、このボランティアに (参加 / 実施) できません。

13 館内で写真を撮ることは (終了 / 禁止) されている。

14 (締め切り / 人数) に間に合うようにお申し込みください。

15 詳しい (身分証 / 情報) はホームページに載っています。

정답: 01 ⓐ 위치　02 ⓐ 대회　03 ⓑ 광고　04 ⓐ 정원, 정해진 인원　05 ⓐ 선전　06 ⓑ 각각의 날짜　07 ⓐ 구체적이다
08 ⓑ 추가　09 ⓑ 기입　10 ⓒ 신청서　11 配る　12 参加　13 禁止　14 締め切り　15 情報

DAY 23 날씨

mp3 바로 듣기

1419
暖かい ★ | **あたたかい** | [い형] 따뜻하다, (분위기가) 훈훈하다

もう少し暖かくなったら、この川に花見に来るのを勧めるよ。
조금 더 따뜻해지면, 이 강에 꽃구경하러 오는 것을 추천해.

[문형] 동사 た형 + ら ~(하)면

1420
温暖だ | **おんだんだ** | [な형] 온난하다

あの国は年中温暖でとても住みやすいです。
저 나라는 항상 온난해서 매우 살기 좋습니다.

[문형] 동사 ます형 + やすい ~(하)기 좋다, (하)기 쉽다

1421
気温 ★ | **きおん** | [명] 기온

来週の休日は気温が上がるというからどこか遊びに行こう。
다음 주 휴일은 기온이 오른다고 하니까 어딘가 놀러 가자.

[문형] 동사 보통형 + という ~라고 한다 / 동사 ます형 + に行く ~(하)러 가다

1422
温度 | **おんど** | [명] 온도

夏は特に、魚を新鮮に保存するための温度管理が重要です。
여름은 특히, 생선을 신선하게 보존하기 위한 온도 관리가 중요합니다.

[문형] 동사 사전형 + ため ~위해

1423
低下 | **ていか** | [명] 저하

暑い日が続いて食欲が低下しています。
더운 날이 계속되어 식욕이 저하되고 있습니다.

★ 표시 = 2010년 이후 N3 문자·어휘 기출 단어

1424 低い ★

ひくい　　　　　　　　　[い형] 낮다

専門家によると室内の温度が屋外より低すぎると体に悪いそうだ。
전문가에 의하면 실내의 온도가 옥외보다 너무 낮으면 몸에 나쁘다고 한다.

[문형] 명사 + によると ~에 의하면 / い형용사 어간 + すぎる 너무 ~(하)다
　　　 / い형용사 보통형 + そうだ ~라고 한다

1425 最高

さいこう　　　　　　　　[명] 최고

3月の最終日なのに急に寒くなって、最高気温が5度でした。
3월의 마지막 날인데 갑자기 추워져서, 최고 기온이 5도였습니다.

1426 平均 ★

へいきん　　　　　　　　[명] 평균

平均より気温が低い日が続くと米の生産量が減る可能性がある。
평균보다 기온이 낮은 날이 계속되면 쌀의 생산량이 줄 가능성이 있다.

[문형] 동사 사전형 + と ~(하)면

1427 平均的だ

へいきんてきだ　　　　　[な형] 평균적이다

平均的に桜が盛んに咲くのは暖かい4月です。
평균적으로 벚꽃이 왕성하게 피는 것은 따뜻한 4월입니다.

1428 四季

しき　　　　　　　　　　[명] 사계절, 사계

この山は四季を通して景色をたっぷり楽しむことができます。
이 산은 사계절 내내 경치를 충분히 즐길 수 있습니다.

[문형] 명사 + を通して ~내내, 동안 / 동사 사전형 + ことができる ~(할) 수 있다

★ 표시 = 2010년 이후 N3 문자·어휘 기출 단어

1429
普通 ★ | **ふつう** | 명 보통 부 보통, 대개

野球は普通外でやるので、冬にはあまりやっていない。
야구는 보통 밖에서 하기 때문에, 겨울에는 그다지 하지 않는다.

| 관련어 普通だ ふつうだ な형 보통이다 |

1430
波 ★ | **なみ** | 명 파도

天気予報で今日は風が強くて波が高いと言っていました。
일기 예보에서 오늘은 바람이 강해서 파도가 높다고 말했습니다.

1431
ますます | - | 부 점점

もうすぐ大会が始まるのに空はますます曇ってきた。
이제 곧 대회가 시작되는데 하늘은 점점 흐려져 왔다.

1432
突然 ★ | **とつぜん** | 부 돌연, 갑자기

突然雨が降って、外の洗濯物が全て濡れてしまった。
돌연 비가 내려서, 바깥의 세탁물이 모두 젖어 버렸다.

[문형] 동사 て형 + しまう ~(해) 버리다

1433
急だ ★ | **きゅうだ** | な형 갑작스럽다, 위급하다

急な寒さでセーターの売り上げが上がりました。
갑작스러운 추위로 스웨터의 매상이 올랐습니다.

| 관련어 急に きゅうに 갑자기, 돌연 |

1434
ちょっと | - | 부 조금

雪がちょっと積もっているけど運転には問題ないらしいよ。
눈이 조금 쌓여 있지만 운전에는 문제없을 것 같아.

[문형] い형용사 보통형 + らしい ~(일) 것 같다

★ 표시 = 2010년 이후 N3 문자·어휘 기출 단어

1435 次第に ★ しだいに　　　부 점점, 차츰

昨日から降り続く雨も今晩からは**次第に**やむと思います。
어제부터 계속 내리는 비도 오늘 밤부터는 점점 그칠 것이라고 생각합니다.

1436 前後 ★ ぜんご　　　명 전후, 앞뒤

今日15時**前後**に台風が接近するというから外食は今度にしよう。
오늘 15시 전후에 태풍이 접근한다고 하니까 외식은 다음으로 하자.

[문형] 동사 보통형 + という ~라고 한다 / 명사 + にする ~로 하다

1437 そろそろ ★ -　　　부 슬슬, 이제

母が**そろそろ**雨が降りそうだと言ったから傘を持参した。
엄마가 슬슬 비가 올 것 같다고 말해서 우산을 지참했다.

[문형] 동사 ます형 + そうだ ~(일) 것 같다

1438 長時間 ちょうじかん　　　명 장시간

激しい雨が**長時間**降って、川の水があふれだした。
세찬 비가 장시간 내려서, 강 물이 흘러넘쳤다.

1439 たぶん ★ -　　　부 아마

過去より気温が上がったのは**たぶん**温暖化のせいでしょう。
과거보다 기온이 오른 것은 아마 온난화 탓이겠지요.

[문형] 명사 の + せいだ ~탓이다

1440 眩しい ★ まぶしい　　　い형 눈부시다

今日は晴れて太陽もすごく**眩しい**です。
오늘은 맑고 태양도 굉장히 눈부십니다.

★ 표시 = 2010년 이후 N3 문자·어휘 기출 단어

1441
輝く ★ | かがやく | 图 눈부시게 빛나다, 반짝이다

雲がなく空気がきれいだからか、いつもより星が輝いて見えた。
구름이 없고 공기가 깨끗해서인지, 평소보다 별이 눈부시게 빛나 보였다.

1442
ぴかぴか | - | 📢 반짝반짝

昨日車をぴかぴかに洗ったのに今日雪が降っちゃったよ。
어제 반짝반짝하게 세차를 했는데 오늘 눈이 와 버렸어.

[문형] 동사 て형 + ちゃう ~(해) 버리다 ★て를 빼고 ちゃう를 붙인다

관련어 ぴかぴかだ な형 반짝반짝하다

1443
影響 ★ | えいきょう | 圀 영향

強い風の影響でとなりの中華料理店の看板が倒れました。
강한 바람의 영향으로 이웃의 중화요리점 간판이 쓰러졌습니다.

1444
体調 | たいちょう | 圀 몸 상태

蒸し暑い日に外で長時間運動すると体調が悪くなりかねない。
무더운 날에 밖에서 장시간 운동하면 몸 상태가 나빠질지도 모른다.

[문형] 동사 ます형 + かねない ~(할) 지도 모른다, (할) 듯하다

1445
爽やかだ | さわやかだ | な형 상쾌하다

晴れた日にきれいに掃除すると気持ちも爽やかになる。
맑은 날에 깨끗하게 청소하면 기분도 상쾌해진다.

[문형] 동사 사전형 + と ~(하)면

1446
日当たり | ひあたり | 圀 볕이 듦, 양지

庭で一番日当たりのいいところに花を植えるつもりです。
마당에서 가장 볕이 잘 드는 곳에 꽃을 심을 계획입니다.

[문형] 동사 사전형 + つもりだ ~(할) 계획이다, (할) 생각이다

★ 표시 = 2010년 이후 N3 문자·어휘 기출 단어

1447
溶ける ★ **とける** 동 녹다

気温が多少上がって湖の氷が溶け始めました。
기온이 다소 올라서 호수의 얼음이 녹기 시작했습니다.

[문형] 동사 ます형 + 始める ~(하)기 시작하다

1448
多量 ★ **たりょう** 명 다량

昨日多量の雨が降って電車が止まりました。
어제 다량의 비가 내려서 전철이 멈췄습니다.

1449
観察 ★ **かんさつ** 명 관찰

雲を観察すると天気を予測することができます。
구름을 관찰하면 날씨를 예측할 수 있습니다.

1450
観測 **かんそく** 명 관측

雨の被害を予防するために定期的に雨の量を観測しています。
비 피해를 예방하기 위해서 정기적으로 비의 양을 관측하고 있습니다.

[문형] 동사 사전형 + ために ~위해서

1451
予測 ★ **よそく** 명 예측

あさっては一日中雪だと予測されています。
모레는 하루 종일 눈이라고 예측되고 있습니다.

1452
乾燥 ★ **かんそう** 명 건조

乾燥している日は火事に注意しないといけません。
건조한 날은 화재에 주의하지 않으면 안 됩니다.

[문형] 동사 ない형 + ないといけない ~(하)지 않으면 안 된다

★ 표시 = 2010년 이후 N3 문자·어휘 기출 단어

1453 ☐☐☐

接近 ★ | **せっきん** | 명 접근

ここは渡り鳥が冬を過ごす場所なので、接近禁止となっています。
여기는 철새가 겨울을 보내는 장소이므로, 접근 금지로 되어 있습니다.

1454 ☐☐☐

湿気 | **しっけ** | 명 습기

今日は暑かったけど湿気は別に多くなかったです。
오늘은 더웠지만 습기는 특별히 많지 않았습니다.

1455 ☐☐☐

真っ白だ | **まっしろだ** | な형 새하얗다

北海道といえば思いうかぶのは真っ白な雪景色です。
홋카이도라고 하면 떠오르는 것은 새하얀 설경입니다.

[문형] 명사 + といえば ~라고 하면

> 관련어 真っ白 まっしろ 명 새하얌

1456 ☐☐☐

霧 | **きり** | 명 안개

霧が相当濃かったせいで飛行機はキャンセルになりました。
안개가 상당히 짙었던 탓에 비행기는 취소되었습니다.

[문형] い형용사 보통형 + せいで ~탓에, 탓으로

1457 ☐☐☐

現象 | **げんしょう** | 명 현상

日本で6月に雪が降るという珍しい現象が報告されました。
일본에서 6월에 눈이 내린다고 하는 희귀한 현상이 보고되었습니다.

[문형] 동사 보통형 + という ~라고 하는

연습문제 체크체크!

[1] 단어에 해당하는 발음을 고른 후, 뜻을 써보세요.

- 01 波　　　　ⓐ きり　ⓑ なみ　　　　＿＿＿＿＿＿
- 02 平均　　　ⓐ へいきん　ⓑ へきん　＿＿＿＿＿＿
- 03 観察　　　ⓐ かんさつ　ⓑ けんさつ　＿＿＿＿＿＿
- 04 影響　　　ⓐ えいきょ　ⓑ えいきょう　＿＿＿＿＿＿
- 05 接近　　　ⓐ せっきん　ⓑ せつきん　＿＿＿＿＿＿
- 06 急だ　　　ⓐ ぎゅうだ　ⓑ きゅうだ　＿＿＿＿＿＿
- 07 多量　　　ⓐ たりょう　ⓑ たいりょう　＿＿＿＿＿＿
- 08 湿気　　　ⓐ しつけ　ⓑ しっけ　＿＿＿＿＿＿
- 09 予測　　　ⓐ よそく　ⓑ ようそく　＿＿＿＿＿＿
- 10 温暖だ　　ⓐ おんたんだ　ⓑ おんだんだ　＿＿＿＿＿＿

[2] 문맥에 맞게 괄호에 들어갈 단어를 고르세요.

- 11 空気が (観測 / 乾燥) していると火事が起こりやすくなる。
- 12 (突然 / 前後) 雨が降り出して、服が濡れてしまいました。
- 13 4月に入ってから (低い / 暖かい) 日が続いています。
- 14 夜になるにつれて (次第に / 真っ白に) 気温が下がってきた。
- 15 朝積もっていた雪が、もう完全に (溶けました / 輝きました)。

정답: 01 ⓑ 파도　02 ⓐ 평균　03 ⓐ 관찰　04 ⓑ 영향　05 ⓐ 접근　06 ⓑ 갑작스럽다, 위급하다　07 ⓐ 다량　08 ⓑ 습기
09 ⓐ 예측　10 ⓑ 온난하다　11 乾燥　12 突然　13 暖かい　14 次第に　15 溶けました

mp3 바로 듣기

1458 ☐☐☐

首都 ★ **しゅと** ⑲ 수도(중앙 정부가 있는 도시)

日本の首都である東京は日本で一番人口が多いです。
일본의 수도인 도쿄는 일본에서 가장 인구가 많습니다.

1459 ☐☐☐

地元 **じもと** ⑲ 살고 있는 지역, 그 지방, 고향

私の地元は田舎なので電車がないうえにバスも少ない。
내가 살고 있는 지역은 시골이라서 전철이 없는 데다가 버스도 적다.

[문형] い형용사 보통형 + うえに ~인 데다가

1460 ☐☐☐

地域 **ちいき** ⑲ 지역

この地域ではお年寄り向けのスマホ教室を実施している。
이 지역에서는 노인 대상의 스마트폰 교실을 실시하고 있다.

1461 ☐☐☐

地区 **ちく** ⑲ 지구(일정한 기준에 따라 나눈 땅의 한 구역)

地区の優勝チームを決める試合に参加することになりました。
지구 우승팀을 결정하는 시합에 참가하게 되었습니다.

[문형] 동사 사전형 + ことになる ~(하)게 되다

1462 ☐☐☐

番地 ★ **ばんち** ⑲ 번지

おばに送る葉書に番地を書き間違えました。
이모에게 보내는 엽서에 번지를 잘못 적었습니다.

★ 표시 = 2010년 이후 N3 문자·어휘 기출 단어

1463
都心 | **としん** | 명 도심(도시의 중심부)

うちは都心から少し離れているかわりに、静かで住みやすいです。
우리 집은 도심에서 약간 떨어져 있는 대신에, 조용해서 살기 좋습니다.

[문형] 동사 보통형 + かわりに ~대신에 / 동사 ます형 + やすい ~(하)기 좋다, (하)기 쉽다

1464 ★
室内 | **しつない** | 명 실내

外が暖かいから室内でごろごろしないでどこか出かけなさい。
바깥이 따뜻하니까 실내에서 빈둥빈둥하지 말고 어딘가 외출하세요.

1465
商店 | **しょうてん** | 명 상점

商店の中はセールの広告を見て来た客でとてもにぎやかでした。
상점 안은 할인 광고를 보고 온 손님으로 매우 북적였습니다.

1466
遊園地 | **ゆうえんち** | 명 유원지

追加料金を出すと遊園地の全ての乗り物に乗れます。
추가 요금을 내면 유원지의 모든 탈것을 탈 수 있습니다.

[문형] 동사 사전형 + と ~(하)면

1467
施設 | **しせつ** | 명 시설

この家は高いわりに、周りに便利な施設がないのが残念です。
이 집은 비싼 것에 비해서, 주변에 편리한 시설이 없는 것이 아쉽습니다.

[문형] い형용사 사전형 + わりに ~에 비해서

1468
講演会 | **こうえんかい** | 명 강연회

講演会の招待状に会場を書かないまま配ってしまったよ。
강연회 초대장에 행사 장소를 쓰지 않은 채 나눠줘 버렸어.

[문형] い형용사 사전형 + まま ~(한) 채 / 동사 て형 + しまう ~(해) 버리다

★ 표시 = 2010년 이후 N3 문자·어휘 기출 단어

1469
説明会 | せつめいかい | 명 설명회

せつめいかい ていいん おお いま きょうしつ ちい おも
説明会の定員が多いから、今の教室は小さいと思うよ。
설명회의 정원이 많기 때문에, 지금의 교실은 작다고 생각해.

1470
美容院 | びよういん | 명 미용실

がっこうまえ びよういん にんき まえ よやく ほう
学校前の美容院は人気だから前もって予約した方がいいですよ。
학교 앞의 미용실은 인기 있으니까 미리 예약하는 편이 좋아요.

[문형] 동사 た형 + 方がいい ~(하)는 편이 좋다

1471
訪問 ★ | ほうもん | 명 방문

ごご し あ いえ ほうもん
午後、知り合いの家に訪問するつもりです。
오후, 지인의 집에 방문할 계획입니다.

[문형] 동사 사전형 + つもりだ ~(할) 계획이다, (할) 생각이다

1472
来店 | らいてん | 명 내점, 가게에 옴

しょにち らいてん きゃく みやげ さ あ
オープン初日にご来店のお客さまにはお土産を差し上げます。
오픈 첫날에 내점해주시는 손님께는 기념품을 드립니다.

1473
来館 | らいかん | 명 내관(도서관이나 박물관 등에 옴)

かくじつ かいかんじかん ちが らいかん とき き
各日の開館時間が違うのでご来館の時お気をつけください。
각각의 날짜의 개관 시간이 다르므로 내관하실 때 주의해 주세요.

1474
来場 | らいじょう | 명 (그 장소에) 옴

くるま らいじょう かた かき ちゅうしゃじょう りよう
車でご来場の方は下記の駐車場をご利用ください。
차로 오시는 분은 아래 적힌 주차장을 이용해 주세요.

1475 ぐらぐら ★ - 🔹 흔들흔들

地震でアパートが**ぐらぐら**揺れました。
지진으로 아파트가 흔들흔들 흔들렸습니다.

1476 がらがらだ ★ - 🔹 텅 비다

突然気温が低下して寒くなったせいか、市内は**がらがら**でした。
돌연 기온이 저하되어 추워진 탓인지, 시내는 텅 비어있습니다.

[문형] 동사 보통형 + せい ~탓, 탓에

> 관련어 **がらがら** 🔹 드르륵, 덜그럭덜그럭

1477 うろうろ ★ - 🔹 어슬렁, 우왕좌왕

商店街を**うろうろ**していたら、偶然いい匂いがする店を見つけた。
상점가를 어슬렁거리고 있었는데, 우연히 좋은 냄새가 나는 가게를 발견했다.

[문형] 동사 た형 + ら ~(했)는데, (했)더니

1478 丘 おか 🔹 언덕, 구릉

あの**丘**の上にある教会は小さいですが、美しいです。
저 언덕 위에 있는 교회는 작지만, 아름답습니다.

1479 横 ★ よこ 🔹 옆, 가로

出口を出ると交番があるんだけど、その**横**がうちの会社だよ。
출구를 나오면 파출소가 있는데, 그 옆이 우리 회사야.

★ 표시 = 2010년 이후 N3 문자·어휘 기출 단어

1480
正面　　しょうめん　　〔명〕 정면

休館日は図書館の正面入口から入って左側の窓口で返却できます。
휴관일에는 도서관의 정면 입구로 들어와서 왼쪽의 창구에서 반납할 수 있습니다.

1481
特徴 ★　　とくちょう　　〔명〕 특징

高いビルがますます増えていることがこの地域の特徴です。
높은 빌딩이 점점 늘고 있는 것이 이 지역의 특징입니다.

1482
空席 ★　　くうせき　　〔명〕 공석(비어 있는 자리)

広く宣伝したおかげでイベント会場に空席はありませんでした。　널리 선전한 덕분에 이벤트 장소에 공석은 없었습니다.

[문형] 동사 た형 + おかげで ~덕분에

1483
区切る ★　　くぎる　　〔동〕 나누다, 단락 짓다

部屋を二つに区切って一つはカフェのように飾りました。
방을 두 개로 나눠서 하나는 카페처럼 장식했습니다.

[문형] 명사 の + ように ~처럼

1484
立派だ ★　　りっぱだ　　〔な형〕 훌륭하다

このお寺は百年前に建てられたものなのに今見ても立派です。　이 절은 백 년 전에 지어진 것인데 지금 봐도 훌륭합니다.

1485
管理　　かんり　　〔명〕 관리

あの住宅は管理がされていなかったせいかより古く見える。
저 주택은 관리가 되지 않았던 탓인지 더욱 낡아 보인다.

★ 표시 = 2010년 이후 N3 문자·어휘 기출 단어

1486
開放 | **かいほう** | 명 개방

お知らせしたとおり、週末も運動場を開放することになりました。
알려드린 대로, 주말도 운동장을 개방하게 되었습니다.

[문형] 동사 た형 + とおり ~대로 / 동사 사전형 + ことになる ~(하)게 되다

1487
立入禁止 | **たちいりきんし** | 명 출입 금지

飛行場は関係者を除いて立入禁止です。
비행장은 관계자를 제외하고 출입 금지입니다.

1488
大部分 | **だいぶん** | 명 대부분

ここは住民の大部分が農業をしているだけに畑が多い。
이곳은 주민의 대부분이 농업을 하고 있는 만큼 밭이 많다.

[문형] 동사 보통형 + だけに ~인 만큼

1489
控える | **ひかえる** | 동 삼가다, 대기하다

室内では喫煙を控えてください。
실내에서는 흡연을 삼가 주세요.

1490
押し込む ★ | **おしこむ** | 동 밀어 넣다, 억지로 들어가다

駅が混んでいて駅員が私を列車に押し込んでくれました。
역이 붐벼서 역무원이 저를 열차로 밀어 넣어 주었습니다.

[문형] 동사 て형 + くれる ~(해) 주다

1491
留まる ★ | **とまる** | 동 머물다, (움직이던 것이) 움직이지 않다

昨日山で、木の枝に鳥が留まっているのを写真に撮りました。
어제 산에서, 나뭇가지에 새가 머무르고 있는 것을 사진으로 찍었습니다.

PART 2 주제별 N3 단어 | DAY 24 장소 **173**

★ 표시 = 2010년 이후 N3 문자·어휘 기출 단어

1492 ☐☐☐
移動 ★ | **いどう** | 명 이동

これから博物館に行くから外の駐車場に移動してください。
지금부터 박물관에 가므로 바깥의 주차장으로 이동해 주세요.

1493 ☐☐☐
移す ★ | **うつす** | 동 옮기다

田中さん、ピアノを音楽室に移すのを手伝ってください。
다나카 씨, 피아노를 음악실로 옮기는 것을 도와주세요.

1494 ☐☐☐
離れる | **はなれる** | 동 (거리가) 떨어지다

駅の入口から改札までけっこう離れていて不便です。
역의 입구에서 개찰구까지 꽤 떨어져 있어서 불편합니다.

1495 ☐☐☐
通り過ぎる ★ | **とおりすぎる** | 동 지나가다, 통과하다

あのデパートは毎日通り過ぎるけど一度も行ったことがない。 저 백화점은 매일 지나가지만 한 번도 간 적이 없다.

[문형] 동사 た형 + ことがない ~(한) 적이 없다

1496 ☐☐☐
飛び出す ★ | **とびだす** | 동 뛰어나오다, 튀어나오다

学校に遅れそうで、急いで家から飛び出した。
학교에 늦을 것 같아서, 서둘러 집에서 뛰어나왔다.

[문형] 동사 ます형 + そうだ ~것 같다

연습문제 체크체크!

[1] 단어에 해당하는 발음을 고른 후, 뜻을 써보세요.

01 来館　　　ⓐ らいてん　ⓑ らいかん　　_____

02 立派だ　　ⓐ りっぱだ　ⓑ りつぱだ　　_____

03 番地　　　ⓐ ばんち　　ⓑ ばんじ　　　_____

04 区切る　　ⓐ とまる　　ⓑ くぎる　　　_____

05 移す　　　ⓐ うつす　　ⓑ とびだす　　_____

06 地域　　　ⓐ ちく　　　ⓑ ちいき　　　_____

07 施設　　　ⓐ しせつ　　ⓑ しぜつ　　　_____

08 正面　　　ⓐ せいめん　ⓑ しょうめん　_____

09 都心　　　ⓐ どしん　　ⓑ としん　　　_____

10 大部分　　ⓐ だいぶぶん　ⓑ だいぶふん　_____

[2] 문맥에 맞게 괄호에 들어갈 단어를 고르세요.

11 日本の (首都 / 地元) である東京で育ちました。

12 交番の (室内 / 横) にある大きなビルがうちの会社です。

13 人気歌手のコンサート会場に (空席 / 特徴) は一つもなかった。

14 博物館までは、クラス全員が同じバスに乗って (管理 / 移動) します。

15 週末、会社の先輩の家を (訪問 / 開放) する予定です。

정답: 01 ⓑ 내관(도서관이나 박물관 등에 옴)　02 ⓐ 훌륭하다　03 ⓐ 번지　04 ⓑ 나누다, 단락 짓다　05 ⓐ 옮기다　06 ⓑ 지역
07 ⓐ 시설　08 ⓑ 정면　09 ⓑ 도심(도시의 중심부)　10 ⓐ 대부분　11 首都　12 横　13 空席　14 移動　15 訪問

  교통

mp3 바로 듣기

1497 ☐☐☐
渋滞 ★ | じゅうたい | 몡 정체(도로가 많은 차량들로 막혀있음)

わたし　つうきん じ かん　　うんてん　ひか　　り ゆう　じゅうたい
私が通勤時間に運転を控える理由は渋滞がひどいからです。
제가 통근 시간에 운전을 삼가는 이유는 정체가 심하기 때문입니다.

| 관련어 渋滞する じゅうたいする 동 정체하다 |

1498 ☐☐☐
右折 ★ | うせつ | 몡 우회전

つぎ　こう さ てん　　う せつ　　　　　どうぶつえん
次の交差点で右折すると動物園があります。
다음 교차로에서 우회전하면 동물원이 있습니다.

[문형] 동사 사전형 + と ~(하)면

1499 ☐☐☐
左折 | させつ | 몡 좌회전

さ せつ　　　まえ　まわ　　　かくにん
左折する前は周りを確認しなければならない。
좌회전하기 전에는 주변을 확인하지 않으면 안 된다.

[문형] 동사 ない형 + なければならない ~(하)지 않으면 안 된다

1500 ☐☐☐
駐車 ★ | ちゅうしゃ | 몡 주차

めんきょ　と　　　　　　　　　　　　　　　ちゅうしゃ　　　　　　　　　　むずか
免許を取ったばかりなので駐車するのはまだ難しいです。
막 면허를 땄기 때문에 주차하는 것은 아직 어렵습니다.

[문형] 동사 た형 + ばかり 막 ~(하)다

★ 표시 = 2010년 이후 N3 문자·어휘 기출 단어

1501 ☐☐☐
停車 | **ていしゃ** | 명 정차(차가 멈춤)

バスが停車するまで移動せずに席にお座りください。
버스가 정차할 때까지 이동하지 않고 자리에 앉아 계셔 주세요.

[문형] 동사 ない형 + ずに ~(하)지 않고 ★예외 する → せずに / 来る → 来ずに

1502 ☐☐☐
停止 | **ていし** | 명 정지

さっき運転していた時、前の車が急停止してびっくりした。
아까 운전하고 있었을 때, 앞차가 급정지해서 깜짝 놀랐다.

1503 ☐☐☐
交通事故 | **こうつうじこ** | 명 교통사고

交通事故を防ぐために霧の時は車のライトをつけてください。
교통사고를 막기 위해서 안개일 때는 차의 라이트를 켜 주세요.

[문형] 동사 사전형 + ために ~위해서

1504 ☐☐☐
運転免許 | **うんてんめんきょ** | 명 운전면허

大人になったからそろそろ運転免許を取ろうと思っている。
어른이 되었으니까 슬슬 운전면허를 따려고 생각하고 있다.

[문형] 동사 의지형 + と思う ~(하)려고 생각하다

1505 ☐☐☐
線 ★ | **せん** | 명 선

黄色い線がある道路では追い越し禁止になっています。
노란 선이 있는 도로에서는 추월 금지로 되어 있습니다.

1506 ☐☐☐
横断 ★ | **おうだん** | 명 횡단

信号がない横断歩道ではより注意しないといけません。
신호가 없는 횡단보도에서는 더욱 주의하지 않으면 안 됩니다.

[문형] 동사 ない형 + ないといけない ~(하)지 않으면 안 된다

★ 표시 = 2010년 이후 N3 문자·어휘 기출 단어

1507
違反 | **いはん** | 명 위반

せいげんそく ど　い はん　　くるま　まえ　くるま
制限速度を違反した車が前の車とぶつかってしまった。
제한속도를 위반한 차가 앞차와 부딪혀 버렸다.

[문형] 동사 て형 + しまう　~(해) 버리다

1508
赤信号 | **あかしんごう** | 명 빨간불, 적신호

あかしんごう　とき　どうろ　わた
赤信号の時、道路を渡ってはいけません。
빨간불일 때, 도로를 건너서는 안 됩니다.

[문형] 동사 て형 + はいけない　~(해)서는 안 된다

1509
混雑 ★ | **こんざつ** | 명 혼잡

きょう　きゅうじつ　　　こうそくどうろ　　こんざつ
今日は休日だから高速道路も混雑しているらしいよ。
오늘은 휴일이니까 고속 도로도 혼잡한 것 같아.

[문형] 동사 보통형 + らしい　~(한) 것 같다

1510
満員 ★ | **まんいん** | 명 만원(사람이 매우 많은 상태)

ち いき　じんこう　おお　　　　　　でんしゃ　すく　　　　　　まんいん
この地域は人口が多いわりに電車が少なくていつも満員だ。
이 지역은 인구가 많은 것에 비해서 전철이 적어서 항상 만원이다.

[문형] い형용사 사전형 + わりに　~에 비해서

1511
乗車 ★ | **じょうしゃ** | 명 승차

じょうしゃ　まえ　かなら　きっぷ　　か
ご乗車の前に必ず切符をお買いになってください。
승차 전에 반드시 표를 사 주세요.

1512
下車 ★ | **げしゃ** | 명 하차

に ほん　　　　　　　　　　げしゃ　　とき　まえ　　　　　　　つか
日本ではバスから下車する時に前のドアを使っています。
일본에서는 버스에서 하차할 때 앞문을 사용하고 있습니다.

★ 표시 = 2010년 이후 N3 문자·어휘 기출 단어

1513
交通費 | こうつうひ | 명 교통비

会社が遠いので通勤に交通費がたくさんかかります。
회사가 멀기 때문에 통근에 교통비가 많이 듭니다.

1514
裏 ★ | うら | 명 뒤쪽, 보이지 않는 안쪽

あのホテルはアクセスもいいし裏に水族館もあって最高だった。
저 호텔은 접근성도 좋고 뒤쪽에 수족관도 있어서 최고였다.

1515
内側 ★ | うちがわ | 명 안쪽

プラットホームでは黄色い線の内側でお待ちください。
플랫폼에서는 노란 선 안쪽에서 기다려 주세요.

1516
各駅 ★ | かくえき | 명 각 역

この電車は各駅に止まるからたぶん時間が結構かかると思うよ。
이 전철은 각 역에 멈추니까 아마 시간이 꽤 걸릴 거라고 생각해.

1517
改札 ★ | かいさつ | 명 개찰구, 개찰

20年前までは改札で駅員が切符を確認していました。
20년 전까지는 개찰구에서 역무원이 표를 확인하고 있었습니다.

1518
距離 ★ | きょり | 명 거리

東京に住む人の平均出勤距離は約10キロだそうです。
도쿄에 사는 사람의 평균 출근 거리는 약 10킬로미터라고 합니다.

[문형] 명사 だ + そうだ ~라고 한다

★ 표시 = 2010년 이후 N3 문자·어휘 기출 단어

1519
片道   かたみち   몡 편도(가거나 오는 길 중 어느 한쪽)

帰ってくる日が決まっていなかったら片道のチケットを買おう。
돌아오는 날이 정해져 있지 않으면 편도 티켓을 사자.

[문형] い형용사 어간 + かったら ~(하)면

1520
鉄道   てつどう   몡 철도

鉄道が通じるところは次第に多くなる一方です。
철도가 통하는 곳은 점점 많아지기만 합니다.

[문형] 동사 사전형 + 一方だ ~(하)기만 하다

1521
線路   せんろ   몡 선로

線路に接近することは大変危ないので禁止となっています。 선로에 접근하는 것은 대단히 위험하므로 금지되어 있습니다.

1522
回数券   かいすうけん   몡 회수권

南駅によく行くなら地下鉄の回数券を買ったほうがいいよ。
미나미 역에 자주 간다면 지하철 회수권을 사는 편이 좋아.

[문형] 동사 보통형 + なら ~(한)다면 / 동사 た형 + ほうがいい ~(하)는 편이 좋다

1523
特急券   とっきゅうけん   몡 특급권

列車に長時間乗るのは大変だから高くても特急券を買おう。 열차를 장시간 타는 것은 힘드니까 비싸도 특급권을 사자.

1524
時刻表   じこくひょう   몡 (운행) 시간표

時刻表に書いてある時間が過ぎたのにまだバスが来ない。
시간표에 적혀 있는 시간이 지났는데 아직 버스가 오지 않는다.

[문형] 동사 て형 + ある ~되어 있다

★ 표시 = 2010년 이후 N3 문자·어휘 기출 단어

1525 ☐☐☐
通過 | つうか | 圀 통과

この電車は急行なので次の駅を**通過**します。
이 전철은 급행이므로 다음 역을 통과합니다.

1526 ☐☐☐
最寄り | もより | 圀 가장 가까움, 근처

最寄り駅といっても家からちょっと距離があります。
가장 가까운 역이라고 해도 집에서 조금 거리가 있습니다.

[문형] 명사 (だ) + といっても ~라고 해도

1527 ☐☐☐
公共交通機関 | こうきょうこうつうきかん | 圀 대중교통 기관

祭りの当日は駐車ができないため**公共交通機関**をご利用ください。
축제 당일은 주차가 불가능하기 때문에 대중교통 기관을 이용해 주세요.

1528 ☐☐☐
事故にあう | じこにあう | 사고를 당하다

交通ルールをよく守ると**事故にあう**ことも少なくなるだろう。
교통 규칙을 잘 지키면 사고를 당하는 일도 적어지겠지.

[문형] 동사 사전형 + と ~(하)면 / 동사 보통형 + だろう ~이겠지

1529 ☐☐☐
そば ★ | - | 圀 옆, 곁

この村は美しいが、**そば**に高い山があってアクセスが悪い。
이 마을은 아름답지만, 옆에 높은 산이 있어서 접근성이 나쁘다.

1530 ☐☐☐
逆 ★ | ぎゃく | 圀 반대, 거꾸로

初めて出勤する日に**逆**向きの電車に乗り間違えました。
처음으로 출근하는 날에 반대 방향의 전철을 잘못 탔습니다.

★ 표시 = 2010년 이후 N3 문자·어휘 기출 단어

1531

間隔 ★ **かんかく** 명 간격

ここは平均的に3分間隔で電車が走っていてすごく便利です。
여기는 평균적으로 3분 간격으로 전철이 달리고 있어서 굉장히 편리합니다.

1532

方向 ★ **ほうこう** 명 방향

隣の森さんと会社が同じ方向なので彼の車で一緒に通勤している。
이웃의 모리 씨와 회사가 같은 방향이어서 그의 차로 함께 통근하고 있다.

1533

方角 ★ **ほうがく** 명 방향, 방위

美容院はここから東の方角に車で5分ほどの所にある。
미용실은 여기에서 동쪽 방향으로 차로 5분 정도의 장소에 있다.

1534

迷う ★ **まよう** 동 헤매다, 망설이다

雪の影響で周りが全部真っ白になって道に迷ってしまいました。 눈의 영향으로 주변이 전부 새하얗게 되어 길을 헤매고 말았습니다.

[문형] 동사 て형 + しまう ~(하)고 말다

1535

向かう ★ **むかう** 동 향하다, 마주 보다

都心に向かう電車は午前8時前後が一番混むそうです。
도심으로 향하는 전철은 오전 8시 전후가 가장 혼잡하다고 합니다.

[문형] 동사 보통형 + そうだ ~라고 한다

관련어 向かい むかい 명 맞은편

연습문제 체크체크!

[1] 단어에 해당하는 발음을 고른 후, 뜻을 써보세요.

01 逆　　　　ⓐ きゃく　ⓑ ぎゃく　　_____

02 間隔　　　ⓐ かんかく　ⓑ かんがく　_____

03 裏　　　　ⓐ うら　ⓑ そば　　　　_____

04 駐車　　　ⓐ ちゅしゃ　ⓑ ちゅうしゃ　_____

05 満員　　　ⓐ まんいん　ⓑ まんにん　_____

06 停車　　　ⓐ ていしゃ　ⓑ げしゃ　　_____

07 距離　　　ⓐ きょり　ⓑ きょうり　_____

08 方角　　　ⓐ ほうかく　ⓑ ほうがく　_____

09 線路　　　ⓐ せんろう　ⓑ せんろ　_____

10 各駅　　　ⓐ かくえき　ⓑ がくえき　_____

[2] 문맥에 맞게 괄호에 들어갈 단어를 고르세요.

11 次の信号を (混雑 / 右折) してください。

12 日本でも (横断 / 改札) に駅員がいないのが当たり前になってきた。

13 地図を見ながら歩いていたのに道に (迷って / 向かって) しまった。

14 通勤時間は (方向 / 渋滞) がひどいので、電車を使っている。

15 このバスは (乗車 / 通過) の前にチケットを購入してください。

정답: 01 ⓑ 반대, 거꾸로　02 ⓐ 간격　03 ⓐ 뒤쪽, 보이지 않는 안쪽　04 ⓑ 주차　05 ⓐ 만원(사람이 매우 많은 상태)
06 ⓐ 정차(차가 멈춤)　07 ⓐ 거리　08 ⓑ 방향, 방위　09 ⓑ 선로　10 ⓐ 각 역　11 右折　12 改札　13 迷って
14 渋滞　15 乗車

의사소통

mp3 바로 듣기

1536
発言 ★ | はつげん | 명 발언

この番組について遠慮なく自由に発言してください。
이 방송에 대해서 거리낌 없이 자유롭게 발언해 주세요.

[문형] 명사 + について ~에 대해서

1537
語る | かたる | 동 이야기하다, 말하다

世界の貿易を語る会議が今年は韓国の首都で行われます。
세계의 무역을 이야기하는 회의가 올해는 한국의 수도에서 행해집니다.

1538
述べる | のべる | 동 말하다, 진술하다

今までお世話になったバイト先の店長にお礼を述べました。
지금까지 신세 졌던 아르바이트 하는 곳의 점장님에게 감사의 인사를 말했습니다.

1539
言い直す | いいなおす | 동 다시 말하다, 바꾸어 말하다

よく聞こえなかったので大きな声ではっきり言い直してください。
잘 들리지 않기 때문에 큰 목소리로 확실하게 다시 말해 주세요.

1540
話しかける ★ | はなしかける | 동 말 걸다

バスで知らない人からいきなり話しかけられてびっくりした。
버스에서 모르는 사람이 갑자기 말 걸어서 놀랐다.

1541 黙る ★ だまる 〔동〕 잠자코 있다, 말을 하지 않다

黙っていないで、何でもいいから自分の考えを言ってくれる？ 잠자코 있지 말고, 무엇이든 좋으니까 자신의 생각을 말해줄래?

[문형] 동사 て형 + くれる (나에게) ~(해) 주다

1542 通じる つうじる 〔동〕 통하다

アメリカ旅行中、店員と言葉がうまく通じなくて困ったね。
미국 여행 중, 점원과 말이 잘 통하지 않아서 곤란했어.

1543 両側 りょうがわ 〔명〕 양쪽

両側の意見をちゃんと聞いてからでないと正しく判断できない。
양쪽의 의견을 제대로 듣지 않고서는 올바르게 판단할 수 없다.

[문형] 동사 て형 + からでないと ~(하)지 않고서는

1544 やりとり - 〔명〕 교환, 주고받음

美容院の予約のためにメッセージのやりとりをしました。
미용실 예약을 위해서 메시지 교환을 했습니다.

[문형] 명사 の + ために ~위해서

1545 応答 ★ おうとう 〔명〕 응답

あの店はがらがらで、何度店員を呼んでも応答がなかった。
저 가게는 텅 비어있어, 여러 번 점원을 불러도 응답이 없었다.

1546 応援 ★ おうえん 〔명〕 응원

木村さんが応援しているサッカーチームの特徴は何ですか。 기무라 씨가 응원하고 있는 축구 팀의 특징은 무엇입니까?

★ 표시 = 2010년 이후 N3 문자·어휘 기출 단어

1547 ☐☐☐
交流 ★ | **こうりゅう** | 몡 교류

20年前までは今より活発に隣の国との交流を深めたものです。
20년 전까지는 지금보다 활발하게 이웃 나라와의 교류를 돈독히 하곤 했습니다.

[문형] 동사 た형 + ものだ ~(하)곤 했다

1548 ☐☐☐
冗談 ★ | **じょうだん** | 몡 농담

私の恋人はよく冗談を言って周りの人を笑わせる面白い人だ。
나의 연인은 자주 농담을 해서 주위의 사람을 웃게 하는 재미있는 사람이다.

1549 ☐☐☐
積極的だ ★ | **せっきょくてきだ** | な형 적극적이다

今月施設で行うイベントに対して積極的に案を出してください。
이번 달에 시설에서 진행할 이벤트에 대하여 적극적으로 안을 내 주세요.

[문형] 명사 + に対して ~에 대하여

1550 ☐☐☐
伝わる ★ | **つたわる** | 동 전해지다, 알려지다

昔からこの地方に伝わる話を教えてあげましょうか。
옛날부터 이 지방에 전해지는 이야기를 알려줄까요?

[문형] 동사 て형 + あげる ~(해) 주다

1551 ☐☐☐
大声 ★ | **おおごえ** | 몡 큰 목소리

満員電車であるうえに大声でしゃべる人が多くてうるさかった。
만원 전철인 데다가 큰 목소리로 수다 떠는 사람이 많아서 시끄러웠다.

[문형] 명사 である + うえに ~인 데다가

★ 표시 = 2010년 이후 N3 문자·어휘 기출 단어

1552 ☐☐☐
合図 ★ | **あいず** | 명 신호, 손짓

始めの合図があるまで問題用紙を開けないでください。
시작 신호가 있기까지 문제 용지를 열지 말아 주세요.

1553 ☐☐☐
示す ★ | **しめす** | 동 보이다, 나타내다, 가리키다

彼女は映画を専攻しただけあって、色々な作品に興味を示す。
그녀는 영화를 전공한 만큼, 여러 가지 작품에 흥미를 보인다.

[문형] 동사 보통형 + だけあって ~(인) 만큼

1554 ☐☐☐
握る ★ | **にぎる** | 동 잡다, 쥐다

政治家は演説に集まった市民の手を握りながらあいさつしました。
정치가는 연설에 모인 시민의 손을 잡으면서 인사했습니다.

1555 ☐☐☐
慰める ★ | **なぐさめる** | 동 위로하다, 달래다

事故にあって入院した後輩を慰めるために病院に行きました。
사고를 당해서 입원한 후배를 위로하기 위해서 병원에 갔습니다.

1556 ☐☐☐
お祝い ★ | **おいわい** | 명 축하

兄が就職のお祝いのプレゼントを送ってくれて嬉しかった。
형이 취직 축하 선물을 보내 주어서 기뻤다.

1557 ☐☐☐
見送る ★ | **みおくる** | 동 배웅하다

留学に行く友だちを空港まで見送って今から帰るところです。
유학하러 가는 친구를 공항까지 배웅하고 지금부터 돌아가려던 참입니다.

[문형] 동작 명사 + に行く ~(하)러 가다 / 동사 사전형 + ところだ ~(하)려던 참이다

| 관련어 | 見送り みおくり 명 배웅, 전송 |

★ 표시 = 2010년 이후 N3 문자·어휘 기출 단어

1558 □□□

| 歓迎 | かんげい | 명 환영 |

新しく入社した社員の歓迎パーティーをしようと思います。
새롭게 입사한 사원의 환영 파티를 하려고 생각합니다.

[문형] 동사 의지형 + と思う ~(하)려고 생각하다

관련어 歓迎する かんげいする 동 환영하다

1559 □□□

| 自己紹介 | じこしょうかい | 명 자기소개 |

説明会で質問する時は自己紹介をしてからしてください。
설명회에서 질문할 때는 자기소개를 하고 나서 해주세요.

[문형] 동사 て형 + から ~(하)고 나서

1560 □□□

| 送信 ★ | そうしん | 명 송신 |

メールが相手にきちんと送信されたか確認しましたか。
메일이 상대에게 정확히 송신되었는지 확인했습니까?

1561 □□□

| あて先 | あてさき | 명 수신처, 수신인 |

講演会に申し込む時はあて先を間違えないように気をつけてね。
강연회를 신청할 때는 수신처를 틀리지 않도록 주의해.

[문형] 동사 ない형 + ないように ~(하)지 않도록

1562 □□□

| 受け取る ★ | うけとる | 동 받다, 수취하다 |

島に住んでいるおばあさんから手紙を受け取った。
섬에 살고 있는 할머니로부터 편지를 받았다.

1563 □□□

| 断る ★ | ことわる | 동 거절하다 |

来場客にイベントの参加を勧めたが、断られました。
회장에 온 손님에게 이벤트 참가를 권했지만, 거절당했습니다.

★ 표시 = 2010년 이후 N3 문자·어휘 기출 단어

1564
呼びかける ★ よびかける 동 호소하다, 권하다

サークルでリサイクルへの協力(きょうりょく)を呼(よ)びかける活動(かつどう)をしている。
동아리에서 재활용에의 협력을 호소하는 활동을 하고 있다.

1565
振る ★ ふる 동 흔들다, 거절하다, 퇴짜 놓다

地元(じもと)を離(はな)れる友(とも)だちに手(て)を振(ふ)りながらさようならと言った。
고향을 떠나는 친구에게 손을 흔들면서 잘 가라고 말했다.

1566
お願い おねがい 명 부탁

あの、席(せき)を移(うつ)したいんですが、横(よこ)の窓側(まどがわ)の席(せき)でお願(ねが)いできますか。
저기, 자리를 옮기고 싶은데요, 옆의 창가 쪽 자리로 부탁 가능할까요?

[문형] 동사 ます형 + たい ~(하)고 싶다

| 관련어 | お願いする おねがいする 동 부탁하다 |

1567
伝言 ★ でんごん 명 전언, 전하는 말

吉村(よしむら)さんが留守(るす)だったので伝言(でんごん)を書(か)いておきました。
요시무라 씨가 부재중이기 때문에 전언을 써 두었습니다.

[문형] 동사 て형 + おく ~(해) 두다

1568
伝達 でんたつ 명 전달

言語(げんご)は自分(じぶん)の意見(いけん)を伝達(でんたつ)する立派(りっぱ)な道具(どうぐ)だと思(おも)う。
언어는 자신의 의견을 전달하는 훌륭한 도구라고 생각한다.

1569
尋ねる ★ たずねる 동 묻다, 질문하다

遊園地(ゆうえんち)で道(みち)に迷(まよ)った場合(ばあい)はスタッフに道(みち)を尋(たず)ねるほかない。
유원지에서 길을 잃었을 경우는 직원에게 길을 묻는 수밖에 없다.

[문형] 동사 보통형 + 場合 ~(인) 경우 / 동사 보통형 + ほかない ~(하)는 수밖에 없다

PART 2 주제별 N3 단어 | DAY 26 의사소통 189

★ 표시 = 2010년 이후 N3 문자·어휘 기출 단어

1570
敬語 ★ けいご 명 경어

目上の人には敬語を使って話したほうがいいです。
윗사람에게는 경어를 사용해서 말하는 편이 좋습니다.

[문형] 동사 た형 + ほうがいい ~(하)는 편이 좋다

1571
提案 ていあん 명 제안

情報管理担当者として提案したアイデアが通過しました。
정보관리 담당자로서 제안한 아이디어가 통과했습니다.

[문형] 명사 + として ~로서

1572
すぐ怒る ★ すぐおこる 금방 화내다

山田さんは普段すぐ怒る性格なので一緒に働きにくい。
야마다 씨는 평소 금방 화내는 성격이라서 같이 일하기 어렵다.

[문형] 동사 ます형 + にくい ~(하)기 어렵다

1573
うそをつく - 거짓말을 하다

うそをつかないで正直に言ってごらん。
거짓말을 하지 말고 정직하게 말해 보렴.

[문형] 동사 て형 + ごらん ~(해) 보렴

1574
連絡を取る れんらくをとる 연락을 취하다

妹さんが地方に引っ越してからもよく連絡を取っていますか。
여동생 분이 지방으로 이사하고 나서도 자주 연락을 취하고 있습니까?

연습문제 체크체크!

[1] 단어에 해당하는 발음을 고른 후, 뜻을 써보세요.

01 応答　　　ⓐ おとう　ⓑ おうとう　　_____

02 伝わる　　ⓐ ことわる　ⓑ つたわる　　_____

03 発言　　　ⓐ はつげん　ⓑ はつけん　　_____

04 合図　　　ⓐ あいと　ⓑ あいず　　_____

05 敬語　　　ⓐ けいご　ⓑ けいこ　　_____

06 黙る　　　ⓐ だまる　ⓑ かたる　　_____

07 冗談　　　ⓐ ぞうだん　ⓑ じょうだん　　_____

08 見送る　　ⓐ みおくる　ⓑ よびかける　　_____

09 握る　　　ⓐ ふる　ⓑ にぎる　　_____

10 積極的だ　ⓐ せっきょくてきだ　　_____
　　　　　　ⓑ ぜっきょくてきだ

[2] 문맥에 맞게 괄호에 들어갈 단어를 고르세요.

11 このパーティーは留学生たちと (伝言 / 交流) を深めることが目的だ。

12 兄が就職の (お祝い / あて先) にネクタイを買ってくれた。

13 山田さんが (大声 / 応援) しているサッカーチームはどこですか。

14 会議の参加者に案内メールを (送信 / 歓迎) した。

15 郵便局までの道をおまわりさんに (尋ね / 通じ) ました。

정답: 01 ⓑ 응답　02 ⓑ 전해지다, 알려지다　03 ⓐ 발언　04 ⓑ 신호, 손짓　05 ⓐ 경어　06 ⓐ 잠자코 있다, 말을 하지 않다　07 ⓑ 농담　08 ⓐ 배웅하다　09 ⓑ 잡다, 쥐다　10 ⓐ 적극적이다　11 交流　12 お祝い　13 応援　14 送信　15 尋ね

DAY 27 인물·성격

mp3 바로 듣기

1575 ☐☐☐
性格 ★ | **せいかく** | 명 성격

兄弟だって性格が違うことはある。
형제라도 성격이 다를 수는 있다.

[문형] 명사 + だって ~라도

1576 ☐☐☐
優しい ★ | **やさしい** | い형 친절하다

誰にでも優しい人になりたいです。
누구에게나 친절한 사람이 되고 싶습니다.

[문형] 동사 ます형 + たい ~(하)고 싶다

1577 ☐☐☐
素直だ | **すなおだ** | な형 순수하다, 솔직하다

素直な子どもたちを見ていると私の心もきれいになる気がする。
순수한 아이들을 보고 있으면 내 마음도 깨끗해지는 기분이 든다.

[문형] 동사 사전형 + と ~(하)면

1578 ☐☐☐
冷静だ | **れいせいだ** | な형 냉정하다

部長は冷静な判断をもとに何でも迷わず決めます。
부장님은 냉정한 판단을 바탕으로 무엇이든 망설이지 않고 결정합니다.

[문형] 명사 + をもとに ~을 바탕으로, 을 토대로 / 동사 ない형 + ず ~(하)지 않고

관련어 冷静 れいせい 명 냉정

★ 표시 = 2010년 이후 N3 문자·어휘 기출 단어

1579 地味だ

じみだ — な형 수수하다, 검소하다

姉は私と違って**地味な**服を好む方です。
언니는 저와 다르게 수수한 옷을 선호하는 편입니다.

> 관련어 地味 じみ 명 수수함, 검소함

1580 落ち着く ★

おちつく — 동 안정되다, 침착하다

私は混雑している満員電車の中でも音楽を聞くと心が**落ち着く**。
나는 혼잡한 만원 전철 안이라도 음악을 들으면 마음이 안정된다.

1581 慌てる ★

あわてる — 동 허둥대다, 당황하다

弟はいつも寝坊をして、毎朝**慌てて**学校に行く準備をする。
남동생은 항상 늦잠을 자서, 매일 아침 허둥대며 학교에 갈 준비를 한다.

1582 苦手だ ★

にがてだ — な형 서툴다

松本さんは料理が**苦手で**、簡単なものでさえ作れない。
마쓰모토 씨는 요리가 서툴러서, 간단한 것조차 만들지 못한다.

> 관련어 苦手 にがて 명 서투름

1583 自信 ★

じしん — 명 자신, 자신감

そばにいる人たちから応援してもらって**自信**が持てました。
곁에 있는 사람들로부터 응원받아서 자신을 가질 수 있었습니다.

[문형] 동사 て형 + もらう ~(해) 받다

1584 頼もしい

たのもしい — い형 믿음직스럽다

彼女は入社したばかりだが**頼もしくて**安心して仕事を任せられる。
그녀는 입사한지 얼마 되지 않았지만 믿음직스러워서 안심하고 일을 맡길 수 있다.

[문형] 동사 た형 + ばかり ~(한)지 얼마 되지 않다

★ 표시 = 2010년 이후 N3 문자·어휘 기출 단어

1585 単純だ ★ | たんじゅんだ | な형 단순하다

素直で単純なキムさんの考え方が好きだ。
(すなお / たんじゅん / かんが / かた / す)
솔직하고 단순한 김 씨의 사고방식을 좋아한다.

관련어 単純 たんじゅん 명 단순

1586 穏やかだ | おだやかだ | な형 온화하다

赤ちゃんが穏やかな顔をして寝ています。
(あか / おだ / かお / ね)
아기가 온화한 얼굴을 하고 자고 있습니다.

1587 柔らかだ | やわらかだ | な형 부드럽다

あの歌手の柔らかな声が好きです。
(かしゅ / やわ / こえ / す)
저 가수의 부드러운 목소리를 좋아해요.

1588 意外 ★ | いがい | 명 의외

普段は静かな本田くんが積極的に意見を述べたのは意外だった。
(ふだん / しず / ほんだ / せっきょくてき / いけん / の / い / がい)
평소에는 조용한 혼다 군이 적극적으로 의견을 말한 것은 의외였다.

관련어 意外だ いがいだ な형 의외다

1589 正直だ ★ | しょうじきだ | な형 정직하다

山本さんはとても正直な人で決して嘘をつかない。
(やまもと / しょうじき / ひと / けっ / うそ)
야마모토 씨는 매우 정직한 사람이라서 결코 거짓말을 하지 않는다.

관련어 正直 しょうじき 명 정직

1590 活気 | かっき | 명 활기

松田さんほど明るくて活気がある人は見たことがない。
(まつだ / あか / かっき / ひと / み)
마쓰다 씨만큼 밝고 활기가 있는 사람은 본 적이 없다.

[문형] 동사 た형 + ことがない ~(한) 적이 없다

★ 표시 = 2010년 이후 N3 문자·어휘 기출 단어

1591
はきはき - 　　　　　　　　【부】 시원시원

新しく来た生徒は大きな声で**はきはき**と自己紹介をしました。
새로 온 학생은 큰 목소리로 **시원시원**하게 자기소개를 했습니다.

1592
のろのろ - 　　　　　　　　【부】 느릿느릿, 굼뜨게

細い道で**のろのろ**歩いたら後ろの人に迷惑になるかもしれないよ。 좁은 길에서 **느릿느릿** 걸으면 뒷사람에게 민폐가 될지도 몰라.

[문형] 동사 た형 + ら ~(하)면

1593
のんびり - 　　　　　　　　【부】 한가로이, 태평스럽게

いつも**のんびり**している彼だが最近は引っ越しの準備で忙しそう。 언제나 **한가로이** 있는 그이지만 최근에는 이사 준비로 바쁜 것 같다.

[문형] い형용사 어간 + そう(だ) ~(인) 것 같다

1594
上品だ ★　**じょうひんだ** 　　【な형】 고상하다

吉田さんはなぜか**上品な**雰囲気を持っています。
요시다 씨는 왠지 **고상한** 분위기를 가지고 있습니다.

1595
下品だ　**げひんだ** 　　　　【な형】 품위가 없다

他人にそんな**下品な**言葉を使うのはよくないですよ。
다른 사람에게 그런 **품위가 없는** 말을 쓰는 것은 좋지 않아요.

1596
短気だ ★　**たんきだ** 　　　【な형】 성급하다, 성미가 급하다

短気な性格で小さいことにもいらいらしてしまうのが私の短所だ。 성급한 성격이라 작은 일에도 조바심을 내버리는 것이 나의 단점이다.

[문형] 동사 て형 + しまう ~(해) 버리다

[관련어] **短気** たんき 【명】 성급함, 급한 성미

★ 표시 = 2010년 이후 N3 문자·어휘 기출 단어

1597 ☐☐☐

| しつこい ★ | - | **い형** 끈질기다 |

相手の選手が**しつこく**ついてきたから速く走って間隔を広げた。 상대 선수가 끈질기게 따라왔기 때문에 빨리 달려서 간격을 벌렸다.

1598 ☐☐☐

| 図々しい | ずうずうしい | **い형** 뻔뻔스럽다 |

約束の時間に遅れたのに謝らないなんて本当に**図々しい**人だ。 약속 시간에 늦었는데 사과하지 않다니 정말 뻔뻔스러운 사람이다.

1599 ☐☐☐

| わがまま ★ | - | **명** 버릇없음, 제멋대로 굶 |

小さい頃は**わがまま**で公共交通機関の中でもうるさくしたものだ。 어렸을 때는 버릇없어서 대중교통 안에서도 시끄럽게 굴곤 했다.

[문형] 동사 た형 + ものだ ~(하)곤 했다

| 관련어 わがままだ **な형** 제멋대로다 |

1600 ☐☐☐

| 消極的だ ★ | しょうきょくてきだ | **な형** 소극적이다 |

そんなに**消極的**な態度では相手を納得させられません。 그렇게 소극적인 태도로는 상대를 납득시킬 수 없어요.

1601 ☐☐☐

| そそっかしい | - | **い형** 조심성이 없다, 덜렁대다 |

鈴木さんは**そそっかしくて**、よく物を無くしてしまいます。 스즈키 씨는 조심성이 없어서, 자주 물건을 잃어 버립니다.

1602 ☐☐☐

| 偉い ★ | えらい | **い형** 대단하다, 훌륭하다 |

週末にもかかわらず寝坊しないで早起きする人は**偉い**と思う。 주말임에도 불구하고 늦잠 자지 않고 일찍 일어나는 사람은 대단하다고 생각한다.

[문형] 명사 + にもかかわらず ~(임)에도 불구하고

★ 표시 = 2010년 이후 N3 문자·어휘 기출 단어

1603
業績 | **ぎょうせき** | 圏 업적

あの人は町の発展にたくさんの業績を残しました。
저 사람은 마을의 발전에 많은 업적을 남겼습니다.

1604
器用だ | **きようだ** | な형 재주 있다

坂本さんはかばんも自分で作れるほど器用だそうだ。
사카모토 씨는 가방도 스스로 만들 수 있을 정도로 재주 있다고 합니다.

[문형] な형용사 어간 だ + そうだ ~라고 한다

관련어 器用 きよう 圏 재주 있음

1605
優れる | **すぐれる** | 동 뛰어나다

彼女はチームを正しい方向に導く優れたリーダーです。
그녀는 팀을 올바른 방향으로 이끄는 뛰어난 리더입니다.

1606
能力 ★ | **のうりょく** | 圏 능력

英語の能力を高めるためにアメリカのニュースを見るつもりです。 영어 능력을 높이기 위해서 미국 뉴스를 볼 생각입니다.

[문형] 동사 사전형 + ために ~위해서 / 동사 사전형 + つもりだ ~(할) 생각이다, (할) 계획이다

1607
向く | **むく** | 동 적합하다, 향하다

この仕事は外国語が上手な彼女に向いていると思います。
이 일은 외국어를 잘하는 그녀에게 적합하다고 생각합니다.

관련어 向き むき 圏 방향, 방면, 적격

1608
常識 | **じょうしき** | 圏 상식

パクさんは様々な方面で常識がある人だ。
박 씨는 다양한 방면에서 상식이 있는 사람이다.

★ 표시 = 2010년 이후 N3 문자·어휘 기출 단어

1609 □□□
判断力 | **はんだんりょく** | 명 판단력

かいしゃ だいひょう せきにんかん ただ はんだんりょく もと
会社の代表には責任感だけでなく正しい判断力が求められる。 회사 대표에게는 책임감뿐만 아니라 올바른 판단력이 요구된다.

[문형] 명사 + だけでなく ~뿐만 아니라

1610 □□□
表現力 | **ひょうげんりょく** | 명 표현력

うた ひょうげんりょく たか うら れんしゅう
歌の表現力を高めるために、裏でたくさん練習しました。 노래의 표현력을 높이기 위해서, 보이지 않는 곳에서 많이 연습했습니다.

1611 □□□
分かりやすい★ | **わかりやすい** | 알기 쉽다

かれ かんが かお で わ
彼は考えていることがすぐ顔に出るのでとても分かりやすい人だ。
ひと
그는 생각하고 있는 것이 바로 얼굴에 나타나기 때문에 매우 알기 쉬운 사람이다.

1612 □□□
頭がいい | **あたまがいい** | 머리가 좋다

きむら あたま やまのてせん でんしゃ じこくひょう すべ おぼ
木村さんは頭がよくて山手線の電車の時刻表を全て覚えている。
기무라 씨는 머리가 좋아서 야마노테 선의 전철 시간표를 모두 외우고 있다.

1613 □□□
変だ ★ | **へんだ** | な형 이상하다

わたし じょうだん とも へん かお
私の冗談がつまらなかったのか、友だちは変な顔をしていました。 제 농담이 재미없었는지, 친구들은 이상한 표정을 짓고 있었습니다.

관련어 変 へん 명 이상함

연습문제 체크체크!

[1] 단어에 해당하는 발음을 고른 후, 뜻을 써보세요.

01 能力　　　　ⓐ のりょく　ⓑ のうりょく　　_____
02 単純だ　　　ⓐ たんじゅんだ　ⓑ だんじゅんだ　_____
03 地味だ　　　ⓐ ちみだ　ⓑ じみだ　　_____
04 素直だ　　　ⓐ すなおだ　ⓑ すじきだ　　_____
05 業績　　　　ⓐ ぎょせき　ⓑ ぎょうせき　　_____
06 優しい　　　ⓐ やさしい　ⓑ たのもしい　　_____
07 変だ　　　　ⓐ げひんだ　ⓑ へんだ　　_____
08 判断力　　　ⓐ はんだんりょく　ⓑ ぱんだんりょく　_____
09 上品だ　　　ⓐ しょうひんだ　ⓑ じょうひんだ　_____
10 消極的だ　　ⓐ そきょくてきだ　ⓑ しょうきょくてきだ　_____

[2] 문맥에 맞게 괄호에 들어갈 단어를 고르세요.

11 彼はどんなときも (苦手 / 正直) でみんなから信頼されている。
12 姉と私は顔だけでなく (常識 / 性格) も似ています。
13 (冷静な / 器用な) おばは自分で作ったセーターをよく私にくれる。
14 すぐいらいらしてしまう (穏やかな / 短気な) ところを直したい。
15 小さいころから野球をやっていて、運動には (自信 / 活気) がある。

정답: 01 ⓑ 능력 02 ⓐ 단순하다 03 ⓑ 수수하다, 검소하다 04 ⓐ 순수하다, 솔직하다 05 ⓑ 업적 06 ⓐ 친절하다
07 ⓑ 이상하다 08 ⓐ 판단력 09 ⓑ 고상하다 10 ⓑ 소극적이다 11 正直 12 性格 13 器用な 14 短気な 15 自信

신체·외모

mp3 바로 듣기

1614
身体 / **しんたい** — 명 신체

健康な身体を作るために、毎日運動しています。
건강한 신체를 만들기 위해서, 매일 운동하고 있습니다.

[문형] 동사 사전형 + ために ~위해서

1615
首 ★ / **くび** — 명 고개, 목

首を縦に振ることは相手の発言に同意することを示します。
고개를 세로로 흔드는 것은 상대의 발언에 동의하는 것을 나타냅니다.

1616
肩 ★ / **かた** — 명 어깨

肩を張って正しい姿勢で座ってください。
어깨를 펴고 바른 자세로 앉아 주세요.

1617
胸 ★ / **むね** — 명 가슴

好きな人から話しかけられて、胸がどきどきしました。
좋아하는 사람이 말을 걸어서, 가슴이 두근두근했습니다.

1618
腰 ★ / **こし** — 명 허리

昨日からずっと腰が痛くて明日病院に行くつもりです。
어제부터 계속 허리가 아파서 내일 병원에 갈 생각입니다.

[문형] 동사 사전형 + つもりだ ~(할) 생각이다, (할) 계획이다

★ 표시 = 2010년 이후 N3 문자·어휘 기출 단어

1619
| 身長 ★ | しんちょう | 명 신장, 키 |

日本人の平均身長は50年前に比べて高くなりました。
일본인의 평균 신장은 50년 전에 비하여 커졌습니다.

[문형] 명사 + に比べて ~에 비하여

1620
| 測る/計る/量る ★ | はかる | 동 재다 |

体重を測ってみたら先月より3キロもやせていました。
체중을 재어 봤더니 지난달보다 3킬로그램이나 빠져 있었습니다.

[문형] 동사 た형 + ら ~(했)더니, (하)면

1621
| 感覚 ★ | かんかく | 명 감각 |

寒すぎて指の感覚がなくなった。
너무 추워서 손가락의 감각이 없어졌다.

[문형] い형용사 어간 + すぎる 너무 ~(하)다

1622
| あくび ★ | - | 명 하품 |

昨夜あまり眠れなくて、授業の時ずっとあくびをしていました。
어젯밤 그다지 자지 못해서, 수업 때 계속 하품을 하고 있었습니다.

1623
| しゃっくり ★ | - | 명 딸꾹질 |

しゃっくりの止め方は水を飲むほかにも色々あります。
딸꾹질을 멈추는 방법은 물을 마시는 것 외에도 여러 가지 있습니다.

[문형] 동사 보통형 + ほか ~외에

1624
| 汗 ★ | あせ | 명 땀 |

人の前で意見を述べるときは、緊張で汗が出てしまいます。
사람 앞에서 의견을 말할 때는, 긴장으로 땀이 나 버립니다.

[문형] 동사 て형 + しまう ~(해) 버리다

★ 표시 = 2010년 이후 N3 문자·어휘 기출 단어

1625 ☐☐☐
息 ★ いき 명 숨

試合(しあい)の前(まえ)に息(いき)を大(おお)きく吸(す)って吐(は)いて心(こころ)を落(お)ち着(つ)かせました。
시합 전에 숨을 크게 들이마시고 내쉬어서 마음을 안정시켰습니다.

[문형] 명사 の + 前に ~전에

1626 ☐☐☐
印象 ★ いんしょう 명 인상

いい印象(いんしょう)を与(あた)えるためにはよく笑(わら)うことが重要(じゅうよう)だ。
좋은 인상을 주기 위해서는 잘 웃는 것이 중요하다.

1627 ☐☐☐
おさない - い형 어리다

おさない頃(ころ)バレエをしていたので今(いま)でも体(からだ)が柔(やわ)らかい。
어린 시절 발레를 했었기 때문에 지금도 몸이 유연하다.

1628 ☐☐☐
気配 けはい 명 기색, 낌새, 느낌

後(うし)ろから誰(だれ)かが近(ちか)づいて来(く)る気配(けはい)を感(かん)じた。
뒤에서 누군가가 가까이 오는 기색을 느꼈다.

1629 ☐☐☐
変身 へんしん 명 변신

パクさんは髪(かみ)をそめて別人(べつじん)のように変身(へんしん)した。
박 씨는 머리를 염색하고 다른 사람처럼 변신했다.

[문형] 명사 の + ように ~처럼

1630 ☐☐☐
変化 ★ へんか 명 변화

毎日運動(まいにちうんどう)をしたら体(からだ)にいい変化(へんか)が生(しょう)じました。
매일 운동을 했더니 몸에 좋은 변화가 생겼습니다.

★ 표시 = 2010년 이후 N3 문자·어휘 기출 단어

1631
| 生える ★ | はえる | 통 (이, 머리, 풀 등이) 나다 |

孫は歯が生え始めました。
손자는 이가 나기 시작했습니다.

[문형] 동사 ます형 + 始める ~(하)기 시작하다

1632
| 伸ばす | のばす | 통 기르다, 키우다, 펴다 |

去年から伸ばした髪がもう腰まであります。
작년부터 기른 머리가 이제 허리까지 있습니다.

1633
| 表情 | ひょうじょう | 명 표정 |

おじいさんが穏やかな表情で子どもたちに昔の話を語った。
할아버지가 온화한 표정으로 아이들에게 옛날 이야기를 말했다.

1634
| 日焼け | ひやけ | 명 (볕에) 탐 |

野球をしていた高校時代は今よりもっと日焼けしていた。
야구를 했던 고등학교 시절에는 지금보다 더 탔었다.

1635
| 様子 ★ | ようす | 명 상태, 모습, 상황 |

明日まで様子を見て病院に行くかどうか決めます。
내일까지 상태를 보고 병원에 갈지 어떨지 결정하겠습니다.

[문형] 동사 보통형 + かどうか ~(할)지 어떨지, 인지 어떤지

1636
| 欠点 ★ | けってん | 명 결점 |

彼は背が低いという欠点がありながらもバスケの選手になった。
그는 키가 작다는 결점이 있으면서도 농구 선수가 되었다.

[문형] い형용사 보통형 + という ~라는, 라고 하는

★ 표시 = 2010년 이후 N3 문자·어휘 기출 단어

1637 ☐☐☐
だらしない ★ -   [い형] 단정하지 않다, 깔끔하지 않다, 야무지지 않다

そんな**だらしない**服装（ふくそう）で面接（めんせつ）に行（い）ってはいけません。
그런 단정하지 않은 복장으로 면접에 가서는 안 됩니다.

[문형] 동사 て형 + はいけない ~(해)서는 안 된다

1638 ☐☐☐
やせる ★ -   [동] 살이 빠지다, 여위다

日韓交流会（にっかんこうりゅうかい）で久（ひさ）しぶりに会（あ）った田中（たなか）さんはとても**やせ**ていた。
일한 교류회에서 오랜만에 만난 다나카 씨는 매우 살이 빠져 있었다.

1639 ☐☐☐
ぴったり ★ -   [부] 딱, 꼭

このズボンは今（いま）息子（むすこ）には長（なが）いが、来年（らいねん）には**ぴったり**合（あ）うはずだ。
이 바지는 지금의 아들에게는 길지만, 내년에는 딱 맞을 것이다.

[문형] 동사 보통형 + はずだ ~일 것이다

[관련어] **ぴったりだ** [な형] 딱 맞다, 잘 어울리다

1640 ☐☐☐
案外 ★ **あんがい**   [명] 의외, 예상외

彼（かれ）は**案外**（あんがい）声（こえ）が大（おお）きいから応援（おうえん）リーダーをお願（ねが）いしてもいいと思（おも）う。
그는 의외로 목소리가 크기 때문에 응원 리더를 부탁해도 괜찮다고 생각한다.

[관련어] **案外だ** あんがいだ [な형] 의외이다, 뜻밖이다

1641 ☐☐☐
細い ★ **ほそい**   [い형] 가늘다, (몸이) 날씬하다

私（わたし）はピアノを長（なが）く習（なら）っていたからか、指（ゆび）が長（なが）くて**細い**（ほそい）方（ほう）だ。
나는 피아노를 오래 배웠기 때문인지, 손가락이 길고 가는 편이다.

★ 표시 = 2010년 이후 N3 문자·어휘 기출 단어

1642
そっくりだ ★ - | な형 꼭 닮다

山本さんと佐藤さんは兄弟のように**そっくりだ**。
야마모토 씨와 사토 씨는 형제처럼 꼭 닮았다.

1643
丸い ★ まるい | い형 둥글다

私は顔が**丸い**方です。
저는 얼굴이 둥근 편입니다.

1644
まったく ★ - | 부 전혀

あの二人は双子だが顔も性格も**まったく**違う。
저 둘은 쌍둥이지만 얼굴도 성격도 전혀 다르다.

1645
独特だ どくとくだ | な형 독특하다

高橋さんは**独特**な服をよく着る。
다카하시 씨는 독특한 옷을 자주 입는다.

> 관련어 独特 どくとく 명 독특

1646
魅力的だ みりょくてきだ | な형 매력적이다

その歌手は非常に**魅力的**な声を持っている。
그 가수는 매우 매력적인 목소리를 갖고 있다.

1647
はっきり ★ - | 부 뚜렷하게, 똑똑히, 분명히

目が悪くて眼鏡をかけないと**はっきり**見えない。
눈이 나빠서 안경을 쓰지 않으면 뚜렷하게 보이지 않는다.

[문형] 동사 ない형 + ないと ~(하)지 않으면

> 관련어 はっきりしない 분명치 않다

★ 표시 = 2010년 이후 N3 문자·어휘 기출 단어

1648 回す ★ まわす
동 돌리다

体_{からだ}がだるくて首_{くび}を回_{まわ}したりストレッチをしたりした。
몸이 나른해서 고개를 돌리거나 스트레칭을 하거나 했다.

[문형] 동사 た형 + り + 동사 た형 + りする ~(하)거나 ~(하)거나 하다

1649 覚める ★ さめる
동 (눈이) 뜨이다, 깨다

毎朝_{まいあさ}7時_じになったら、目_めが覚_さめます。
매일 아침 7시가 되면, 눈이 뜨입니다.

[문형] 동사 た형 + ら ~(하)면

1650 態度 たいど
명 태도

彼_{かれ}はファッションに無関心_{むかんしん}な態度_{たいど}を取_とっている。
그는 패션에 무관심한 태도를 취하고 있다.

1651 じっと -
부 가만히, 꼼짝 않고, 지그시

いつも活気_{かっき}のある森_{もり}くんが今日_{きょう}はなぜかじっと座_{すわ}っている。
항상 활기있는 모리 군이 오늘은 웬일인지 가만히 앉아 있다.

1652 いびきをかく -
코를 골다

今日_{きょう}はとても疲_{つか}れているから、いびきをかいてもおかしくない。
오늘은 매우 피곤하니까, 코를 골아도 이상하지 않다.

[문형] 동사 て형 + もおかしくない ~(해)도 이상하지 않다

연습문제 체크체크!

[1] 단어에 해당하는 발음을 고른 후, 뜻을 써보세요.

01	首	ⓐ かた ⓑ くび	_____
02	様子	ⓐ ようす ⓑ ようこ	_____
03	測る/計る/量る	ⓐ やせる ⓑ はかる	_____
04	欠点	ⓐ けってん ⓑ けつてん	_____
05	変化	ⓐ へんか ⓑ べんか	_____
06	気配	ⓐ けほい ⓑ けはい	_____
07	回す	ⓐ まわす ⓑ のばす	_____
08	印象	ⓐ いんしょ ⓑ いんしょう	_____
09	案外	ⓐ あんかい ⓑ あんがい	_____
10	丸い	ⓐ だらしない ⓑ まるい	_____

[2] 문맥에 맞게 괄호에 들어갈 단어를 고르세요.

11 あの犬(いぬ)は長(なが)くて (おさない / 細(ほそ)い) 足(あし)が特徴(とくちょう)です。
12 寒(さむ)すぎると手(て)や足(あし)の (感覚(かんかく) / 表情(ひょうじょう)) がなくなってしまう。
13 弟(おとうと)は去年(きょねん)に比(くら)べて10センチも (身長(しんちょう) / 身体(しんたい)) が高(たか)くなったそうだ。
14 このスカートは私(わたし)にサイズが (まったく / ぴったり) 合(あ)う。
15 駅(えき)まで急(いそ)いで走(はし)ったので、(息(いき) / 汗(あせ)) をかいた。

정답: 01 ⓑ 고개, 목 02 ⓐ 상태, 모습, 상황 03 ⓑ 재다 04 ⓐ 결점 05 ⓐ 변화 06 ⓑ 기색, 낌새, 느낌 07 ⓐ 돌리다
08 ⓑ 인상 09 ⓑ 의외, 예상외 10 ⓑ 둥글다 11 細い 12 感覚 13 身長 14 ぴったり 15 汗

가정

mp3 바로 듣기

1653 ☐☐☐

(お)こづかい ★ — 명 용돈

おこづかいは常識の範囲内であげるものだ。
용돈은 상식적인 범위 안에서 줘야 한다.

[문형] 동사 사전형 + ものだ ~(해)야 한다, (하)는 법이다

1654 ☐☐☐

おもちゃ ★ — 명 장난감

これは私がおさないころよく遊んでいたおもちゃです。
이것은 제가 어린 시절 자주 가지고 놀던 장난감입니다.

1655 ☐☐☐

離す ★ はなす 동 떼다, (잡은 것을) 놓다, (간격을) 벌리다

うちの子はいつもそそっかしくて目が離せない。
우리 아이는 항상 덜렁대서 눈을 뗄 수 없다.

1656 ☐☐☐

散らかす ちらかす 동 흩뜨리다, 어지럽히다

慌てていて玄関の前においたごみを散らかしてしまいました。
허둥대다가 현관 앞에 둔 쓰레기를 흩뜨려 버렸습니다.

[문형] 동사 て형 + しまう ~(해) 버리다

1657 ☐☐☐

幼稚園 ようちえん 명 유치원

私にとってはまだ赤ちゃんのような娘がもう幼稚園に入る。
나에게는 아직 아기같은 딸이 벌써 유치원에 들어간다.

[문형] 명사 + にとって ~에게는, 에게 있어서 / 명사 の + ような ~같은

★ 표시 = 2010년 이후 N3 문자·어휘 기출 단어

1658
| 子育て | こそだて | 명 육아, 아이 키우기 |

もうすぐ子どもが生まれる友だちに子育ての本をプレゼントした。
이제 곧 아이가 태어날 친구에게 육아 책을 선물했다.

1659
| 泣き声 | なきごえ | 명 울음소리 |

隣の家から赤ん坊の泣き声が聞こえました。
이웃 집에서 아기의 울음소리가 들렸습니다.

1660
| お菓子 ★ | おかし | 명 과자 |

家の前にあるスーパーでは息子が好きなお菓子を売っていません。
집 앞에 있는 슈퍼에서는 아들이 좋아하는 과자를 팔고 있지 않습니다.

1661
| 独立 ★ | どくりつ | 명 독립 |

独立したばかりなので、まだ家事が苦手です。
독립한 지 얼마 되지 않았기 때문에, 아직 집안일이 서툽니다.

[문형] 동사 た형 + ばかり ~(한) 지 얼마 되지 않다, 막 ~(하)다

1662
| 単身 | たんしん | 명 1인, 혼자, 단신 |

単身世帯が増えるにつれ、ワンルームのアパートも増えている。
1인 가구가 늘어남에 따라, 원룸 아파트도 늘고 있다.

[문형] 동사 사전형 + につれ ~(함)에 따라

1663
| 実家 | じっか | 명 본가, 친정 |

夏休みは実家に帰ってゆっくり過ごしていました。
여름 방학에는 본가에 돌아가서 느긋하게 지냈습니다.

★ 표시 = 2010년 이후 N3 문자·어휘 기출 단어

1664
片方 ★ | かたほう | 명 한쪽

片方のイヤホンをベッドの下に落としてしまった。
한쪽 이어폰을 침대 아래로 떨어뜨려버렸다.

1665
着替える | きがえる | 동 갈아입다

家に着いたとたん楽な服に着替えた。
집에 도착하자마자 편한 옷으로 갈아입었다.

[문형] 동사 た형 + とたん ~하자마자

1666
すっきり | - | 부 깔끔하게

家の掃除をした後すっきりした部屋を見ると気持ちがよくなる。
집 청소를 한 후 깔끔해진 방을 보면 기분이 좋아진다.

[문형] 동사 사전형 + と ~(하)면

1667
しっかり ★ | - | 부 단단히, 확실히

ベランダの窓をしっかり閉めてください。
베란다 창문을 단단히 닫아 주세요.

1668
これから ★ | - | 명 이제부터, 앞으로

これから昼ご飯の支度をするけど、手伝ってくれない？
이제부터 점심 식사 준비를 할 건데, 도와주지 않을래?

[문형] 동사 て형 + くれる ~(해) 주다

1669
平和 | へいわ | 명 평화

神社に行って家庭の平和と家族の健康を祈りました。
신사에 가서 가정의 평화와 가족의 건강을 빌었습니다.

| 관련어 | 平和だ へいわだ | な형 평화롭다 |

★ 표시 = 2010년 이후 N3 문자·어휘 기출 단어

1670
幸福 | こうふく | 명 행복

家族と過ごす時間を通じて幸福は意外に近い所にあると感じた。
가족과 보내는 시간을 통하여 행복은 의외로 가까운 곳에 있다고 느꼈다.

[문형] 명사 + を通じて ~을 통하여, 내내

관련어 幸福だ こうふくだ [な형] 행복하다

1671
香り ★ | かおり | 명 향기

姉の部屋はいつも独特な香りがする。
언니의 방은 언제나 독특한 향기가 난다.

1672
取り巻く | とりまく | 동 둘러싸다

家庭を取り巻く環境が子どもの性格に影響を及ぼす。
가정을 둘러싼 환경이 아이의 성격에 영향을 미친다.

1673
重ねる ★ | かさねる | 동 포개다, 거듭하다, 쌓아 올리다

皿洗いを終わらせた後、皿を重ねておきました。
설거지를 끝낸 후, 접시를 포개어 두었습니다.

[문형] 동사 て형 + おく ~(해) 두다

1674
詰める ★ | つめる | 동 꽉 채우다, 사이를 좁히다

冷蔵庫の中に好きな果物を詰めました。
냉장고 안에 좋아하는 과일을 꽉 채웠습니다.

1675
取り付ける ★ | とりつける | 동 달다, 설치하다

部屋にはリビングと違って、地味な色のカーテンを取り付けました。
방에는 거실과 다르게, 수수한 색의 커튼을 달았습니다.

1676 ついでに ★
부 (~하는) 김에

散歩に行く**ついでに**牛乳も買ってきてくれない？
산책하러 가는 김에 우유도 사와 주지 않을래?

[문형] 동작 명사 + に行く ~(하)러 가다

1677 畳む ★ たたむ
동 개다, 접다

タオルをきれいに**畳む**ことには自信があります。
수건을 예쁘게 개는 것에는 자신이 있습니다.

1678 揃える そろえる
동 갖추다, 정돈하다, 모으다

駅前の店は家の掃除に必要なものを全て**揃え**ています。
역 앞의 가게는 집 청소에 필요한 것을 모두 갖추고 있습니다.

1679 床 ★ ゆか
명 바닥, 마루

床の掃除をしただけなのに汗をたくさんかきました。
바닥 청소를 했을 뿐인데 땀을 많이 흘렸습니다.

[문형] 동사 보통형 + だけだ ~뿐이다

1680 拭く ★ ふく
동 닦다, 훔치다

食事の前、テーブルの上をきれいに**拭きました**。
식사 전, 테이블 위를 깨끗하게 닦았습니다.

1681 ふきん
명 행주

使った**ふきん**は洗って、干しておいてください。
사용한 행주는 빨아서, 말려 두어 주세요.

★ 표시 = 2010년 이후 N3 문자·어휘 기출 단어

1682 ほこり | - | 명 먼지

部屋にある本棚は長い間使っていなくて**ほこり**がいっぱいです。
방에 있는 책장은 오랫동안 쓰지 않아서 먼지가 가득합니다.

1683 まとめる | - | 동 정리하다, 통합하다

子どもの身長が伸びて小さくなった服を箱に**まとめました**。
아이의 키가 자라서 작아진 옷을 상자에 정리했습니다.

1684 洗濯機 | せんたくき | 명 세탁기

今使っている洗濯機は10年前に買ったものにしてはまだよく動く。
지금 쓰고 있는 세탁기는 10년 전에 산 것치고는 아직 잘 작동한다.

[문형] 명사 + にしては ~치고는

1685 洗濯物 | せんたくもの | 명 세탁물, 빨랫감

梅雨が始まって洗濯物が乾きにくい。
장마가 시작되어서 세탁물이 마르기 어렵다.

[문형] 동사 ます형 + にくい ~(하)기 어렵다

1686 洗濯代 | せんたくだい | 명 세탁비

布団の洗濯代は案外高かったです。
이불 세탁비는 의외로 비쌌습니다.

1687 しばる | ★ - | 동 묶다, 매다

リサイクルする紙をまとめて**しばりました**。
재활용할 종이를 모아서 묶었습니다.

★ 표시 = 2010년 이후 N3 문자·어휘 기출 단어

1688 ☐☐☐

生地 | **きじ** | 명 옷감, 반죽

この服は生地が強くて長く着ることができます。
이 옷은 옷감이 튼튼해서 오래 입을 수 있습니다.

[문형] 동사 사전형 + ことができる ~(할) 수 있다

1689 ☐☐☐

不要だ ★ | **ふようだ** | な형 불필요하다

不要なものならできるだけ捨てたほうがいいと思う。
불필요한 물건이라면 가능한 한 버리는 편이 좋다고 생각한다.

[문형] 명사 + なら ~라면, (한)다면 / 동사 た형 + ほうがいい ~(하)는 편이 좋다

관련어 不要 ふよう 명 불필요, 불요

1690 ☐☐☐

そのまま ★ | - | 부 그대로 명 그대로, 그 자체

リビングに洗濯物が何日もそのままおいてあります。
거실에 세탁물이 며칠이나 그대로 놓여 있습니다.

[문형] 동사 て형 + ある ~되어 있다

1691 ☐☐☐

世話をする | **せわをする** | 보살피다

番組でペットの世話をする方法を分かりやすく説明していた。
방송에서 반려동물을 보살피는 방법을 알기 쉽게 설명하고 있었다.

[문형] 동사 ます형 + やすい ~(하)기 쉽다

연습문제 체크체크!

[1] 단어에 해당하는 발음을 고른 후, 뜻을 써보세요.

01 独立　　　ⓐ どくりつ　ⓑ とくりつ　　＿＿＿＿＿＿＿

02 香り　　　ⓐ ほこり　ⓑ かおり　　＿＿＿＿＿＿＿

03 幼稚園　　ⓐ よちえん　ⓑ ようちえん　　＿＿＿＿＿＿＿

04 実家　　　ⓐ じつか　ⓑ じっか　　＿＿＿＿＿＿＿

05 揃える　　ⓐ きがえる　ⓑ そろえる　　＿＿＿＿＿＿＿

06 幸福　　　ⓐ こうふく　ⓑ こふく　　＿＿＿＿＿＿＿

07 床　　　　ⓐ きじ　ⓑ ゆか　　＿＿＿＿＿＿＿

08 片方　　　ⓐ かたほう　ⓑ がたほう　　＿＿＿＿＿＿＿

09 洗濯代　　ⓐ せんたくだい　ⓑ せんだくだい　　＿＿＿＿＿＿＿

10 単身　　　ⓐ だんしん　ⓑ たんしん　　＿＿＿＿＿＿＿

[2] 문맥에 맞게 괄호에 들어갈 단어를 고르세요.

11 うちの猫は魚の (おもちゃ / おこづかい) で遊ぶのが好きです。

12 部屋の窓に新しいカーテンを (取り付けました / 取り巻きました)。

13 洗濯が終わったタオルを (畳んで / 離して) くれない？

14 箱の中にプレゼントを (詰めて / 散らかして)、親戚に送りました。

15 家の中の (平和 / 不要) なものを捨てようと思う。

정답: 01 ⓐ 독립　02 ⓑ 향기　03 ⓑ 유치원　04 ⓑ 본가, 친정　05 ⓑ 갖추다, 정돈하다, 모으다　06 ⓐ 행복　07 ⓑ 바닥, 마루
08 ⓐ 한쪽　09 ⓐ 세탁비　10 ⓑ 1인, 혼자, 단신　11 おもちゃ　12 取り付けました　13 畳んで　14 詰めて　15 不要

 공부

mp3 바로 듣기

1692 ☐☐☐

| 正解 ★ | せいかい | 명 정답 |

この 問題の 正解は 何番ですか。
이 문제의 정답은 몇 번입니까?

1693 ☐☐☐

| 解説 | かいせつ | 명 해설 |

理解できなかった 問題の 解説を 読んですっきりしました。
이해하지 못한 문제의 해설을 읽어서 후련했습니다.

1694 ☐☐☐

| 参考 | さんこう | 명 참고 |

学校の 図書館はレポートを 書くのに 参考になる 本を 揃えている。
학교 도서관은 리포트를 쓰는 데 참고가 되는 책을 갖추고 있다.

1695 ☐☐☐

| 内容 ★ | ないよう | 명 내용 |

この 本は 日本の 歴史に 関する 内容がよくまとめられています。
이 책은 일본 역사에 관한 내용이 잘 정리되어 있습니다.

[문형] 명사 + に関する ~에 관한

1696 ☐☐☐

| 文章 ★ | ぶんしょう | 명 글, 문장 |

簡単なスペイン語の 文章を 読んだり 書いたりできます。
간단한 스페인어 글을 읽거나 쓰거나 할 수 있습니다.

[문형] 동사 た형 + り + 동사 た형 + り ~(하)거나 ~(하)거나

★ 표시 = 2010년 이후 N3 문자·어휘 기출 단어

1697
単語 ★ | たんご | 명 단어

外国語の勉強は単語をたくさん覚えるのが重要です。
외국어 공부는 단어를 많이 외우는 것이 중요합니다.

1698
復習 ★ | ふくしゅう | 명 복습

習ったことはすぐ復習するのが効果的だそうだ。
배운 것은 바로 복습하는 것이 효과적이라고 한다.

[문형] な형용사 어간 だ + そうだ ~라고 한다

1699
学習 | がくしゅう | 명 학습

自分にぴったり合う学習方法で勉強するのがいいと思います。
자신에게 딱 맞는 학습 방법으로 공부하는 것이 좋다고 생각합니다.

1700
範囲 | はんい | 명 범위

今回の試験は範囲が広すぎて、勉強が大変でした。
이번 시험은 범위가 너무 넓어서, 공부가 힘들었습니다.

[문형] い형용사 어간 + すぎる 너무 ~(하)다

1701
知識 ★ | ちしき | 명 지식

この本を読むと色んな分野の知識を増やすことができる。
이 책을 읽으면 다양한 분야의 지식을 늘릴 수 있다.

[문형] 동사 사전형 + と ~(하)면 / 동사 사전형 + ことができる ~(할) 수 있다

1702
得意だ ★ | とくいだ | な형 자신 있다, 잘하다

数学なら得意ですが、英語は苦手です。
수학이라면 자신 있지만, 영어는 잘 못합니다.

[문형] 명사 + なら ~라면, (한)다면

관련어 得意 とくい 명 자신 있음

★ 표시 = 2010년 이후 N3 문자·어휘 기출 단어

1703
疑問 ★ ぎもん 명 의문

授業の内容についていくつか疑問があって質問したいです。
수업 내용에 대해서 몇 가지 의문이 있어 질문하고 싶습니다.

[문형] 명사 + について ~에 대해서 / 동사 ます형 + たい ~(하)고 싶다

1704
緊張 ★ きんちょう 명 긴장

頑張って準備した試験の前に、緊張を解くため息を大きく吸った。
열심히 준비한 시험 전에, 긴장을 풀기 위해 숨을 크게 들이마셨다.

[문형] 명사 の + 前に ~전에 / 동사 사전형 + ため ~위해

1705
発表 ★ はっぴょう 명 발표

今週の金曜日の学会で今まで研究してきたことを発表する。
이번 주 금요일 학회에서 지금까지 연구해 온 것을 발표한다.

1706
提出 ていしゅつ 명 제출

世界の平和をテーマに作文を書いて明日までに提出してください。
세계 평화를 주제로 작문을 써서 내일까지 제출해 주세요.

1707
評価 ひょうか 명 평가

科学の授業で作成したレポートが高く評価されました。
과학 수업에서 작성한 리포트가 높게 평가받았습니다.

1708
報告書 ほうこくしょ 명 보고서

先週読みやすい報告書の書き方を習った。
지난주에 읽기 쉬운 보고서의 쓰는 법을 배웠다.

[문형] 동사 ます형 + やすい ~(하)기 쉽다

★ 표시 = 2010년 이후 N3 문자·어휘 기출 단어

1709
やり直す ★ | やりなおす | 동 다시 하다

研究の結果が仮定と違っていたので、最初の調査から
やり直した。
연구 결과가 가정과 달랐기 때문에, 맨 처음 조사부터 다시 했다.

1710
日課 | にっか | 명 일과

毎朝、英単語を10個覚えるのが日課の一つです。
매일 아침, 영어 단어를 10개 외우는 것이 일과 중 하나입니다.

1711
用紙 | ようし | 명 용지

A4用紙いっぱいに難しい漢字を何度も書いて覚えました。
A4 용지 가득히 어려운 한자를 몇 번이고 써서 외웠습니다.

1712
科目 | かもく | 명 과목

学年によって受講できる科目が異なる。
학년에 따라서 수강할 수 있는 과목이 다르다.

[문형] 명사 + によって ~에 따라서

1713
経営学 ★ | けいえいがく | 명 경영학

今学期の経営学の授業では売り上げを伸ばす方法について学ぶ。
이번 학기 경영학 수업에서는 매출을 늘리는 방법에 대해서 배운다.

[문형] 명사 + について ~에 대해서

1714
語学 | ごがく | 명 어학

鈴木さんは語学の能力が優れていて5か国語もできます。
스즈키 씨는 어학 능력이 뛰어나서 5개 국어나 할 수 있습니다.

★ 표시 = 2010년 이후 N3 문자·어휘 기출 단어

1715
ぺらぺらだ ★ - 　　な형 유창하다, 술술 잘 하다

留学半年で日本語がこんなに**ぺらぺらに**話せるなんてすごいですね。
유학 반 년 만에 일본어를 이렇게 유창하게 말할 수 있다니 대단하네요.

[문형] 동사 보통형 + なんて ~(하)다니, 라니

| 관련어 | ぺらぺら | 부 술술 |

1716
思考力 / しこうりょく / 명 사고력

この問題を解くことは**思考力**の向上に役立つ。
이 문제를 푸는 것은 사고력 향상에 도움이 된다.

1717
読解力 / どっかいりょく / 명 독해력

英語の**読解力**がまったく上がらなくて塾に通い始めた。
영어 독해력이 전혀 오르지 않아서 학원에 다니기 시작했다.

[문형] 동사 ます형 + 始める ~(하)기 시작하다

1718
目標 ★ / もくひょう / 명 목표

先生と相談した後、これからの勉強の**目標**に変化が生じました。
선생님과 상담한 후, 앞으로의 공부 목표에 변화가 생겼습니다.

1719
諦める ★ / あきらめる / 동 포기하다

科学の本を理解するのは難しいですが、**諦めず**に読むつもりです。
과학 책을 이해하는 것은 어렵지만, 포기하지 않고 읽을 생각입니다.

[문형] 동사 ない형 + ずに ~(하)지 않고 / 동사 사전형 + つもりだ ~(할) 생각이다, (할) 계획이다

220 무료 학습자료 제공 japan.Hackers.com

★ 표시 = 2010년 이후 N3 문자·어휘 기출 단어

1720
受かる | **うかる** | 图 합격하다

一生懸命勉強した結果、志望した学校に受かりました。
열심히 공부한 결과, 지망한 학교에 합격했습니다.

1721
追い越す ★ | **おいこす** | 图 앞지르다

今回の試験ではライバルを追い越しました。
이번 시험에서는 라이벌을 앞질렀습니다.

1722
点数 | **てんすう** | 圀 점수

勉強の時間を増やしたら試験の点数が上がりました。
공부 시간을 늘렸더니 시험 점수가 올랐습니다.

[문형] 동사 た형 + ら ~(했)더니, (하)면

1723
維持 | **いじ** | 圀 유지

今の成績をそのまま維持すれば、望む大学に合格できそうだ。
지금 성적을 그대로 유지하면, 원하는 대학에 합격할 수 있을 것 같다.

[문형] 동사 사전형 う단을 え단으로 + ば ~(하)면 / 동사 ます형 + そうだ ~(일) 것 같다

1724
家庭教師 | **かていきょうし** | 圀 가정 교사

新しい家庭教師の先生は難しい所も分かりやすく説明してくれる。
새로운 가정 교사 선생님은 어려운 부분도 알기 쉽게 설명해 준다.

[문형] 동사 て형 + くれる ~(해) 주다

1725
塾講師 | **じゅくこうし** | 圀 학원 강사

授業が面白い塾講師のおかげで歴史の科目が好きになった。
수업이 재미있는 학원 강사 덕분에 역사 과목을 좋아하게 되었다.

[문형] 명사 の + おかげだ ~덕분이다

★ 표시 = 2010년 이후 N3 문자·어휘 기출 단어

1726 ☐☐☐
下線 ★ | **かせん** | 명 밑줄

本に<u>下線</u>を引く時は太いペンより細いペンを好みます。
책에 밑줄을 그을 때는 굵은 펜보다 가는 펜을 선호합니다.

1727 ☐☐☐
直線 | **ちょくせん** | 명 직선

二つの点を通るまっすぐな線を<u>直線</u>と言います。
두 개의 점을 지나는 곧은 선을 직선이라고 말합니다.

1728 ☐☐☐
繰り返す ★ | **くりかえす** | 동 반복하다, 되풀이하다

問題をはっきり理解するために、<u>繰り返して</u>読みました。
문제를 확실히 이해하기 위해서, 반복해서 읽었습니다.

[문형] 동사 사전형 + ために ~위해서

> 관련어 **繰り返し** くりかえし 명 반복

1729 ☐☐☐
徹夜 | **てつや** | 명 밤새움, 철야

一週間<u>徹夜</u>で勉強したせいか首、肩、腰にかけて痛みを感じる。
일주간 밤새워서 공부한 탓인지 목, 어깨, 허리에 걸쳐 통증을 느낀다.

[문형] 동사 보통형 + せい ~탓 / 명사 + にかけて ~에 걸쳐

1730 ☐☐☐
読み書き | **よみかき** | 명 (글자를) 읽고 쓰기

ひらがなの<u>読み書き</u>ができるまで、どれくらいかかりますか。
히라가나의 읽고 쓰기가 가능하기까지, 어느 정도 걸립니까?

연습문제 체크체크!

[1] 단어에 해당하는 발음을 고른 후, 뜻을 써보세요.

01 文章　　　ⓐ ふんしょう　ⓑ ぶんしょう　＿＿＿＿＿＿＿

02 点数　　　ⓐ てんすう　ⓑ てんす　＿＿＿＿＿＿＿

03 経営学　　ⓐ けいえがく　ⓑ けいえいがく　＿＿＿＿＿＿＿

04 疑問　　　ⓐ きもん　ⓑ ぎもん　＿＿＿＿＿＿＿

05 繰り返す　ⓐ やりなおす　ⓑ くりかえす　＿＿＿＿＿＿＿

06 正解　　　ⓐ せいかい　ⓑ しょうかい　＿＿＿＿＿＿＿

07 内容　　　ⓐ ないよ　ⓑ ないよう　＿＿＿＿＿＿＿

08 用紙　　　ⓐ ようし　ⓑ ようじ　＿＿＿＿＿＿＿

09 参考　　　ⓐ さんこ　ⓑ さんこう　＿＿＿＿＿＿＿

10 知識　　　ⓐ ちしき　ⓑ じしき　＿＿＿＿＿＿＿

[2] 문맥에 맞게 괄호에 들어갈 단어를 고르세요.

11 学会で研究結果について (発表 / 緊張) する予定だ。

12 短い期間で英語が (得意に / ぺらぺらに) 話せるようになりましたね。

13 授業で習ったことは家に帰って必ず (復習 / 評価) してください。

14 試験によく出る単語に (解説 / 下線) を引いている。

15 新学期の (目標 / 科目) は科学の成績を上げることです。

정답: 01 ⓑ 글, 문장　02 ⓐ 점수　03 ⓑ 경영학　04 ⓑ 의문　05 ⓑ 반복하다, 되풀이하다　06 ⓐ 정답　07 ⓑ 내용
08 ⓐ 용지　09 ⓑ 참고　10 ⓐ 지식　11 発表　12 ぺらぺらに　13 復習　14 下線　15 目標

DAY 31 학교생활

mp3 바로 듣기

1731 ☐☐☐

成績 ★ せいせき 　명 성적

スピーチコンテストで林さんが１位といういい成績を取った。
스피치 콘테스트에서 하야시 씨가 1위라는 좋은 성적을 얻었다.

[문형] 명사 + という ~라는, 라고 하는

1732 ☐☐☐

黒板 ★ こくばん 　명 칠판

授業が終わった後、黒板を拭いてもらえませんか。
수업이 끝난 후, 칠판을 닦아줄 수 없을까요?

[문형] 동사 て형 + もらう ~(해) 주다, (해) 받다

1733 ☐☐☐

早退 ★ そうたい 　명 조퇴

体調が悪くなった時は早退してもかまいませんよ。
몸 상태가 나빠졌을 때는 조퇴해도 괜찮아요.

[문형] 동사 て형 + もかまわない ~(해)도 괜찮다

1734 ☐☐☐

欠席 ☐ けっせき 　명 결석

何の連絡もせずに欠席したら心配するに決まっている。
어떤 연락도 하지 않고 결석하면 당연히 걱정할 것이다.

[문형] 동사 ない형 + ずに ~(하)지 않고 ★ 예외 する→せずに, 来る→来ずに
/ 동사 た형 + ら ~(하)면 / 동사 보통형 + に決まっている 당연히 ~이다, 으로 정해져 있다

★ 표시 = 2010년 이후 N3 문자·어휘 기출 단어

1735
帰宅 ★ | きたく | 명 귀가

部活で帰宅が遅くなってしまいました。
부 활동으로 귀가가 늦어져 버렸습니다.

[문형] 동사 て형 + しまう ~(해) 버리다

1736
卒業 ★ | そつぎょう | 명 졸업

大学を卒業するとともに実家から離れて独立する予定です。
대학을 졸업함과 동시에 본가에서 떠나서 독립할 예정입니다.

[문형] 동사 사전형 + とともに ~와 동시에, 와 함께

1737
制服 ★ | せいふく | 명 교복, 제복

汗をたくさんかいたので帰ってすぐ制服を着替えた。
땀을 많이 흘렸기 때문에 돌아와서 바로 교복을 갈아입었다.

1738
進学 | しんがく | 명 진학

進学か就職かを考えると頭が痛くて両親に相談するつもりだ。
진학할지 취직할지를 생각하면 머리가 아파서 부모님에게 상담할 생각이다.

[문형] 동사 사전형 + と ~(하)면 / 동사 사전형 + つもりだ ~(할) 생각이다

1739
復学 | ふくがく | 명 복학

２年ぶりの復学なのでこのさきの学校生活が不安です。
2년 만의 복학이라서 앞으로의 학교생활이 불안합니다.

1740
学費 | がくひ | 명 학비

私立学校は公立学校より学費が高いです。
사립 학교는 공립 학교보다 학비가 비쌉니다.

PART 2 주제별 N3 단어 | DAY 31 학교생활 **225**

★ 표시 = 2010년 이후 N3 문자·어휘 기출 단어

1741
奨学金 / しょうがくきん / 명 장학금

今年こそ奨学金がもらえるように頑張って勉強しています。
올해야말로 장학금을 받을 수 있도록 힘내서 공부하고 있습니다.

[문형] 동사 사전형 + ように ~(하)도록

1742
学生証 / がくせいしょう / 명 학생증

学生証がないと図書館の利用ができません。
학생증이 없으면 도서관 이용이 불가능합니다.

1743
年生 / ねんせい / ~학년

田中くんは小学校1年生のわりに読解力が高いです。
다나카 군은 초등학교 1학년인 것에 비해서 독해력이 높습니다.

[문형] 명사 の + わりに ~에 비해서

1744
新入部員 / しんにゅうぶいん / 명 신입 부원

歓迎会だから新入部員の数も含めてお菓子を用意しないと。
환영회니까 신입 부원의 숫자도 포함해서 과자를 준비하지 않으면 안 돼.

1745
交換留学 / こうかんりゅうがく / 명 교환 유학

今回の交換留学を通じて成長できたらいいと思います。
이번 교환 유학을 통해서 성장할 수 있으면 좋겠다고 생각합니다.

[문형] 명사 + を通じて ~을 통해서

1746
集合 ★ / しゅうごう / 명 집합

伝言があるので、練習の後そのまま集合して待っていてください。
전할 말이 있으므로, 연습 후 그대로 집합해서 기다리고 있어 주세요.

★ 표시 = 2010년 이후 N3 문자·어휘 기출 단어

1747
| すぐに | ★ | - | 뷔 곧, 즉시 |

新しい学校にも**すぐに**慣れるはずです。
새로운 학교에도 곧 익숙해질 것입니다.

[문형] 동사 보통형 + はずだ ~일 것이다

1748
| 早期 | | そうき | 명 조기 |

早期教育が必ずしもいいとは限らないです。
조기 교육이 반드시 좋다고는 단정 지을 수 없습니다.

[문형] い형용사 보통형 + とは限らない ~라고는 단정 지을 수 없다

1749
| 祝日 | ★ | しゅくじつ | 명 국경일, 경축일 |

来週の月曜日は**祝日**なので学校に行きません。
다음 주 월요일은 국경일이기 때문에 학교에 가지 않습니다.

1750
| 保健 | | ほけん | 명 보건 |

保健室の先生に世話をしてもらったおかげで具合がよくなった。
보건실 선생님에게 보살핌을 받은 덕분에 몸 상태가 좋아졌다.

[문형] 동사 た형 + おかげで ~덕분에

1751
| 規則 | ★ | きそく | 명 규칙 |

クラスの**規則**はしっかり守らなくてはならないです。
반의 규칙은 확실히 지키지 않으면 안 됩니다.

[문형] 동사 ない형 + なくてはならない ~(하)지 않으면 안 된다

1752
| 規律 | ★ | きりつ | 명 규율 |

厳しすぎる学校の**規律**に疑問を持っている学生もいます。
너무 엄격한 학교의 규율에 의문을 가지고 있는 학생도 있습니다.

[문형] い형용사 어간 + すぎる 너무 ~(하)다

★ 표시 = 2010년 이후 N3 문자·어휘 기출 단어

1753
行儀 | ぎょうぎ | 몡 예의, 예절

あの子は行儀がよくていつも周りの人にほめられます。
저 아이는 예의가 발라서 항상 주위 사람에게 칭찬받습니다.

1754
服装 | ふくそう | 몡 복장

大事な発表がある日はすっきりした服装をしたほうがいいよ。
중요한 발표가 있는 날은 깔끔한 복장을 하는 편이 좋아.

[문형] 동사 た형 + ほうがいい ~(하)는 편이 좋다

1755
専攻 | せんこう | 몡 전공

専攻を選ぶ時は自分が何に興味があるかを考えてください。
전공을 선택할 때는 자신이 무엇에 흥미가 있는지를 생각해 주세요.

1756
学科 | がっか | 몡 학과

うちの大学は再来年からAI関連の学科を新設するそうです。
우리 대학은 내후년부터 AI 관련 학과를 신설한다고 합니다.

[문형] 동사 보통형 + そうだ ~라고 한다

1757
講演 ★ | こうえん | 몡 강연

あさってから2日間「時間の使い方」に関する講演が開かれる。
모레부터 2일간 '시간 사용법'에 관한 강연이 열린다.

[문형] 명사 + に関する ~에 관한

1758
公立 | こうりつ | 몡 공립

公立大学に入って卒業まで自分で学費を払うことが私の目標です。
공립 대학에 들어가서 졸업까지 스스로 학비를 지불하는 것이 저의 목표입니다.

★ 표시 = 2010년 이후 N3 문자·어휘 기출 단어

1759
同級生 | どうきゅうせい | 몡 동급생

松本さんと上野さんは高校の同級生だったらしい。
마쓰모토 씨와 우에노 씨는 고등학교 동급생이었다고 한다.

[문형] 명사 だった + らしい ~이었다고 한다

1760
同窓会 | どうそうかい | 몡 동창회

先週同窓会に行ったついでに久しぶりに実家にも寄ってきました。 지난주 동창회에 간 김에 오랜만에 본가에도 들렀다 왔습니다.

[문형] 동사 보통형 + ついでに ~(하)는 김에

1761
協力 ★ | きょうりょく | 몡 협력

お互いに協力しあったおかげでいい論文が書けました。
서로 협력한 덕분에 좋은 논문을 쓸 수 있었습니다.

1762
文学部 | ぶんがくぶ | 몡 문학부

今年文学部に入った弟は昔から本を離さない子でした。
올해 문학부에 들어간 남동생은 옛날부터 책을 놓지 않는 아이였습니다.

1763
おしゃべり | - | 몡 잡담, 수다

昼休みに友だちとご飯を食べながらおしゃべりするのが好きです。 점심 시간에 친구들과 밥을 먹으면서 잡담하는 것이 좋습니다.

1764
くたびれる ★ | - | 동 녹초가 되다, 지치다

今日は課題が五つもあって一日中やっていたのでくたびれた。
오늘은 과제가 다섯 개나 있어 하루 종일 했기 때문에 녹초가 되었다.

PART 2 주제별 N3 단어 | DAY 31 학교생활 **229**

1765

重要だ | **じゅうようだ** | な형 중요하다

教授に将来についての重要な相談をしました。
교수님에게 장래에 대한 중요한 상담을 했습니다.

[문형] 명사 + について ~에 대해서

> 관련어 重要 じゅうよう 명 중요

1766

終わらせる ★ | **おわらせる** | 동 끝내다

やっと宿題を終わらせたので提出してから遊びに行くつもりです。
드디어 숙제를 끝냈기 때문에 제출하고 나서 놀러 갈 생각입니다.

[문형] 동사 て형 + から ~(하)고 나서 / 동사 ます형 + に行く ~(하)러 가다
/ 동사 사전형 + つもりだ ~(할) 생각이다

1767

実現 | **じつげん** | 명 실현

新薬の発明という夢を実現させるため大学院で研究を重ねている。
신약 발명이라는 꿈을 실현시키기 위해 대학원에서 연구를 거듭하고 있다.

[문형] 명사 + という ~라는, 라고 하는 / 동사 사전형 + ため ~위해

1768

快適だ | **かいてきだ** | な형 쾌적하다

床のほこりを拭いて机を整理したら教室がとても快適になった。
바닥의 먼지를 닦고 책상을 정리했더니 교실이 매우 쾌적해졌다.

[문형] 동사 た형 + ら ~(했)더니, (하)면

1769

一般的だ ★ | **いっぱんてきだ** | な형 일반적이다

一般的に発表の前に緊張する学生が多いが、私はそうではない。
일반적으로 발표 전에 긴장하는 학생이 많지만, 나는 그렇지 않다.

[문형] 명사 の + 前に ~전에

연습문제 체크체크!

[1] 단어에 해당하는 발음을 고른 후, 뜻을 써보세요.

01 成績　　　ⓐ せいぜき　ⓑ せいせき　　　_____

02 協力　　　ⓐ きょりょく　ⓑ きょうりょく　_____

03 祝日　　　ⓐ しゅくじつ　ⓑ じゅくじつ　_____

04 講演　　　ⓐ こえん　ⓑ こうえん　　　_____

05 一般的だ　ⓐ いっぱんてきだ　ⓑ いっぱんできだ　_____

06 早退　　　ⓐ ぞうたい　ⓑ そうたい　　_____

07 卒業　　　ⓐ そつぎょう　ⓑ そつぎょ　_____

08 帰宅　　　ⓐ ぎたく　ⓑ きたく　　　_____

09 実現　　　ⓐ じつげん　ⓑ しつげん　　_____

10 重要だ　　ⓐ じゅうよだ　ⓑ じゅうようだ　_____

[2] 문맥에 맞게 괄호에 들어갈 단어를 고르세요.

11 毎朝、(制服 / 服装) に着替えて高校に行きます。

12 学校のルールや (黒板 / 規則) をしっかり守りましょう。

13 10時までに体育館に (集合 / 進学) してください。

14 教授に明日の授業を (帰宅 / 欠席) すると電話で連絡した。

15 早く宿題を (くたびれて / 終わらせて)、遊びに行きたい。

정답: 01 ⓑ 성적 02 ⓑ 협력 03 ⓐ 국경일, 경축일 04 ⓑ 강연 05 ⓐ 일반적이다 06 ⓑ 조퇴 07 ⓐ 졸업 08 ⓑ 귀가
09 ⓐ 실현 10 ⓑ 중요하다 11 制服 12 規則 13 集合 14 欠席 15 終わらせて

DAY 32 신분·취업

mp3 바로 듣기

1770

小中学生 / しょうちゅうがくせい
명 초, 중학생

最近、小中学生用の語学学習テキストが人気だ。
최근, 초, 중학생용의 어학 학습 교재가 인기이다.

1771

教師 / きょうし
명 교사

科学の教師を目標に大学で理科教育を専攻している。
과학 교사를 목표로 대학에서 이과 교육을 전공하고 있다.

1772

首相 / しゅしょう
명 수상, 총리

首相はドイツで開かれる国際会議に出席する予定です。
수상은 독일에서 열리는 국제 회의에 출석할 예정입니다.

1773

大工 / だいく
명 목수

大工になりたがる若者は減る一方です。
목수가 되고 싶어 하는 젊은이들은 계속 줄기만 합니다.

[문형] 동사 ます형 + たがる ~싶어 하다, (하)게 여기다 / 동사 사전형 + 一方だ 계속 ~(하)기만 하다

1774

漁師 / りょうし
명 어부

漁師になったばかりの兄だが、朝早く海に出るのにもう慣れたという。
어부가 된 지 얼마 되지 않은 형이지만, 아침 일찍 바다에 나가는 것에 벌써 익숙해졌다고 한다.

[문형] 동사 た형 + ばかり ~(한) 지 얼마 되지 않다 / 동사 보통형 + という ~라고 한다

★ 표시 = 2010년 이후 N3 문자·어휘 기출 단어

1775
高齢者 | こうれいしゃ | 명 고령자

調査によると、今年の高齢者人口は去年に比べてさらに増加した。
조사에 의하면, 올해 고령자 인구는 작년에 비해 더욱 증가했다.

[문형] 명사 + によると ~에 의하면 / 명사 + に比べて ~에 비해

1776
区別 ★ | くべつ | 명 구별

医者と看護師は制服を区別しています。
의사와 간호사는 제복을 구별하고 있습니다.

1777
就職 ★ | しゅうしょく | 명 취직

小さい時から料理が好きで、レストランに就職した。
어릴 때부터 요리를 좋아해서, 레스토랑에 취직했다.

1778
追う ★ | おう | 동 따르다, 좇다

尊敬する父を追って、農業の世界に飛び込んだ。
존경하는 아버지를 따라, 농업의 세계에 뛰어들었다.

1779
訓練 ★ | くんれん | 명 훈련

消防職員は火災や地震に備えて普段から訓練している。
소방 직원은 화재나 지진에 대비하여 평소부터 훈련하고 있다.

1780
大企業 | だいきぎょう | 명 대기업

大企業に入社したいと考える学生が多いそうだ。
대기업에 입사하고 싶다고 생각하는 학생이 많다고 한다.

[문형] 동사 ます형 + たい ~(하)고 싶다 / い형용사 보통형 + そうだ ~라고 한다

DAY 32

1781

面接 | **めんせつ** | 명 면접

面接では自分の得意なことをしっかり伝えたほうがいい。
면접에서는 자신이 잘하는 것을 분명히 전달하는 편이 좋다.

[문형] 동사 た형 + ほうがいい ~(하)는 편이 좋다

관련어 **面接官** めんせつかん 명 면접관

1782

最終 ★ | **さいしゅう** | 명 최종

一年間勉強して公務員試験に最終合格しました。
일 년간 공부하여 공무원 시험에 최종 합격했습니다.

1783

なるべく ★ | - | 부 가능한 한, 되도록

なるべく家から近いコンビニでアルバイトするつもりです。
가능한 한 집에서 가까운 편의점에서 아르바이트 할 생각입니다.

[문형] 동사 사전형 + つもりだ ~(할) 생각이다

1784

やっと ★ | - | 부 겨우, 가까스로

一年前、大統領が発表した経済対策がやっと評価されてきた。
일 년 전, 대통령이 발표한 경제 대책이 겨우 좋게 평가되었다.

1785

ようやく ★ | - | 부 겨우, 간신히

留学や休学により、6年かかってようやく大学を卒業した。
유학이나 휴학에 의해, 6년 걸려서 겨우 대학을 졸업했다.

[문형] 명사 + により ~에 의해

★ 표시 = 2010년 이후 N3 문자·어휘 기출 단어

1786 ☐☐☐
絶対 ★ ぜったい 　명 절대

ゴッホのような画家になるという夢を絶対諦めない。
고흐같은 화가가 된다는 꿈을 절대 포기하지 않을 것이다.

[문형] 명사 の + ような ~같은 / 동사 보통형 + という ~라는

| 관련어 | 絶対に ぜったいに 절대로 |

1787 ☐☐☐
確かめる ★ たしかめる 　동 확인하다

パスポート申請時は本人であることが確かめられる身分証がいる。
여권 신청 시에는 본인임을 확인할 수 있는 신분증이 필요하다.

1788 ☐☐☐
現在 ★ げんざい 　명 현재

現在は塾講師になって中学生に歴史科目を教えている。
현재는 학원 강사가 되어서 중학생에게 역사 과목을 가르치고 있다.

1789 ☐☐☐
機会 ★ きかい 　명 기회

機会があれば、交換留学生としてアメリカの大学で勉強したい。
기회가 있다면, 교환 유학생으로서 미국 대학에서 공부하고 싶다.

[문형] 동사 사전형 う단을 え단으로 + ば ~(하)면 / 명사 + として ~로서

1790 ☐☐☐
失業 ★ しつぎょう 　명 실업

日本では失業した人に少しの間、国から生活費が支給されます。
일본에서는 실업한 사람에게 잠시 동안, 나라에서 생활비가 지급됩니다.

1791

| 確実だ | かくじつだ | な형 확실하다 |

彼がバレーボール日本代表に選ばれるのは**確実だ**。
그가 배구 일본 대표로 뽑히는 것은 확실하다.

> 관련어 **確実** かくじつ 명 확실

1792

| 適する | てきする | 동 적합하다, 적절하다 |

就職に**適した**学科がある高校に通うことを決めました。
취직에 적합한 학과가 있는 고등학교에 다니기로 결정했습니다.

1793

| ついに | - | 부 드디어 |

幼い頃は一人で何もできなかった私も成人して**ついに**働き始めた。
어린 시절에는 혼자서 아무것도 하지 못했던 나도 성인이 되어 드디어 일하기 시작했다.

[문형] 동사 ます형 + 始める ~(하)기 시작하다

1794

| 結局 | けっきょく | 부 결국 |

複数の会社に合格しましたが、**結局**貿易会社に入りました。
여러 회사에 합격했지만, 결국 무역 회사에 들어갔습니다.

1795

| 指導 ★ | しどう | 명 지도 |

小中学生にゴルフを**指導**した経験がある。
초, 중학생에게 골프를 지도한 경험이 있다.

1796

| 履歴書 | りれきしょ | 명 이력서 |

面接当日は写真をはった**履歴書**をご持参ください。
면접 당일은 사진을 붙인 이력서를 지참해 주십시오.

★ 표시 = 2010년 이후 N3 문자·어휘 기출 단어

1797 ☐☐☐
作成　　さくせい　　명 작성

4日間かけて作成した報告書を課長に提出した。
4일간에 걸쳐 작성한 보고서를 과장님에게 제출했다.

1798 ☐☐☐
志望　　しぼう　　명 지망

うちの会社を志望する理由を教えていただけますか。
우리 회사를 지망하는 이유를 알려 주실 수 있습니까?

[문형] 동사 て형 + いただく ~(해) 주시다

1799 ☐☐☐
自分自身　　じぶんじしん　　명 자기 자신

自分自身がどんな仕事に向いているのかゆっくり考えたらいい。
자기 자신이 어떤 일에 적합한지 충분히 생각하는 것이 좋다.

[문형] 동사 た형 + らいい ~(하)는 것이 좋다

1800 ☐☐☐
検討 ★　　けんとう　　명 검토

面接の結果はこちらで検討してから、後日ご連絡差し上げます。
면접 결과는 이쪽에서 검토하고 나서, 후일 연락 드리겠습니다.

[문형] 동사 て형 + から ~(하)고 나서

1801 ☐☐☐
年齢　　ねんれい　　명 연령

アンケート用紙の右上に年齢と職業を記入してください。
설문 용지의 오른쪽 상단에 연령과 직업을 기입해 주세요.

1802 ☐☐☐
模擬　　もぎ　　명 모의

夏休みの間、塾で模擬試験を採点するバイトをしていました。
여름 방학 동안, 학원에서 모의시험을 채점하는 아르바이트를 했습니다.

PART 2 주제별 N3 단어 | DAY 32 신분·취업　**237**

★ 표시 = 2010년 이후 N3 문자·어휘 기출 단어

1803 □□□

| 上下 | じょうげ | 몡 상하(지위·신분 등의 상위와 하위) |

うちの職場は上下関係に厳しくない方だと思う。
우리 직장은 상하 관계에 엄격하지 않은 편이라고 생각해.

1804 □□□

| 役割 | やくわり | 몡 역할 |

サークルで代表として部員をまとめる役割をしていた。
동아리에서 대표로서 부원을 하나로 통합하는 역할을 했었다.

[문형] 명사 + として ~로서

1805 □□□

| 投げ捨てる | なげすてる | 동 내던지다 |

一度失敗したからといって任された仕事を投げ捨ててはいけない。
한 번 실패했다고 해서 맡겨진 일을 내던져서는 안 된다.

[문형] 동사 보통형 + からといって ~라고 해서 / 동사 て형 + はいけない ~(해)서는 안 된다

1806 □□□

| なぐる ★ | - | 동 때리다, 치다 |

警察はタクシーの運転手をなぐった男を逮捕した。
경찰은 택시 운전사를 때린 남자를 체포했다.

1807 □□□

| 何度も | なんども | 몇 번이고 |

写真家の彼は、自身が納得するまで何度も繰り返し写真をとった。
사진가인 그는, 자신이 납득할 때까지 몇 번이고 반복해서 사진을 찍었다.

1808 □□□

| 見本 ★ | みほん | 몡 견본, 표본 |

この講座では履歴書の書き方を見本とともに詳しく学べます。
이 강좌에서는 이력서 쓰는 법을 견본과 함께 자세히 배울 수 있습니다.

[문형] 명사 + とともに ~와 함께

연습문제 체크체크!

[1] 단어에 해당하는 발음을 고른 후, 뜻을 써보세요.

01 区別　　　ⓐ ぐべつ　ⓑ くべつ　　_____

02 教師　　　ⓐ きょうし　ⓑ きょし　　_____

03 最終　　　ⓐ さいしょう　ⓑ さいしゅう　　_____

04 追う　　　ⓐ おう　ⓑ しぼう　　_____

05 面接　　　ⓐ めんぜつ　ⓑ めんせつ　　_____

06 訓練　　　ⓐ くんれん　ⓑ くんねん　　_____

07 模擬　　　ⓐ もうぎ　ⓑ もぎ　　_____

08 指導　　　ⓐ しどう　ⓑ じどう　　_____

09 大工　　　ⓐ たいく　ⓑ だいく　　_____

10 検討　　　ⓐ けんとう　ⓑ けんと　　_____

[2] 문맥에 맞게 괄호에 들어갈 단어를 고르세요.

11 大学から (やっと / なるべく) 近いところでアルバイトしたい。

12 会員登録には本人であることを (確かめ / なぐ) られる身分証がいる。

13 3回受けた公務員試験に (ようやく / 絶対) 合格できました。

14 部下の (見本 / 首相) になるような上司になりたいと思っています。

15 学校を卒業してすぐ銀行に (失業 / 就職) した。

정답: 01 ⓑ 구별　02 ⓐ 교사　03 ⓑ 최종　04 ⓐ 따르다, 쫓다　05 ⓑ 면접　06 ⓐ 훈련　07 ⓑ 모의　08 ⓐ 지도　09 ⓑ 목수
10 ⓐ 검토　11 なるべく　12 確かめ　13 ようやく　14 見本　15 就職

회사·업무

mp3 바로 듣기

1809

出勤 ★ しゅっきん 　명 출근

締め切りが近く、休日にも出勤するほど忙しい。
마감이 가까워, 휴일에도 출근할 정도로 바쁘다.

1810

出張 ★ しゅっちょう 　명 출장

技術指導を受けるため、本社へ出張に行きます。
기술 지도를 받기 위해, 본사에 출장을 갑니다.

[문형] 동사 사전형 + ため ~위해

1811

勤務 きんむ 　명 근무

大学を卒業して以来、公立病院に医者として勤務している。
대학을 졸업한 이래, 공립 병원에 의사로서 근무하고 있다.

[문형] 동사 て형 + 以来 ~(한) 이래, (한) 이후 / 명사 + として ~로서

1812

勤める ★ つとめる 　동 근무하다

20年間にわたって勤めた郵便局を早期退職した。
20년간에 걸쳐 근무한 우체국을 조기 퇴직했다.

[문형] 명사 + にわたって ~에 걸쳐

1813

残業 ★ ざんぎょう 　명 잔업

急な残業で帰宅が遅くなった。
갑작스러운 잔업으로 귀가가 늦어졌다.

240　무료 학습자료 제공 japan.Hackers.com

1814. 通勤 ★ つうきん 〔명〕 통근

自由な服装で通勤する会社が増えています。
자유로운 복장으로 통근하는 회사가 늘고 있습니다.

1815. 総務 そうむ 〔명〕 총무

コピー機の修理については総務部に問い合わせてください。
복사기의 수리에 대해서는 총무부에 문의해 주세요.

[문형] 명사 + について ~에 대해서

1816. 報告 ★ ほうこく 〔명〕 보고

新計画に検討すべき問題があり、上司に報告した。
새로운 계획에 검토해야 하는 문제가 있어, 상사에게 보고했다.

[문형] 동사 사전형 + べき ~(해)야 하는 ★ 예외 する→すべき라고도 함

1817. 通訳 ★ つうやく 〔명〕 통역

講演会で日中通訳をしてくださる方を探しています。
강연회에서 일중 통역을 해 주실 분을 찾고 있습니다.

[문형] 동사 て형 + くださる ~(해) 주시다

1818. 翻訳 ★ ほんやく 〔명〕 번역

国内で人気の小説を他の言語に翻訳して発売する予定だ。
국내에서 인기인 소설을 다른 언어로 번역해서 발매할 예정이다.

1819. 案 ★ あん 〔명〕 안(머리로 짜낸 생각이나 계획)

午前中の打ち合わせで、いい案がたくさん集まった。
오전 중의 협의에서, 좋은 안이 많이 모였다.

★ 표시 = 2010년 이후 N3 문자·어휘 기출 단어

1820 依頼 | いらい | 몡 의뢰
注文商品のキャンセル依頼はすぐに応じてください。
주문 상품의 취소 의뢰는 즉시 응대해 주세요.

1821 命令 ★ | めいれい | 몡 명령
会社は彼にとなり町にある支社への転勤を命令した。
회사는 그에게 옆 지역에 있는 지사로의 전근을 명령했다.

1822 指示 ★ | しじ | 몡 지시
出勤直後に集合し、その日の仕事について指示を受けます。
출근 직후에 집합하여, 그날의 일에 대해서 지시를 받습니다.

1823 歓心 | かんしん | 몡 환심
一か月にわたって準備したイベントが成功して上司の歓心を得た。
한 달에 걸쳐 준비한 이벤트가 성공해서 상사의 환심을 얻었다.

1824 給料 | きゅうりょう | 몡 급료, 급여, 봉급
営業成績が評価されたのか来年から給料が上がるという。
영업 성적이 좋게 평가된 것인지 내년부터 급료가 오른다고 한다.
[문형] 동사 보통형 + という ~라고 한다

1825 削る | けずる | 동 줄이다, 깎다, 삭감하다
会社がどんなに忙しくても家族との時間は削りたくない。
회사가 아무리 바빠도 가족과의 시간은 줄이고 싶지 않다.
[문형] 동사 ます형 + たい ~(하)고 싶다

★ 표시 = 2010년 이후 N3 문자·어휘 기출 단어

1826 ☐☐☐
飲み会 | **のみかい** | 명 회식

事情があり、今週の**飲み会**は欠席させていただきます。
사정이 있어, 이번 주의 회식은 결석하겠습니다.

1827 ☐☐☐
組合 | **くみあい** | 명 조합

この**組合**は組合員の経営を守るため、協力し合うことが目的だ。
이 조합은 조합원의 경영을 지키기 위해, 서로 협력하는 것이 목적이다.

1828 ☐☐☐ ★
加える | **くわえる** | 동 추가하다, 더하다

レポートの結論部分にもう少し説明を**加える**のはどうですか。
리포트의 결론 부분에 조금 더 설명을 추가하는 것은 어떻습니까?

1829 ☐☐☐ ★
引き受ける | **ひきうける** | 동 (책임지고) 맡다, 떠맡다

彼は初めて**引き受けた**プロジェクトで良い結果を出した。
그는 처음으로 맡은 프로젝트에서 좋은 결과를 냈다.

1830 ☐☐☐
務める | **つとめる** | 동 (임무를) 맡다, 근무하다

近所に住む高橋さんは小学校の校長を**務めた**ことがあるそうだ。
이웃집에 사는 다카하시 씨는 초등학교의 교장을 맡은 적이 있다고 한다.

[문형] 동사 た형 + ことがある ~(한) 적이 있다 / 동사 보통형 + そうだ ~라고 한다

1831 ☐☐☐
交代 | **こうたい** | 명 교대

A工場では部品製造スタッフが朝晩**交代**で働いている。
A공장에서는 부품 제조 담당자가 아침저녁 교대로 일하고 있다.

★ 표시 = 2010년 이후 N3 문자·어휘 기출 단어

1832 ★ とんとん | - | 🔹 순조로이, 척척

あの担当者とは以前も取引をしただけに、会議が**とんとん**進んだ。
그 담당자와는 이전에도 거래를 했던 만큼, 회의가 순조로이 진행되었다.

[문형] 동사 보통형 + だけに ~인 만큼

1833 ★ 取り上げる | とりあげる | 🔹 다루다, 집어 들다, 빼앗다

先週の会議で**取り上げた**交通渋滞の対策案を報告書にまとめた。
지난주 회의에서 다룬 교통 체증의 대책안을 보고서로 정리했다.

1834 済ませる | すませる | 🔹 끝내다

資料の作成を始める前に、会議室の片づけを**済ませて**くれる?
자료 작성을 시작하기 전에, 회의실 정리를 끝내 줄래?

[문형] 동사 사전형 + 前に ~전에 / 동사 て형 + くれる ~(해) 주다

1835 やり方 | やりかた | 🔹 방식, 하는 방식

商品宣伝の**やり方**を見直し、SNSの活用に力を入れることにした。
상품 선전 방식을 재검토하여, SNS 활용에 힘을 쏟기로 했다.

[문형] 동사 사전형 + ことにする ~(하)기로 하다

1836 確認 ★ | かくにん | 🔹 확인

明日面接を受けに来る人の履歴書を前もって**確認して**おいて。
내일 면접을 보러 오는 사람의 이력서를 미리 확인해 둬.

[문형] 동사 て형 + おく ~(해) 두다

★ 표시 = 2010년 이후 N3 문자·어휘 기출 단어

1837
作業 | **さぎょう** | 몡 작업

時間がないから作業のスピードを上げよう。
시간이 없으니까 작업 스피드를 올리자.

1838
修正 | **しゅうせい** | 몡 수정

カタログの表紙デザインを修正したところ、販売量が増加した。
카탈로그의 표지 디자인을 수정한 결과, 판매량이 증가했다.

[문형] 동사 た형 + ところ ~(한) 결과, (해) 보니

1839
入力 | **にゅうりょく** | 몡 입력

ホテルを予約した客の情報を予約管理表に入力しているところだ。
호텔을 예약한 손님의 정보를 예약 관리표에 한창 입력하는 중이다.

[문형] 동사 て형 + いる + ところだ 한창 ~하는 중이다

1840
削除 | **さくじょ** | 몡 삭제

発表で使う重要なファイルを削除してしまった。
발표에서 사용할 중요한 파일을 삭제해 버렸다.

[문형] 동사 て형 + しまう ~(해) 버리다

1841
訳す ★ | **やくす** | 동 번역하다

韓国語で書かれた書類を日本語に訳す仕事をしています。
한국어로 쓰여진 서류를 일본어로 번역하는 일을 하고 있습니다.

★ 표시 = 2010년 이후 N3 문자·어휘 기출 단어

1842
進める / すすめる 　 동 진행하다, 나아가게 하다

開発部では完全自動運転の車を実現するために研究を進めている。
개발부에서는 완전 자동 운전 차를 실현하기 위해서 연구를 진행하고 있다.

[문형] 동사 사전형 + ために ~위해서

1843
任せる / まかせる 　 동 맡기다

新入社員の指導を後輩に任せましたが、うまくできるか心配です。
신입 사원의 지도를 후배에게 맡겼는데, 잘 할 수 있을지 걱정입니다.

1844
送付 / そうふ 　 명 송부(물품 등을 부치어 보냄)

ご依頼いただいた最新のパンフレットをご送付いたします。
의뢰하신 최신 팸플릿을 송부드립니다.

1845
段取り / だんどり 　 명 일의 순서

工事は決まった段取りにしたがって行うのが大事だということだ。
공사는 정해진 일의 순서에 따라 행하는 것이 중요하다고 한다.

[문형] 명사 + にしたがって ~에 따라 / な형용사 어간 だ + ということだ ~라고 한다

1846
入荷 / にゅうか 　 명 입하(생산지 등에서 짐이 옴)

入荷した商品は数が正しいか確認してから棚に並べます。
입하한 상품은 수가 맞는지 확인하고 나서 선반에 진열합니다.

[문형] 동사 て형 + から ~(하)고 나서

1847
首になる / くびになる 　 해고되다

売上の減少で、数人のスタッフが首になるかもしれない。
매상의 감소로, 몇몇의 스태프가 해고될지도 모른다.

[문형] 동사 보통형 + かもしれない ~할지도 모른다

연습문제 체크체크!

[1] 단어에 해당하는 발음을 고른 후, 뜻을 써보세요.

01 作業　　ⓐ さぎょう　ⓑ さくぎょう　　_____

02 勤める　ⓐ すすめる　ⓑ つとめる　　_____

03 報告　　ⓐ ほうこく　ⓑ ほうごく　　_____

04 命令　　ⓐ めいれい　ⓑ めいれ　　_____

05 確認　　ⓐ かくにん　ⓑ かくいん　　_____

06 任せる　ⓐ すませる　ⓑ まかせる　　_____

07 修正　　ⓐ しゅうせい　ⓑ しゅうせ　　_____

08 通訳　　ⓐ つやく　ⓑ つうやく　　_____

09 総務　　ⓐ そうむ　ⓑ そうぶ　　_____

10 交代　　ⓐ こうだい　ⓑ こうたい　　_____

[2] 문맥에 맞게 괄호에 들어갈 단어를 고르세요.

11 三日間支社へ (組合 / 出張) に行ってきました。

12 数日休む社員の仕事を (引き受ける / 訳す) ことになった。

13 部長から (指示 / 勤務) を受けたら、早速仕事を始めましょう。

14 何か良い (案 / 入力) があれば積極的に提出してください。

15 昨日は夜10時まで (通勤 / 残業) したので、とても疲れている。

정답: 01 ⓐ 작업　02 ⓑ 근무하다　03 ⓐ 보고　04 ⓐ 명령　05 ⓐ 확인　06 ⓑ 맡기다　07 ⓐ 수정　08 ⓑ 통역　09 ⓐ 총무　10 ⓑ 교대　11 出張　12 引き受ける　13 指示　14 案　15 残業

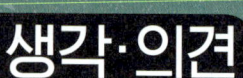 생각·의견

mp3 바로 듣기

1848
もったいない ★ - 　　　　　　　　　い형 아깝다

食べ物を残すのは**もったいない**と祖母から教わった。
음식을 남기는 것은 아깝다고 할머니에게 배웠다.

1849
確かだ ★　**たしかだ**　　　　　な형 확실하다

公演チケットが数秒で売り切れるなんて彼の人気は**確かなようだ**。
공연 티켓이 몇 초 만에 매진되다니 그의 인기는 확실한 것 같다.

[문형] 동사 보통형 + なんて ~(하)다니 / な형용사 어간 な + ようだ ~(인) 것 같다

관련어 **確か** たしか 閠 확실히

1850
不満 ★　**ふまん**　　　　　명 불만

現在勤めている職場は前の職場に比べて残業が多いことが**不満**だ。
현재 근무하고 있는 직장은 전 직장에 비하여 잔업이 많은 것이 불만이다.

[문형] 명사 + に比べて ~에 비하여

1851
苦情　**くじょう**　　　　　명 불평

新しくなったバスの時刻表について市民からの**苦情**が多い。
새로워진 버스 시간표에 대해 시민으로부터 불평이 많다.

[문형] 명사 + について ~에 대해

★ 표시 = 2010년 이후 N3 문자·어휘 기출 단어

1852 ☐☐☐

| 表現 | ひょうげん | 명 표현 |

娘は自分自身の気持ちを表現するのがあまり得意ではない。
딸은 자기 자신의 감정을 표현하는 것을 그다지 잘 하지 못한다.

1853 ☐☐☐

| ぎりぎり | - | 부 아슬아슬, 빠듯한 |

約束時間ぎりぎりに着くよりも、少し早めに行く方が気が楽だ。
약속 시간에 아슬아슬하게 도착하기 보다, 조금 일찍 가는 편이 마음이 편하다.

1854 ☐☐☐

| 気にする | きにする | 신경 쓰다, 걱정하다 |

人の目を気にしすぎるところを直したい。
다른 사람의 눈을 너무 신경 쓰는 부분을 고치고 싶다.

[문형] 동사 ます형 + すぎる 너무 ~(하)다 / 동사 ます형 + たい ~(하)고 싶다

관련어 気にしない きにしない 신경 쓰지 않다

1855 ☐☐☐

| 無駄だ ★ | むだだ | な형 쓸데없다, 소용없다 |

人生に無駄なことは一つもないと信じている。
인생에 쓸데없는 것은 하나도 없다고 믿고 있다.

관련어 無駄 むだ 명 쓸데없음, 무익, 낭비

1856 ☐☐☐

| 工夫 ★ | くふう | 명 궁리 |

家庭で出るごみの量を減らす工夫をしましょう。
가정에서 나오는 쓰레기의 양을 줄일 궁리를 해 봅시다.

1857 ☐☐☐

| 疑う ★ | うたがう | 동 의심하다 |

彼女は子どものころからまっすぐな性格で、人を疑わない。
그녀는 아이 때부터 솔직한 성격으로, 사람을 의심하지 않는다.

★ 표시 = 2010년 이후 N3 문자·어휘 기출 단어

1858
意識 ★ | **いしき** | 명 의식

成功するには目標を常に意識することが重要だと思う。
성공하려면 목표를 항상 의식하는 것이 중요하다고 생각한다.

[문형] 동사 사전형 + には ~(하)려면

1859
当然 ★ | **とうぜん** | 부 당연히 명 당연

小中学生にとって勉強は当然大事だが、遊ぶ時間も必要だろう。
초, 중학생에게 있어서 공부는 당연히 중요하지만, 노는 시간도 필요하겠지.

[문형] 명사 + にとって ~에게 있어서, ~에게는 / 명사 + だろう ~이겠지

관련어 当然だ とうぜんだ な형 당연하다

1860
もちろん ★ | - | 부 물론

クラス全員の意見をまとめるのは、教師だってもちろん難しい。
반 전원의 의견을 통합하는 것은, 교사라도 물론 어렵다.

[문형] 명사 + だって ~라도

1861
思いつく ★ | **おもいつく** | 동 (생각이 문득) 떠오르다

新製品の具体的なアイデアをようやく思いついた。
신제품의 구체적인 아이디어가 드디어 떠올랐다.

1862
思い浮かぶ | **おもいうかぶ** | 동 (마음에) 떠오르다, 생각나다

花見の季節になると、日本で見た桜並木が思い浮かぶ。
꽃놀이의 계절이 되면, 일본에서 본 벚꽃길이 떠오른다.

[문형] 동사 사전형 + と ~(하)면

1863
思い込む　　おもいこむ　　⑧ 믿어버리다, 깊이 마음먹다

自分の考えややり方が正しいと思い込むのは自然なことでしょう。
자신의 생각이나 방식이 올바르다고 믿어버리는 것은 자연스러운 일이겠지요.

1864
判断　　はんだん　　⑱ 판단

地震が起こったら、周囲の状況に適した判断を取りましょう。
지진이 일어나면, 주위의 상황에 적합한 판단을 취합시다.

[문형] 동사 た형 + ら ~(하)면, (했)더니

1865
ふと　　-　　㉾ 문득, 우연히

会社から帰る電車の中で、ふと故郷を思い出した。
회사에서 돌아오는 전철 안에서, 문득 고향을 떠올렸다.

1866
予想 ★　　よそう　　⑱ 예상

バドミントンの世界大会で田村選手が優勝すると予想しています。
배드민턴 세계 대회에서 다무라 선수가 우승할 것이라고 예상하고 있습니다.

1867
選択 ★　　せんたく　　⑱ 선택

専門知識を深めるため大学院に通うという選択をした。
전문 지식을 깊이 있게 하기 위해 대학원에 다니겠다는 선택을 했다.

[문형] 동사 사전형 + ため ~위해 / 동사 보통형 + という ~라는

1868
同意 ★　　どうい　　⑱ 동의

部長が提案してくださった案に同意します。
부장님이 제안해 주신 안에 동의합니다.

[문형] 동사 て형 + くださる ~(해) 주시다

★ 표시 = 2010년 이후 N3 문자·어휘 기출 단어

1869 □□□
納得 ★ | **なっとく** | 몡 납득

新しい計画に反対していたメンバーも最終的に納得してくれた。 새로운 계획에 반대했던 멤버도 최종적으로 납득해 주었다.

[문형] 동사 て형 + くれる ~(해) 주다

1870 □□□
わけ ★ | - | 몡 이유

ヨーロッパの文化に興味を持ったわけをみんなの前で話した。 유럽 문화에 흥미를 가진 이유를 모두의 앞에서 이야기했다.

1871 □□□
意志 ★ | **いし** | 몡 의지, 의사

テニス部の部長を務めたいという意志は変わっていません。 테니스부의 부장을 맡고 싶다는 의지는 바뀌지 않았습니다.

1872 □□□
共通点 | **きょうつうてん** | 몡 공통점

一般的に共通点が多いほど仲が深まると言われている。 일반적으로 공통점이 많을수록 사이가 깊어진다고 말해지고 있다.

1873 □□□
合わせる | **あわせる** | 동 맞추다, 합치다

相手と目を合わせて会話した方が気持ちが伝わりやすいそうだ。 상대와 눈을 맞추고 대화하는 편이 마음이 전달되기 쉽다고 한다.

[문형] 동사 ます형 + やすい ~(하)기 쉽다 / い형용사 보통형 + そうだ ~라고 한다

1874 □□□
受け入れる ★ | **うけいれる** | 동 받아들이다

それぞれの個性が受け入れられる世の中を望んでいる。 각자의 개성이 받아들여지는 세상을 바라고 있다.

★ 표시 = 2010년 이후 N3 문자·어휘 기출 단어

1875
結論 | **けつろん** | 명 결론

地方での就職について親に相談して結論を出すつもりだ。
지방에서의 취직에 대해서 부모님에게 상담하여 결론을 낼 생각이다.

[문형] 명사 + について ~에 대해서 / 동사 사전형 + つもりだ ~(할) 생각이다

1876
立場 | **たちば** | 명 입장

年齢や立場に関係なく、相手を尊重する心が大事だと思う。
연령이나 입장에 관계없이, 상대를 존중하는 마음이 중요하다고 생각한다.

1877
議論 | **ぎろん** | 명 의논

幼児の英語教育が必要かどうかが議論の内容です。
유아의 영어 교육이 필요한지 어떤지가 의논의 내용입니다.

[문형] な형용사 어간 + かどうか ~인지 어떤지

1878
助言 | **じょげん** | 명 조언

志望する大学に関して先生から助言をもらった。
지망하는 대학에 관해서 선생님으로부터 조언을 받았다.

[문형] 명사 + に関して ~에 관해서

1879
批判 ★ | **ひはん** | 명 비판

仕事で批判されたからといって、そんなに悩むことはないよ。
일로 비판받았다고 해서, 그렇게 고민할 필요는 없어.

[문형] 동사 보통형 + からといって ~라고 해서 / 동사 사전형 + ことはない ~(할) 필요는 없다

1880
批評 | **ひひょう** | 명 비평

このテレビ番組は、専門家たちが外国の映画を批評するものだ。
이 텔레비전 방송은, 전문가들이 외국의 영화를 비평하는 것이다.

★ 표시 = 2010년 이후 N3 문자·어휘 기출 단어

1881
評論 | **ひょうろん** | 명 평론

最近、雑誌に載せる政治の評論を書く機会があった。
최근, 잡지에 실을 정치 평론을 쓸 기회가 있었다.

1882
評判 | **ひょうばん** | 명 평판

ハワイの海は美しいと評判が高いから自分の目で確かめてみたい。
하와이의 바다는 아름답다고 평판이 높으니까 내 눈으로 확인해 보고 싶다.

1883
望む | **のぞむ** | 동 바라다, 희망하다

息子が元気に成長することを望んでいます。
아들이 건강하게 성장하는 것을 바라고 있습니다.

1884
しょうがない ★ | - | 어쩔 수 없다

大事な発表だけあって緊張してもしょうがないと思う。
중요한 발표인 만큼 긴장해도 어쩔 수 없다고 생각한다.

[문형] 명사 + だけあって ~인 만큼

1885
かまわない | - | 상관하지 않다

面接でいつか海外勤務になってもかまわないかと聞かれた。
면접에서 언젠가 해외 근무가 되어도 상관하지 않느냐고 질문을 받았다.

1886
あいまいだ | - | な형 애매하다

仕事では、なるべくあいまいな表現を使わない方がいいらしい。
업무에서는, 가능한 한 애매한 표현을 사용하지 않는 편이 좋은 것 같다.

[문형] 동사 ない형 + ない方がいい ~(하)지 않는 편이 좋다 / い형용사 보통형 + らしい ~인 것 같다

연습문제 체크체크!

[1] 단어에 해당하는 발음을 고른 후, 뜻을 써보세요.

01 工夫　　ⓐ くうふ　ⓑ くふう　　_____

02 批評　　ⓐ ひひょう　ⓑ ひひょ　　_____

03 予想　　ⓐ ようそう　ⓑ よそう　　_____

04 同意　　ⓐ どうい　ⓑ とうい　　_____

05 望む　　ⓐ おもいこむ　ⓑ のぞむ　　_____

06 苦情　　ⓐ くしょう　ⓑ くじょう　　_____

07 議論　　ⓐ ぎのん　ⓑ ぎろん　　_____

08 無駄だ　ⓐ むだだ　ⓑ むただ　　_____

09 助言　　ⓐ じょうげん　ⓑ じょげん　　_____

10 意識　　ⓐ いしき　ⓑ いじき　　_____

[2] 문맥에 맞게 괄호에 들어갈 단어를 고르세요.

11 日本語の勉強を始めた (わけ / 立場) は日本文化に興味を持ったからです。

12 現在の職場に (不満 / 表現) はありません。

13 全員が (結論 / 納得) できるように説明するつもりです。

14 彼女とは行動や考え方に (判断 / 共通点) が多い。

15 海外に住みたいという (意志 / 評判) は変わらないでしょう。

정답: 01 ⓑ 궁리　02 ⓐ 비평　03 ⓑ 예상　04 ⓐ 동의　05 ⓑ 바라다, 희망하다　06 ⓑ 불평　07 ⓑ 의논
08 ⓐ 쓸데없다, 소용없다　09 ⓑ 조언　10 ⓐ 의식　11 わけ　12 不満　13 納得　14 共通点　15 意志

DAY 35 느낌·감정

mp3 바로 듣기

1887
笑顔 ★ えがお 명 웃는 얼굴

赤ん坊は父親の顔を見たとたん笑顔になった。
갓난아기는 아버지의 얼굴을 보자마자 웃는 얼굴이 되었다.

[문형] 동사 た형 + とたん ~(하)자마자

1888
希望 ★ きぼう 명 희망

新しい薬は、病気とたたかう人々に希望を与えました。
새로운 약은, 병과 싸우는 사람들에게 희망을 주었습니다.

1889
恋しい ★ こいしい い형 (장소, 사람, 물건이) 그립다

学生時代に留学していた中国が今でもたまに恋しくなる。
학생 시절에 유학했던 중국이 지금도 가끔 그리워진다.

1890
懐かしい ★ なつかしい い형 (떨어져 있는 사람이나 물건, 과거의 일이) 그립다

年末に地元で開いた飲み会で、懐かしい同級生たちと会えた。
연말에 고향에서 연 회식에서, 그리운 동창들과 만날 수 있었다.

1891
余裕 よゆう 명 여유

最近忙しくて心に余裕がないので、旅行してリフレッシュしたい。
최근 바빠서 마음에 여유가 없기 때문에, 여행 가서 재충전하고 싶다.

[문형] 동사 ます형 + たい ~(하)고 싶다

1892
羨ましい ★ | うらやましい | [い형] 부럽다

ペットをかっている親戚のお姉さんが羨ましい。
애완동물을 키우고 있는 친척 언니가 부럽다.

1893
真剣だ | しんけんだ | [な형] 진지하다

静かな生活を望む妻のために郊外に引っ越すか真剣に悩んでいる。
조용한 생활을 바라는 아내를 위해 교외로 이사할지 진지하게 고민하고 있다.

[문형] 명사 の + ために ~위해

1894
感心 ★ | かんしん | [명] 감탄

使い捨て用品で作られた作品のメッセージに感心しました。
일회용품으로 만들어진 작품의 메시지에 감탄했습니다.

1895
好む | このむ | [동] 선호하다, 좋아하다

日本の文学より、英文学を好んで読みます。
일본의 문학보다, 영문학을 선호해 읽습니다.

[관련어] **好み** このみ [명] 기호, 취향

1896
気づく ★ | きづく | [동] 알아차리다, 깨닫다

母は私ががっかりしているのに気づいてなぐさめてくれた。
엄마는 내가 낙담해 있는 것을 알아차리고 위로해 주었다.

[문형] 동사 て형 + くれる ~(해) 주다

1897
自覚 | じかく | [명] 자각(의식하는 상태)

緊張していると自覚すればするほど、さらに緊張してしまう。
긴장하고 있다고 자각하면 할수록, 더욱 긴장해 버린다.

[문형] 동사 사전형 う단을 え단으로 + ば + 동사 사전형 + ほど ~(하)면 ~(할)수록
/ 동사 て형 + しまう ~(해) 버리다

★ 표시 = 2010년 이후 N3 문자·어휘 기출 단어

1898 ☐☐☐

なさけない ★ - い형 한심하다

自分（じぶん）から引（ひ）き受（う）けた仕事（しごと）で失敗（しっぱい）して、**なさけない**気持（きも）ちになった。
스스로 맡은 일에서 실패하여, 한심한 기분이 되었다.

1899 ☐☐☐

文句 ★ もんく 명 불평, 불만

テストの範囲（はんい）が広（ひろ）いからってそんなに**文句**（もんく）を並（なら）べても無駄（むだ）だよ。
시험 범위가 넓다고 해서 그렇게 불평을 늘어놓아도 소용없어.

1900 ☐☐☐

ぶつぶつ - 부 투덜투덜

彼（かれ）は書類（しょるい）を修正（しゅうせい）しながら、**ぶつぶつ**と不満（ふまん）を言（い）っている。
그는 서류를 수정하면서, 투덜투덜 불만을 말하고 있다.

1901 ☐☐☐

泣く ★ なく 동 울다

ドラマの中心人物（ちゅうしんじんぶつ）が試合（しあい）で優勝（ゆうしょう）する場面（ばめん）で**泣（な）いて**しまった。
드라마의 중심 인물이 시합에서 우승하는 장면에서 울어 버렸다.

1902 ☐☐☐

涙 ★ なみだ 명 눈물

誕生日（たんじょうび）を大勢（おおぜい）の人（ひと）が祝（いわ）ってくれたことが嬉（うれ）しくて**涙**（なみだ）が出（で）た。
생일을 많은 사람이 축하해 준 것이 기뻐서 눈물이 났다.

1903 ☐☐☐

不安だ ★ ふあんだ な형 불안하다

式（しき）の司会（しかい）を務（つと）めますが、段取（だんど）りのとおりにできるか**不安**（ふあん）です。
식의 사회를 맡았는데, 일의 순서대로 할 수 있을지 불안합니다.

[문형] 명사 の + とおりに ~대로

| 관련어 | 不安 ふあん 명 불안 |

★ 표시 = 2010년 이후 N3 문자·어휘 기출 단어

1904
| いらいら | - | 부 안절부절 |

旅行先で、目的地までの行き方が分からなくて**いらいら**していた。
여행지에서, 목적지까지 가는 방법을 몰라서 **안절부절**하고 있었다.

1905
| 面倒くさい ★ | めんどうくさい | い형 귀찮다 |

通勤に2時間以上かかるのは、もちろん**面倒くさい**。
통근에 2시간 이상 걸리는 것은, 물론 **귀찮다**.

1906
| 面倒だ | めんどうだ | な형 성가시다 |

面倒な引っ越しの手続きが終わってほっとした。
성가신 이사 절차가 끝나서 안심했다.

> 관련어 **面倒** めんどう 명 성가신 일, 돌봄

1907
| がっかり ★ | - | 부 실망 |

期待していた旅館の晩ご飯が想像と違って**がっかり**した。
기대했던 여관의 저녁밥이 상상과 달라서 **실망**했다.

1908
| 飽きる ★ | あきる | 동 질리다, 싫증나다 |

娘におもちゃを買ってあげたが、すぐに**飽きた**ようだ。
딸에게 장난감을 사 주었지만, 금방 질린 것 같다.

[문형] 동사 て형 + あげる ~(해) 주다 / 동사 보통형 + ようだ ~인 것 같다

1909
| 悔しい ★ | くやしい | い형 분하다 |

わけも分からずに上司に怒られて**悔しかった**。
이유도 모르고 상사에게 혼나서 **분했다**.

[문형] 동사 ない형 + ずに ~(하)지 않고 ★예외 する→せずに, 来る→来ずに

DAY 35

★ 표시 = 2010년 이후 N3 문자·어휘 기출 단어

1910 ☐☐☐
苦しい ★ | **くるしい** | [い형] 괴롭다

ニュースで取り上げられたひどい事故を見て、胸が苦しくなった。
뉴스에서 다루어진 참혹한 사고를 보고, 가슴이 괴로워졌다.

1911 ☐☐☐
つらい | - | [い형] 괴롭다, 고통스럽다

冬の朝は寒くて布団から出るのがつらい。
겨울 아침은 추워서 이불에서 나가는 것이 괴롭다.

1912 ☐☐☐
恐ろしい ★ | **おそろしい** | [い형] 두렵다

最近は恐ろしい事件が多くて、子どもを一人で外出させられない。
최근은 두려운 사건이 많아서, 아이를 혼자서 외출하게 할 수 없다.

1913 ☐☐☐
怖い ★ | **こわい** | [い형] 무섭다

私だって寝る前に部屋に虫が出たら怖くて眠れないよ。
나라도 자기 전에 방에서 벌레가 나오면 무서워서 잘 수 없어.

[문형] 명사 + だって ~라도 / 동사 た형 + ら ~(하)면

1914 ☐☐☐
無視 | **むし** | [명] 무시

医者の指示を無視してはいけない。
의사의 지시를 무시해서는 안 된다.

[문형] 동사 て형 + はいけない ~(해)서는 안 된다

1915 ☐☐☐
後悔 | **こうかい** | [명] 후회

人はしたことよりもしなかったことを後悔するらしい。
사람은 한 일보다도 하지 않은 일을 후회하는 것 같다.

[문형] 동사 보통형 + らしい ~인 것 같다

★ 표시 = 2010년 이후 N3 문자·어휘 기출 단어

1916
おかしい ★ — | [い형] 이상하다

息子(むすこ)は昨日(きのう)から元気(げんき)がなく、どこか様子(ようす)が**おかしい**。
아들은 어제부터 기운이 없고, 어딘가 상태가 **이상하다**.

1917
感情的だ ★ | **かんじょうてきだ** | [な형] 감정적이다

生徒(せいと)を指導(しどう)するときは、**感情的(かんじょうてき)**にならないようにしています。
학생을 지도할 때는, 감정적으로 되지 않도록 하고 있습니다.

[문형] 동사 ない형 + ないようにする ~(하)지 않도록 하다

1918
惜しい ★ | **おしい** | [い형] 아깝다

昨晩(さくばん)の試合(しあい)は負(ま)けましたが、一点差(いってんさ)で本当(ほんとう)に**惜(お)しかった**です。
어젯밤의 시합은 졌지만, 1점 차라서 정말로 **아까웠습니다**.

1919
思わず | **おもわず** | [부] 엉겁결에, 무심코

ねこの可愛(かわい)い表情(ひょうじょう)を見(み)て**思(おも)わず**笑顔(えがお)になりました。
고양이의 귀여운 표정을 보고 **엉겁결에** 웃는 얼굴이 되었습니다.

1920
表す ★ | **あらわす** | [동] 표현하다, 나타내다

父(ちち)の日(ひ)に、感謝(かんしゃ)の気持(きも)ちを**表(あらわ)す**ためプレゼントを渡(わた)した。
아버지의 날에, 감사의 마음을 표현하기 위해 선물을 건넸다.

[문형] 동사 사전형 + ため ~위해

1921
激しい | **はげしい** | [い형] 격하다, 격심하다, 세차다

地下鉄(ちかてつ)の中(なか)で、子(こ)どもが**激(はげ)しく**泣(な)いている。
지하철 안에서, 아이가 격하게 울고 있다.

1922

反省 | **はんせい** | 명 반성

先輩(せんぱい)に確認(かくにん)せずに作業(さぎょう)を進(すす)めたことを反省(はんせい)しています。
선배에게 확인하지 않고 작업을 진행한 것을 반성하고 있습니다.

1923

寂しい ★ | **さびしい** | い형 쓸쓸하다

秋(あき)になると寂(さび)しいと感(かん)じるのは、科学的(かがくてき)にも理由(りゆう)があります。
가을이 되면 쓸쓸하다고 느끼는 것은, 과학적으로도 이유가 있습니다.

[문형] 동사 사전형 + と ~(하)면

1924

気がする | **きがする** | 기분이 들다, 생각이 들다

今日(きょう)は体調(たいちょう)がいいので、この山(やま)もとんとん登(のぼ)れる気(き)がする。
오늘은 몸 상태가 좋기 때문에, 이 산도 척척 오를 수 있다는 기분이 든다.

1925

自信を持つ | **じしんをもつ** | 자신감을 가지다

何度(なんど)も練習(れんしゅう)したダンスだから自信(じしん)を持(も)っておどれた。
몇 번이고 연습했던 댄스니까 자신감을 가지고 출 수 있었다.

연습문제 체크체크!

[1] 단어에 해당하는 발음을 고른 후, 뜻을 써보세요.

01 悔しい　　　ⓐ くるしい　ⓑ くやしい　　＿＿＿＿＿＿

02 余裕　　　　ⓐ よゆう　　ⓑ よゆ　　　　＿＿＿＿＿＿

03 文句　　　　ⓐ もんぐ　　ⓑ もんく　　　＿＿＿＿＿＿

04 激しい　　　ⓐ はげしい　ⓑ なつかしい　＿＿＿＿＿＿

05 後悔　　　　ⓐ ごかい　　ⓑ こうかい　　＿＿＿＿＿＿

06 怖い　　　　ⓐ つらい　　ⓑ こわい　　　＿＿＿＿＿＿

07 反省　　　　ⓐ はんしょう　ⓑ はんせい　＿＿＿＿＿＿

08 無視　　　　ⓐ ぶし　　　ⓑ むし　　　　＿＿＿＿＿＿

09 惜しい　　　ⓐ おしい　　ⓑ おかしい　　＿＿＿＿＿＿

10 感情的だ　　ⓐ かんしょうてきだ　　　　＿＿＿＿＿＿
　　　　　　　ⓑ かんじょうてきだ

[2] 문맥에 맞게 괄호에 들어갈 단어를 고르세요.

11 このドラマは本当に面白くて何回見ても (飽き / 好み) ません。

12 来月から一人暮らしを始めるが、うまくできるか (面倒だ / 不安だ)。

13 母の料理が (寂しくて / 恋しくて)、レシピを聞いて作ってみた。

14 赤ちゃんはその歌を聞くと (笑顔 / 希望) になった。

15 初めて試合で優勝したときは嬉しくて (気づいて / 泣いて) しまった。

정답: 01 ⓑ 분하다　02 ⓐ 여유　03 ⓑ 불평, 불만　04 ⓐ 격하다, 격심하다, 세차다　05 ⓑ 후회　06 ⓑ 무섭다　07 ⓑ 반성
08 ⓑ 무시　09 ⓐ 아깝다　10 ⓑ 감정적이다　11 飽き　12 不安だ　13 恋しくて　14 笑顔　15 泣いて

DAY 36 건강·질병

mp3 바로 듣기

1926 ☐☐☐

| 健康 ★ | けんこう | 명 건강 |

おじいさんとおばあさんが健康であることを望んでいます。
할아버지와 할머니가 건강할 것을 바라고 있습니다.

1927 ☐☐☐

| 睡眠不足 | すいみんぶそく | 수면 부족 |

睡眠不足が続くといらいらして体調も悪くなる。
수면 부족이 계속되면 짜증이 나고 몸 상태도 나빠진다.

[문형] 동사 사전형 + と ~(하)면

1928 ☐☐☐

| 栄養 ★ | えいよう | 명 영양 |

体を考えて栄養たっぷりの食事をするつもりです。
몸을 생각해서 영양 듬뿍인 식사를 할 생각입니다.

[문형] 동사 사전형 + つもりだ ~(할) 생각이다, (할) 계획이다

1929 ☐☐☐

| 我慢 ★ | がまん | 명 참음, 견딤 |

そんなにつらいなら我慢せずに病院に行ってください。
그렇게 괴롭다면 참지 말고 병원에 가 주세요.

[문형] い형용사 보통형 + なら ~라면 / 동사 ない형 + ずに ~(하)지 않고
★ 예외: する→せずに, 来る→来ずに

1930 ☐☐☐

| 回復 | かいふく | 명 회복 |

歯が痛かったが、治療を受けるにつれ徐々に回復している。
이가 아팠지만, 치료를 받음에 따라 서서히 회복하고 있다.

[문형] 동사 사전형 + につれ ~(함)에 따라

★ 표시 = 2010년 이후 N3 문자·어휘 기출 단어

1931 □□□
予防 | よぼう | 명 예방

喉を温かくするのは風邪の予防に効果的です。
목을 따뜻하게 하는 것은 감기 예방에 효과적입니다.

1932 □□□
無事だ | ぶじだ | な형 무사하다

お母さんの手術が無事に終わり、ほっとして泣いてしまった。
어머니의 수술이 무사히 끝나, 안심해서 울어 버렸다.

[문형] 동사 て형 + しまう ~(해) 버리다

관련어 **無事** ぶじ 명 무사

1933 □□□ ★
検査 | けんさ | 명 검사

検査の前日は午後9時から何も食べないようにしてください。
검사 전날은 오후 9시부터 아무것도 먹지 않도록 해주세요.

[문형] 동사 ない형 + ないようにする ~(하)지 않도록 하다

1934 □□□ ★
血圧 | けつあつ | 명 혈압

一年前より血圧が高くて病気なのか不安でした。
1년 전보다 혈압이 높아서 병이 있는 건지 불안했습니다.

1935 □□□ ★
血液 | けつえき | 명 혈액

血液型は人の血液を特定の基準で分類したものです。
혈액형은 사람의 혈액을 특정 기준으로 분류한 것입니다.

1936 □□□
視力 | しりょく | 명 시력

仕事で普段パソコンを長時間見るせいで視力が落ちてきました。
일 때문에 평소 컴퓨터를 장시간 보는 탓에 시력이 떨어졌습니다.

[문형] 동사 보통형 + せいで ~탓에, 탓으로

★ 표시 = 2010년 이후 N3 문자·어휘 기출 단어

1937 ☐☐☐
深呼吸 / しんこきゅう / 명 심호흡

食事の前にゆっくり深呼吸をすることが消化にいいらしい。
식사 전에 천천히 심호흡을 하는 것이 소화에 좋다고 한다.

[문형] い형용사 보통형 + らしい ~라고 한다

1938 ☐☐☐
退院 ★ / たいいん / 명 퇴원

医者からあと2日後に退院できると言われました。
의사로부터 앞으로 2일 후에 퇴원할 수 있다고 들었습니다.

1939 ☐☐☐
外科 ★ / げか / 명 외과

腰が痛くなって評判のいい外科に行ってみることにした。
허리가 아파져서 평판이 좋은 외과에 가보기로 했다.

[문형] 동사 사전형 + ことにする ~(하)기로 하다

1940 ☐☐☐
眼科 / がんか / 명 안과

眼科では目の病気を治したり、視力回復の手術をしたりする。
안과에서는 눈의 질병을 고치거나, 시력 회복 수술을 하거나 한다.

[문형] 동사 た형 + り + 동사 た형 + りする ~(하)거나 ~(하)거나 하다

1941 ☐☐☐
薬局 ★ / やっきょく / 명 약국

病院が閉まっているね。しょうがない、薬局で薬を買おう。
병원이 닫혀 있네. 어쩔 수 없다, 약국에서 약을 사자.

1942 ☐☐☐
注射 ★ / ちゅうしゃ / 명 주사

インフルエンザがはやる時期だから予防注射を予約しました。
인플루엔자가 유행하는 시기라서 예방 주사를 예약했습니다.

★ 표시 = 2010년 이후 N3 문자·어휘 기출 단어

1943 ☐☐☐
免疫 | めんえき | 명 면역

健康を気にし始めて、免疫にいいというしょうが茶を買った。
건강을 신경쓰기 시작해서, 면역에 좋다고 하는 생강차를 샀다.

[문형] 동사 ます형 + 始める ~(하)기 시작하다 / い형용사 보통형 + という ~라고 하는, 라는

1944 ☐☐☐
治療 | ちりょう | 명 치료

病気を治すには治療はもちろん、十分休むのも大事である。
병을 고치려면 치료는 물론, 충분히 쉬는 것도 중요하다.

[문형] 동사 사전형 + には ~(하)려면

1945 ☐☐☐ ★
調子 | ちょうし | 명 (몸, 기계, 악기의) 상태

午前8時は患者さんの体の調子を確認する時間です。
오전 8시는 환자 분의 몸 상태를 확인하는 시간입니다.

1946 ☐☐☐ ★
傷 | きず | 명 상처

仕事場で傷を負ってしまい、早速病院に向かった。
일터에서 상처를 입어버려서, 바로 병원으로 향했다.

1947 ☐☐☐ ★
咳 | せき | 명 기침

医者は咳が出る時は水を飲んだほうがいいと助言しました。
의사는 기침이 나올 때는 물을 마시는 편이 좋다고 조언했습니다.

[문형] 동사 た형 + ほうがいい ~(하)는 편이 좋다

1948 ☐☐☐ ★
くしゃみ | - | 명 재채기

アレルギーによるくしゃみで病院に来る人が多くなりました。
알레르기에 의한 재채기로 병원에 오는 사람이 많아졌습니다.

[문형] 명사 + による ~에 의한, 에 따른

★ 표시 = 2010년 이후 N3 문자·어휘 기출 단어

1949 ☐☐☐

頭痛 ★ | ずつう | 몡 두통

昨日まで頭痛がひどかったですが、一晩寝たらよくなりました。
어제까지 두통이 심했지만, 하룻밤 잤더니 좋아졌습니다.

1950 ☐☐☐

ふらふら ★ | - | 児 휘청휘청

熱がひどくて、歩くとふらふらします。
열이 심해서, 걸으면 휘청휘청합니다.

1951 ☐☐☐

たまる | - | 동 쌓이다, 늘다

最近ストレスがたまるばかりでとても疲れている。
최근 스트레스가 쌓이기만 해서 매우 피곤하다.

[문형] 동사 사전형 + ばかり ~(하)기만 하다

1952 ☐☐☐

痛い ★ | いたい | い형 아프다

動けないほどお腹が痛くて薬を飲みました。
움직일 수 없을 정도로 배가 아파서 약을 먹었습니다.

관련어 痛み いたみ 몡 아픔

1953 ☐☐☐

からからだ ★ | - | な형 바싹 마르다, 텅텅 비다

風邪で喉がからからだったので、温かい水を飲みに行った。
감기로 목이 바싹 말랐기 때문에, 따뜻한 물을 마시러 갔다.

[문형] 동사 ます형 + に行く ~(하)러 가다

관련어 からから 児 바싹, 텅텅

1954 ☐☐☐

かゆい | - | い형 가렵다

血が出ていた傷の周りがかゆくなりました。
피가 났던 상처의 주변이 가려워졌습니다.

★ 표시 = 2010년 이후 N3 문자·어휘 기출 단어

1955
だるい ★ | - | **い형** 나른하다, 지루하다

体がだるくてずっとあくびが出ます。
몸이 나른해서 계속 하품이 납니다.

1956
苦痛 | **くつう** | **명** 고통

あの注射は手術の時に患者が感じる苦痛を軽くします。
저 주사는 수술할 때에 환자가 느끼는 고통을 가볍게 합니다.

1957
吐く | **はく** | **동** 토하다, 내뱉다

吐きそうになったらこのビニール袋にしてもかまわないよ。
토할 것 같으면 이 비닐 봉지에 해도 괜찮아.

[문형] 동사 ます형 + そうだ ~(할) 것 같다 / 동사 て형 + もかまわない ~(해)도 괜찮다

1958
ひかれる | - | **동** 치이다

車にひかれて大怪我をした人が病院に運ばれた。
차에 치여서 큰 부상을 입은 사람이 병원으로 옮겨졌다.

1959
触れる ★ | **ふれる** | **동** 만지다, 닿다, 접촉하다

汚い手で傷に触れてはいけません。
더러운 손으로 상처를 만지면 안 됩니다.

[문형] 동사 て형 + はいけない ~(하)면 안 된다

1960
具合が悪い | **ぐあいがわるい** | 몸 상태가 나쁘다

具合が悪い時は休むのが当然だ。
몸 상태가 나쁠 때는 쉬는 것이 당연하다.

★ 표시 = 2010년 이후 N3 문자·어휘 기출 단어

1961 □□□
たばこを吸う | **たばこをすう** | 담배를 피우다

私は自分の意志で**たばこを吸う**のをやめることにした。
나는 스스로의 의지로 담배를 피우는 것을 그만두기로 했다.

[문형] 동사 사전형 + ことにする ~(하)기로 하다

1962 □□□
調子が悪い | **ちょうしがわるい** | (몸) 상태가 나쁘다

風邪を引いたせいで、体の**調子が悪**くなった。
감기에 걸린 탓에, 몸 상태가 나빠졌다.

[문형] 동사 보통형 + せいで ~탓에, 탓으로

1963 □□□
救助 | **きゅうじょ** | 명 구조

事故にあった人が生きていると信じて**救助**にあたった。
사고를 당한 사람이 살아있다고 믿고 구조에 임했다.

1964 □□□
助ける ★ | **たすける** | 동 구조하다, 돕다

命を**助ける**ということは何よりも価値のあることだ。
목숨을 구조한다는 것은 무엇보다도 가치가 있는 것이다.

[문형] 동사 보통형 + という ~라는, 라고 하는 / 동사 사전형 + ことだ ~것이다

연습문제 체크체크!

[1] 단어에 해당하는 발음을 고른 후, 뜻을 써보세요.

01 咳　　　　　ⓐ せき　ⓑ くしゃみ　　＿＿＿＿＿＿＿

02 眼科　　　　ⓐ かんか　ⓑ がんか　　＿＿＿＿＿＿＿

03 我慢　　　　ⓐ がまん　ⓑ かまん　　＿＿＿＿＿＿＿

04 回復　　　　ⓐ かいふく　ⓑ がいふく　＿＿＿＿＿＿＿

05 頭痛　　　　ⓐ くつう　ⓑ ずつう　　＿＿＿＿＿＿＿

06 注射　　　　ⓐ ちゅしゃ　ⓑ ちゅうしゃ　＿＿＿＿＿＿＿

07 傷　　　　　ⓐ ちりょう　ⓑ きず　　＿＿＿＿＿＿＿

08 血圧　　　　ⓐ けつあつ　ⓑ げつあつ　＿＿＿＿＿＿＿

09 調子　　　　ⓐ ちょし　ⓑ ちょうし　　＿＿＿＿＿＿＿

10 外科　　　　ⓐ けか　ⓑ げか　　　　＿＿＿＿＿＿＿

[2] 문맥에 맞게 괄호에 들어갈 단어를 고르세요.

11 頭が (痛くて / 無事で)、薬局で買った薬を飲みました。

12 健康を考えて (予防 / 栄養) がある食事をしましょう。

13 祖母は明日 (免疫 / 退院) できるそうです。

14 ストレスが (たまる / ひかれる) と、病気になるかもしれない。

15 朝食を食べないで血液 (救助 / 検査) を受けに行った。

정답: 01 ⓐ 기침　02 ⓑ 안과　03 ⓐ 참음, 견딤　04 ⓐ 회복　05 ⓑ 두통　06 ⓑ 주사　07 ⓑ 상처　08 ⓐ 혈압
　　　09 ⓑ (몸, 기계, 악기의) 상태　10 ⓑ 외과　11 痛くて　12 栄養　13 退院　14 たまる　15 検査

DAY 37 자연·환경

mp3 바로 듣기

1965

自然 ★ しぜん 명 자연

自然はお金を使っても完全には回復できないので、守るべきだ。
자연은 돈을 써도 완전히는 회복할 수 없기 때문에, 지켜야 한다.

[문형] 동사 사전형 + べきだ ~(해)야 한다

1966

葉 ★ は 명 잎

秋になって道で赤や黄色の葉が見られるようになりました。
가을이 되어 길에서 빨간색이나 노란색 잎을 볼 수 있게 되었습니다.

[문형] 동사 보통형 + ようになる ~(하)게 되다

1967

種 たね 명 씨

この木は種を植えてから花が咲くまでどのぐらいかかりますか。
이 나무는 씨를 심고 나서 꽃이 피기까지 얼마나 걸립니까?

[문형] 동사 て형 + から ~(하)고 나서

1968

根 ★ ね 명 뿌리

台風で家の前の木が根から抜けて倒れた。
태풍으로 집 앞의 나무가 뿌리부터 뽑혀서 쓰러졌다.

1969

植える ★ うえる 동 심다

今年の春、昨年植えた桜の木に花が咲くでしょう。
올해 봄, 작년에 심은 벚꽃나무에 꽃이 피겠지요.

★ 표시 = 2010년 이후 N3 문자·어휘 기출 단어

1970
伸びる | **のびる** | 동 자라다, 펴지다, 뻗다

ひまわりはどんどん**伸びて**私の背に追いついた。
해바라기는 점점 자라서 내 키를 따라잡았다.

1971
紅葉 | **もみじ/こうよう** | 명 단풍

両親はきれいな**紅葉**を笑顔で見ています。
부모님은 예쁜 단풍을 웃는 얼굴로 보고 있습니다.

1972
枯れる ★ | **かれる** | 동 시들다, 마르다

最小限の管理もしなかったせいで、庭のバラが**枯れて**しまった。
최소한의 관리도 하지 않은 탓에, 정원의 장미가 시들어 버렸다.

[문형] い형용사 보통형 + せいで ~탓에, 탓으로 / 동사 て형 + しまう ~(해) 버리다

1973
かげ ★ | - | 명 그늘, 음영

動物園に行って、**かげ**の下で休んでいるうさぎに触れてみた。
동물원에 가서, 그늘 아래에서 쉬고 있는 토끼를 만져보았다.

1974
泉 | **いずみ** | 명 샘, 샘물

昔は結構大きな**泉**だったのに、今ではからからだ。
옛날에는 꽤 큰 샘이었는데, 지금은 바싹 말라있다.

1975
囲む ★ | **かこむ** | 동 둘러싸다

海に**囲まれた**町では息を吸い込むとしょっぱい匂いがする。
바다로 둘러싸인 마을에서는 숨을 들이마시면 짠 냄새가 난다.

[문형] 동사 사전형 + と ~(하)면

★ 표시 = 2010년 이후 N3 문자·어휘 기출 단어

1976
岩 ★ | いわ | 명 바위

波で削られた岩の形がまるで作品のようにすばらしかった。
파도로 깎인 바위의 형태가 마치 작품같이 멋있었다.

[문형] 명사 の + ように ~같이

1977
砂 ★ | すな | 명 모래

青い海と白い砂が広がっている景色は毎日見ても飽きません。
파란 바다와 하얀 모래가 펼쳐져 있는 경치는 매일 봐도 질리지 않습니다.

1978
泥 | どろ | 명 진흙

今朝雨が降って山道が泥だらけになった。
오늘 아침 비가 내려서 산길이 진흙투성이가 되었다.

[문형] 명사 + だらけ ~투성이

1979
なだらかだ ★ | - | な형 완만하다, 온화하다

その丘はなだらかだったので、余裕で登れました。
그 언덕은 완만했기 때문에, 여유롭게 오를 수 있었습니다.

1980
土地 ★ | とち | 명 토지, 땅

環境を守るためにこの林の土地は開発しないことにした。
환경을 지키기 위해서 이 수풀의 토지는 개발하지 않기로 했다.

[문형] 동사 사전형 + ために ~위해서 / 동사 ない형 + ないことにする ~(하)지 않기로 하다

1981
地面 | じめん | 명 지면, 땅

地面の強い揺れにより深刻な被害が出ました。
지면의 강한 흔들림에 의해서 심각한 피해가 나왔습니다.

[문형] 명사 + により ~에 의해서, 에 따라서

★ 표시 = 2010년 이후 N3 문자·어휘 기출 단어

1982 ☐☐☐
地方 | **ちほう** | 명 지방

いっぱんてき みなみ い ち おんだん ちほう さくら さ はじ
一般的に南に位置する温暖な地方から桜が咲き始めます。
일반적으로 남쪽에 위치한 온난한 지방부터 벚꽃이 피기 시작합니다.

[문형] 동사 ます형 + 始める ~(하)기 시작하다

1983 ☐☐☐
さらさら ★ | - | 부 사각사각, 졸졸

は かぜ ふ おと だ
葉っぱは風に吹かれてさらさらと音を出した。
나뭇잎은 바람에 날려 사각사각 소리를 냈다.

1984 ☐☐☐
空中 | **くうちゅう** | 명 공중

つよ かぜ と たね くうちゅう まわ
強い風で飛ばされたタンポポの種が空中で回っている。
강한 바람에 날려진 민들레 씨가 공중에서 돌고 있다.

1985 ☐☐☐
溺れる ★ | **おぼれる** | 동 (물에) 빠지다

みずうみ おぼ おそ せん うちがわ はい
湖に溺れる恐れがあるので、この線の内側に入らないでください。
호수에 빠질 우려가 있으므로, 이 선 안쪽으로 들어가지 말아 주세요.

1986 ☐☐☐
溢れる ★ | **あふれる** | 동 넘치다

はる はな あふ こきょう こい
春には花で溢れていた故郷が恋しいです。
봄에는 꽃으로 넘치던 고향이 그립습니다.

1987 ☐☐☐
沈む ★ | **しずむ** | 동 지다, 가라앉다, 잠기다

ゆうひ しず けしき すてき す じかん お おも
夕日が沈む景色が素敵で、過ぎてゆく時間が惜しいと思った。
석양이 지는 경치가 근사해서, 지나가는 시간이 아깝다고 생각했다.

★ 표시 = 2010년 이후 N3 문자·어휘 기출 단어

1988 ☐☐☐

| 折れる ★ | おれる | 图 부러지다, 꺾이다, 접히다 |

折れた枝が落ちている山道を歩いたらぽきぽきと音がした。
부러진 가지가 떨어져 있는 산길을 걸었더니 똑똑하고 소리가 났다.

[문형] 동사 た형 + ら ~(했)더니, (하)면

1989 ☐☐☐

| 流れる ★ | ながれる | 图 흐르다 |

流れる雲を見ているだけでなんだか気分がよくなります。
흐르는 구름을 보고 있는 것만으로 왠지 기분이 좋아집니다.

[문형] 동사 보통형 + だけで ~만으로, 뿐

관련어 流れ ながれ 图 흐름

1990 ☐☐☐

| 吸い込む | すいこむ | 图 들이마시다, 빨아들이다 |

山の頂上で新鮮な空気を吸い込むとさわやかな気分になる。
산 정상에서 신선한 공기를 들이마시면 상쾌한 기분이 된다.

[문형] 동사 사전형 + と ~(하)면

1991 ☐☐☐

| 泡 ★ | あわ | 图 거품 |

波打って泡が立つことを「海の花」と呼ぶらしいです。
파도쳐서 거품이 이는 것을 '바다의 꽃'이라고 부른다고 합니다.

[문형] 동사 보통형 + らしい ~라고 한다

1992 ☐☐☐

| 資源 ★ | しげん | 图 자원(인간 생활 등에 이용되는 원료) |

自然から得られる資源はいつかなくなることを考えて使うべきだ。
자연에서 얻을 수 있는 자원은 언젠가 없어질 것을 생각하고 사용해야 한다.

[문형] 동사 사전형 + べきだ ~해야 한다

★ 표시 = 2010년 이후 N3 문자·어휘 기출 단어

1993
農業 ★ | **のうぎょう** | 몡 농업

のうぎょう　しぜんげんしょう　えいきょう　う
農業は自然現象の影響を受けやすいです。
농업은 자연 현상의 영향을 받기 쉽습니다.

[문형] 동사 ます형 + やすい　~(하)기 쉽다

1994
奪う ★ | **うばう** | 동 빼앗다

どうぶつ　　いばしょ　　うば
動物の居場所を**奪って**はいけません。
동물의 거처를 빼앗아서는 안 됩니다.

[문형] 동사 て형 + はいけない　~(해)서는 안 된다

1995
環境 | **かんきょう** | 명 환경

りょう　み　　かんきょうもんだい　ふ　　　　　　　　　　おも
ごみの量を見ると**環境**問題が増えてもおかしくないと思う。
쓰레기 양을 보면 환경 문제가 늘어도 이상하지 않다고 생각한다.

[문형] 동사 て형 + もおかしくない　~(해)도 이상하지 않다

1996
存在 | **そんざい** | 명 존재

せかい　　　　わたし　　　　　　　　し　　　　おそ　　　　　　どうぶつ　　そんざい
世界には私たちがまだ知らない恐ろしい動物も**存在**するだろう。
세계에는 우리들이 아직 모르는 무서운 동물도 존재하겠지.

[문형] 동사 보통형 + だろう　~이겠지

1997
使い捨て用品 | **つかいすてようひん** | 명 일회용품

つか　す　ようひん　この　ひと　　　　　　　　　　　　　　　つか
使い捨て用品を好む人もいるが、なるべく使わないほうがいい。
일회용품을 선호하는 사람도 있지만, 가능한 한 쓰지 않는 편이 좋다.

[문형] 동사 ない형 + ないほうがいい　~(하)지 않는 편이 좋다

1998 □□□

現れる ★ | あらわれる | 동 나타나다

森の中を歩いていたが、いきなりサルが現れてびっくりした。
숲속을 걷고 있었는데, 갑자기 원숭이가 나타나서 놀랐다.

1999 □□□

吠える ★ | ほえる | 동 짖다

うちの犬が何か気づいてほしいというように吠えています。
우리 집 개가 뭔가 알아차려 줬으면 좋겠다는 듯이 짖고 있습니다.

[문형] 동사 て형 + ほしい ~(해) 줬으면 좋겠다 / い형용사 보통형 + という ~라는 / 동사 사전형 + ように ~듯이

2000 □□□

隠す ★ | かくす | 동 감추다, 숨기다

猫は人が怖いのか、電柱の後ろに身を隠した。
고양이는 사람이 무서운 것인지, 전봇대 뒤에 몸을 감추었다.

2001 □□□

隠れる | かくれる | 동 숨다

かごからいなくなった小鳥はたんすの上に隠れていました。
새장에서 없어진 작은 새는 옷장 위에 숨어 있었습니다.

2002 □□□

燃やす | もやす | 동 태우다

ごみを燃やす量を減らすだけでも空気がきれいになるだろう。
쓰레기를 태우는 양을 줄이는 것만으로도 공기가 깨끗해지겠지.

[문형] 동사 보통형 + だけでも ~만으로도

2003 □□□

跳ねる | はねる | 동 뛰다, 뛰어오르다

魚が池の中からぴょんと跳ね上がった。
물고기가 연못 속에서 팔딱하고 뛰어올랐다.

연습문제 체크체크!

[1] 단어에 해당하는 발음을 고른 후, 뜻을 써보세요.

01 環境　　　ⓐ かんきょう　ⓑ かんぎょう　_____

02 土地　　　ⓐ どち　ⓑ とち　_____

03 葉　　　　ⓐ あわ　ⓑ は　_____

04 砂　　　　ⓐ すな　ⓑ いずみ　_____

05 泥　　　　ⓐ いわ　ⓑ どろ　_____

06 溺れる　　ⓐ おぼれる　ⓑ かくれる　_____

07 根　　　　ⓐ たね　ⓑ ね　_____

08 沈む　　　ⓐ しずむ　ⓑ かこむ　_____

09 隠す　　　ⓐ もやす　ⓑ かくす　_____

10 現れる　　ⓐ あふれる　ⓑ あらわれる　_____

[2] 문맥에 맞게 괄호에 들어갈 단어를 고르세요.

11 自然（しぜん）から得（え）る (農業 / 資源) はいつかなくなるでしょう。

12 公園（こうえん）にたくさんの桜（さくら）が (枯れ / 植え) られています。

13 川（かわ）が (流れる / 伸びる) 音（おと）を聞（き）いていると、涼（すず）しく感（かん）じる。

14 うちの犬（いぬ）は初（はじ）めて見（み）る人（ひと）にもあまり (吠え / 折れ) ません。

15 木（き）の (かげ / 紅葉) でおばあさんたちが休（やす）んでいるようだ。

정답: 01 ⓐ 환경　02 ⓑ 토지, 땅　03 ⓑ 잎　04 ⓐ 모래　05 ⓑ 진흙　06 ⓐ (물에) 빠지다　07 ⓑ 뿌리
08 ⓐ 지다, 가라앉다, 잠기다　09 ⓑ 감추다, 숨기다　10 ⓑ 나타나다　11 資源　12 植え　13 流れる　14 吠え　15 かげ

DAY 38 예술·문화

mp3 바로 듣기

2004 □□□
芸術 ★ | **げいじゅつ** | 명 예술

げいじゅつかつどう こころ びょうき ちりょう ほうほう
芸術活動で心の病気を治療する方法があります。
예술 활동으로 마음의 병을 치료하는 방법이 있습니다.

2005 □□□
美術 | **びじゅつ** | 명 미술

てんじかい せかい いちばんこうか びじゅつひん
この展示会には世界で一番高価な美術品があるそうです。
이 전시회에는 세계에서 가장 고가인 미술품이 있다고 합니다.

[문형] 동사 보통형 + そうだ ~라고 한다

2006 □□□
見事だ | **みごとだ** | な형 훌륭하다, 멋지다

え さっか すうじかん えが おも みごと
その絵は作家が数時間で描いたとは思えないほど見事だった。
그 그림은 작가가 몇 시간 만에 그렸다고는 생각할 수 없을 정도로 훌륭했다.

2007 □□□
図 ★ | **ず** | 명 도면, 그림

れきしてき かち たてもの せっけいず はっけん
歴史的な価値がある建物の設計図が発見されました。
역사적인 가치가 있는 건물의 설계 도면이 발견되었습니다.

2008 □□□
曲線 | **きょくせん** | 명 곡선

さっか え うつく きょくせん どくとく いろ つか かた ゆうめい
あの作家の絵は美しい曲線と独特な色の使い方で有名らしい。
저 작가의 그림은 아름다운 곡선과 독특한 색 사용법으로 유명하다고 한다.

[문형] な형용사 어간 + らしい ~라고 한다

★ 표시 = 2010년 이후 N3 문자·어휘 기출 단어

2009 ☐☐☐

| 公演 | こうえん | 명 공연 |

公演の最中にくしゃみが出て、人々に注目され恥ずかしかった。
한창 공연하는 중에 재채기가 나와서, 사람들에게 주목받아 부끄러웠다.

[문형] 명사 の + 最中に 한창 ~(하)는 중에

2010 ☐☐☐

| 感想 ★ | かんそう | 명 감상 |

読書会で本を読んだ後に感想を言い合うつもりです。
독서 모임에서 책을 읽은 후에 감상을 서로 말할 계획입니다.

[문형] 동사 사전형 + つもりだ ~(할) 계획이다, (할) 생각이다

2011 ☐☐☐

| 楽器 ★ | がっき | 명 악기 |

楽器の調子が悪いのか正確な音が出なくて困りました。
악기의 상태가 나쁜 것인지 정확한 음이 나지 않아서 곤란했습니다.

2012 ☐☐☐

| 演奏 ★ | えんそう | 명 연주 |

演奏を始める前に深呼吸をした。
연주를 시작하기 전에 심호흡을 했다.

[문형] 동사 사전형 + 前に ~전에

2013 ☐☐☐

| 作曲 | さっきょく | 명 작곡 |

彼が作曲した曲は希望溢れるこの歌詞にぴったりだ。
그가 작곡한 곡은 희망 넘치는 이 가사에 딱 맞는다.

2014 ☐☐☐

| 行為 | こうい | 명 행위 |

作品を描く行為自体が作品になることもあります。
작품을 그리는 행위 자체가 작품이 되는 것도 있습니다.

★ 표시 = 2010년 이후 N3 문자·어휘 기출 단어

2015 ☐☐☐

| 撮影 | さつえい | 명 촬영 |

ドキュメンタリーの撮影場所は海に囲まれた島でした。
다큐멘터리의 촬영 장소는 바다로 둘러싸인 섬이었습니다.

2016 ☐☐☐

| 登場 ★ | とうじょう | 명 등장 |

前回、事故にあったドラマの主人公が無事に助かって登場した。
전 회, 사고를 당한 드라마 주인공이 무사히 구조되어 등장했다.

2017 ☐☐☐

| 観客 ★ | かんきゃく | 명 관객 |

映画が終わった後、急に俳優たちが現れて観客は驚きました。
영화가 끝난 후, 갑자기 배우들이 나타나서 관객은 놀랐습니다.

2018 ☐☐☐

| 席 ★ | せき | 명 좌석, 자리 |

本当に有名なミュージカルなので初回は満席になるはずです。
정말로 유명한 뮤지컬이기 때문에 초회는 만석이 될 것입니다.

[문형] 동사 보통형 + はずだ ~일 것이다

2019 ☐☐☐

| 想像力 | そうぞうりょく | 명 상상력 |

豊かな想像力と発想力は芸術をより進歩させます。
풍부한 상상력과 발상력은 예술을 보다 진보시킵니다.

2020 ☐☐☐

| 劇的だ | げきてきだ | な형 극적이다 |

あのドラマは劇的な結末で見ている人を驚かせました。
그 드라마는 극적인 결말로 보고 있는 사람을 놀라게 했습니다.

★ 표시 = 2010년 이후 N3 문자·어휘 기출 단어

2021 ☐☐☐
流行 ★ | りゅうこう | 명 유행

現在SNSなどで流行している言葉は何ですか。
현재 SNS 등에서 유행하고 있는 말은 무엇입니까?

2022 ☐☐☐
はやる | - | 동 유행하다

昔はやった服が今またはやっているようです。
옛날에 유행했던 옷이 지금 다시 유행하고 있는 것 같습니다.

[문형] 동사 보통형 + ようだ ~(인) 것 같다

2023 ☐☐☐
関心 ★ | かんしん | 명 관심

A銀行は映画産業に関心を持ち、制作団体への寄付を決定した。
A은행은 영화 산업에 관심을 가지고, 제작 단체에 기부를 결정했다.

2024 ☐☐☐
文字 ★ | もじ | 명 글자, 문자

記事には誰もが読みやすい文字スタイルが使われています。
기사에는 누구든지 읽기 쉬운 글자체가 사용되고 있습니다.

[문형] 동사 ます형 + やすい ~(하)기 쉽다

2025 ☐☐☐
寺院 | じいん | 명 사원, 사찰

結構昔に建てられたこの寺院は傷もなくよく保存されている。
꽤 옛날에 세워진 이 사원은 흠도 없이 잘 보존되어 있다.

2026 ☐☐☐
続き ★ | つづき | 명 다음

具合が悪かったが、ドラマの続きが気になって寝ずに見ました。
몸 상태가 나빴지만, 드라마의 다음이 궁금해서 자지 않고 봤습니다.

[문형] 동사 ない형 + ずに ~(하)지 않고

★ 표시 = 2010년 이후 N3 문자·어휘 기출 단어

2027
分類 ★ ぶんるい 명 분류

映画や音楽などの種類を分類したものをジャンルと言います。
영화나 음악 등의 종류를 분류한 것을 장르라고 말합니다.

2028
雑誌 ★ ざっし 명 잡지

最近話題の免疫や栄養に関する情報を雑誌に載せることにした。
최근 화제인 면역이나 영양에 관한 정보를 잡지에 싣기로 했다.

[문형] 명사 + に関する ~에 관한 / 동사 사전형 + ことにする ~(하)기로 하다

2029
発行 はっこう 명 발행

B新聞社は去年90万部以上を発行したということだ。
B신문사는 작년 90만 부 이상을 발행했다고 한다.

[문형] 동사 보통형 + ということだ ~라고 한다

2030
発刊 はっかん 명 발간

小食の良さをテーマに書いた本を発刊するつもりです。
적게 먹는 것의 좋은 점을 주제로 쓴 책을 발간할 생각입니다.

[문형] 동사 사전형 + つもりだ ~(할) 생각이다, (할) 계획이다

2031
夕刊 ゆうかん 명 석간

今日の夕刊で「高血圧を予防するには」という記事を見ました。
오늘 석간에서 '고혈압을 예방하려면' 이라는 기사를 보았습니다.

[문형] 동사 사전형 + には ~(하)려면 / 구 + という ~라는, 라고 하는

★ 표시 = 2010년 이후 N3 문자·어휘 기출 단어

2032

週刊誌 ★ しゅうかんし　　명 주간지

A週刊誌は睡眠不足が健康に及ぼす影響をテーマに特集を作る。
A주간지는 수면 부족이 건강에 미치는 영향을 테마로 특집을 만든다.

2033

重視　　じゅうし　　명 중시

集団を重視する文化から個人を重視する文化に変化している。
집단을 중시하는 문화에서 개인을 중시하는 문화로 변화하고 있다.

2034

伝統　　でんとう　　명 전통

100年も続く伝統のある祭りをこれからも残していきたい。
100년이나 계속된 전통이 있는 축제를 앞으로도 남겨가고 싶다.

[문형] 동사 ます형 + たい ~(하)고 싶다

관련어　伝統的だ　でんとうてきだ　な형 전통적이다

2035

欧米　　おうべい　　명 유럽과 미국

欧米の文化の共通点と違いについて発表します。
유럽과 미국의 문화의 공통점과 차이에 대해서 발표하겠습니다.

[문형] 명사 + について ~에 대해서

2036

結婚式　　けっこんしき　　명 결혼식

結婚式の形も国ごとに違うところがあります。
결혼식의 형태도 나라마다 다른 점이 있습니다.

[문형] 명사 + ごとに ~마다

★ 표시 = 2010년 이후 N3 문자·어휘 기출 단어

2037

厳重だ | **げんじゅうだ** | な形 엄중하다

コンサートでは録音することを**厳重**に禁止しています。
콘서트에서는 녹음하는 것을 엄중히 금지하고 있습니다.

> 관련어 **厳重** げんじゅう 명 엄중

2038

記録 ★ | **きろく** | 명 기록

私たちが歴史を知れるのは**記録**のおかげです。
우리들이 역사를 알 수 있는 것은 기록 덕분입니다.

> [문형] 명사 の + おかげだ ~덕분이다

2039

保存 | **ほぞん** | 명 보존

博物館では文化財の**保存**と展示をしております。
박물관에서는 문화재의 보존과 전시를 하고 있습니다.

2040

王様 | **おうさま** | 명 왕, 임금님

私の国にはいませんが、**王様**がいる国もあります。
우리나라에는 없지만, 왕이 있는 나라도 있습니다.

2041

近代 | **きんだい** | 명 근대

近代を背景に書かれた小説をたくさん読みました。
근대를 배경으로 쓰여진 소설을 많이 읽었습니다.

2042

伝説 | **でんせつ** | 명 전설

ある地方の**伝説**をもとに作られた映画が大ヒットした。
어느 지방의 전설을 토대로 만들어진 영화가 대히트했다.

> [문형] 명사 + をもとに ~을 토대로, 을 바탕으로

연습문제 체크체크!

[1] 단어에 해당하는 발음을 고른 후, 뜻을 써보세요.

01 楽器　　　ⓐ がっき　ⓑ かっき　　　＿＿＿＿＿＿＿

02 芸術　　　ⓐ けいじゅつ　ⓑ げいじゅつ　＿＿＿＿＿＿＿

03 感想　　　ⓐ がんそう　ⓑ かんそう　　＿＿＿＿＿＿＿

04 文字　　　ⓐ もじ　ⓑ もし　　　　　＿＿＿＿＿＿＿

05 記録　　　ⓐ ぎろく　ⓑ きろく　　　＿＿＿＿＿＿＿

06 流行　　　ⓐ りゅうこう　ⓑ ゆうこう　＿＿＿＿＿＿＿

07 登場　　　ⓐ どうじょう　ⓑ とうじょう　＿＿＿＿＿＿＿

08 分類　　　ⓐ ぶんるい　ⓑ ふんるい　　＿＿＿＿＿＿＿

09 席　　　　ⓐ ず　ⓑ せき　　　　　　＿＿＿＿＿＿＿

10 週刊誌　　ⓐ しゅうかんし　ⓑ しゅうかんじ　＿＿＿＿＿＿＿

[2] 문맥에 맞게 괄호에 들어갈 단어를 고르세요.

11 あの (雑誌 / 伝説) には最近はやっている音楽が紹介されています。

12 公演が終わった後、多くの (王様 / 観客) が感動で涙を流していた。

13 彼のピアノの (演奏 / 伝統) は大変素晴らしいものでした。

14 ドラマの (発行 / 続き) が気になって眠れない。

15 1980年代の映画に (関心 / 撮影) があり、当時の作品はほとんど見た。

정답: 01 ⓐ 악기　02 ⓑ 예술　03 ⓑ 감상　04 ⓐ 글자, 문자　05 ⓑ 기록　06 ⓐ 유행　07 ⓑ 등장　08 ⓐ 분류
09 ⓑ 좌석, 자리　10 ⓐ 주간지　11 雑誌　12 観客　13 演奏　14 続き　15 関心

DAY 39 여가·취미

mp3 바로 듣기

2043 ☐☐☐

外出 ★ **がいしゅつ** 　명 외출

土曜日に泉がきれいで有名なところへ外出する予定です。
토요일에 샘이 아름다워서 유명한 곳으로 외출할 예정입니다.

2044 ☐☐☐

連休 ★ **れんきゅう** 　명 연휴

明日から連休が始まるので、紅葉を見に山へ行こうと思う。
내일부터 연휴가 시작돼서, 단풍을 보러 산에 가려고 생각한다.

[문형] 동사 의지형 + と思う ~(하)려고 생각하다

2045 ☐☐☐

楽だ ★ **らくだ** 　な형 편하다, 쉽다

夏休みの宿題を早く終えて、楽な気持ちで公演場に行きました。
여름방학 숙제를 빨리 끝내고, 편한 마음으로 공연장에 갔습니다.

2046 ☐☐☐

ぐっすり ★ **-** 　부 푹

昨日一日ぐっすり寝たら、体がすっきりしました。
어제 하루 푹 잤더니, 몸이 상쾌해졌습니다.

[문형] 동사 た형 + ら ~(했)더니, (하)면

288 무료 학습자료 제공 japan.Hackers.com

2047

退屈だ ★ | たいくつだ | な형 지루하다

休日のたびに家で休んでばかりいるのは退屈すぎます。
휴일마다 집에서 쉬기만 하는 것은 너무 지루합니다.

[문형] 명사 の + たびに ~마다 / 동사 て형 + ばかりいる ~(하)기만 하다 / な형용사 어간 + すぎる 너무 ~(하)다

관련어 退屈 たいくつ 명 지루함

2048

入門 ★ | にゅうもん | 명 입문

フランス語を入門書で基礎からしっかり学んでいます。
프랑스어를 입문서로 기초부터 확실히 배우고 있습니다.

2049

初心者 | しょしんしゃ | 명 초심자, 초보자

ギターはまだ初心者だから、難しい曲は弾けないよ。
기타는 아직 초심자라서, 어려운 곡은 칠 수 없어.

2050

初級 | しょきゅう | 명 초급

今週の金曜日からピアノ教室の初級クラスに通います。
이번 주 금요일부터 피아노 교실의 초급 클래스에 다닙니다.

2051

中級 | ちゅうきゅう | 명 중급

日本語の中級会話ではどのような表現を学びますか。
일본어 중급 회화에서는 어떤 표현을 배웁니까?

2052

上級 | じょうきゅう | 명 상급

バイオリンの上級者なら、この曲は簡単に演奏できます。
바이올린 상급자라면, 이 곡은 간단히 연주할 수 있습니다.

[문형] 명사 + なら ~라면, (한)다면

★ 표시 = 2010년 이후 N3 문자·어휘 기출 단어

2053 □□□
募集 ★ | **ぼしゅう** | 명 모집

文化センターでゴルフに興味がある方を募集します。
문화 센터에서 골프에 흥미가 있는 분을 모집합니다.

2054 □□□
通知 ★ | **つうち** | 명 통지

来週の料理教室の時間が変更になったという通知が来た。
다음 주 요리 교실의 시간이 변경되었다는 통지가 왔다.

[문형] 동사 보통형 + という ~라는, 라고 하는

2055 □□□
受講 | **じゅこう** | 명 수강

作曲が学べる音楽教室を受講することにした。
작곡을 배울 수 있는 음악 교실을 수강하기로 했다.

[문형] 동사 사전형 + ことにする ~(하)기로 하다

> 관련어 受講料 じゅこうりょう 명 수강료

2056 □□□
加入 | **かにゅう** | 명 가입

読書会に加入する時に必要な金額は下に書いてあります。
독서 모임에 가입할 때에 필요한 금액은 아래에 적혀 있습니다.

[문형] 동사 て형 + ある ~되어 있다

2057 □□□
登録 | **とうろく** | 명 등록

この英語教室は登録する前にレベルテストを行います。
이 영어 교실은 등록하기 전에 레벨 테스트를 진행합니다.

[문형] 동사 사전형 + 前に ~(하)기 전에

2058 □□□
習い事 | **ならいごと** | 명 학원(보습 또는 예체능 사교육)

退屈している子どもにサッカーの習い事を勧めました。
지루해하는 아이에게 축구 학원을 권했습니다.

★ 표시 = 2010년 이후 N3 문자·어휘 기출 단어

2059
| 活動 ★ | かつどう | 명 활동 |

就職しても趣味で美術活動を続けていくつもりです。
취직해도 취미로 미술 활동을 계속해 갈 생각입니다.

[문형] 동사 사전형 + つもりだ ~(할) 생각이다, (할) 계획이다

2060
| 習い始める | ならいはじめる | 동 배우기 시작하다 |

水泳を習い始めたときは、足が沈んで泳げなかった。
수영을 배우기 시작했을 때는, 다리가 가라앉아서 헤엄치지 못했다.

2061
| 山登り | やまのぼり | 명 등산, 산에 오름 |

友達が山登りの初心者なので、なだらかな山に登っています。
친구가 등산 초심자라서, 완만한 산에 오르고 있습니다.

2062
| 登山 | とざん | 명 등산 |

せっかく早く起きたので、登山に行こうと思います。
모처럼 일찍 일어났기 때문에, 등산하러 가려고 생각합니다.

[문형] 동작 명사 + に行く ~(하)러 가다

2063
| 頂上 | ちょうじょう | 명 정상 |

父はどんな険しい山だって途中で諦めずに頂上まで登る。
아버지는 어떤 험준한 산이라도 도중에 포기하지 않고 정상까지 오른다.

[문형] 명사 + だって ~라도 / 동사 ない형 + ずに ~(하)지 않고

2064
| 様々だ ★ | さまざまだ | な형 여러 가지이다 |

さらさら流れる川や岩に当たる波など様々なことを絵に描きます。
졸졸 흐르는 강이나 바위에 부딪치는 파도 등 여러 가지 것을 그림으로 그립니다.

관련어 様々 さまざま 명 여러 가지

★ 표시 = 2010년 이후 N3 문자·어휘 기출 단어

2065 □□□

| 大体 ★ | だいたい | 부 대개, 대략 |

彼女は休日は**大体**映画館で映画を見るらしいです。
그녀는 휴일은 대개 영화관에서 영화를 본다고 합니다.

[문형] 동사 보통형 + らしい ~라고 한다

2066 □□□

| 移る | うつる | 동 이동하다 |

美術館で作品を見た後、散歩しに公園に**移りました**。
미술관에서 작품을 본 후, 산책하러 공원으로 이동했습니다.

2067 □□□

| 飛び込む | とびこむ | 동 뛰어들어가다, 뛰어들다 |

私たちは海を見たとたん**飛び込みました**。
우리들은 바다를 보자 마자 뛰어들어갔습니다.

[문형] 동사 た형 + とたん ~(하)자 마자

2068 □□□

| 費用 | ひよう | 명 비용 |

イタリア語講座の受講**費用**を期限までに出してください。
이탈리아어 강좌의 수강 비용을 기한까지 내주세요.

2069 □□□

| 応募 ★ | おうぼ | 명 응모 |

お菓子作りコンテストの**応募**対象は下記の通りです。
과자 만들기 콘테스트의 응모 대상은 아래의 내용대로입니다.

[문형] 명사 の + 通り ~대로

2070 □□□

| 可能 ★ | かのう | 명 가능 |

このプールは溺れる危険があるので、6歳以上から利用**可能**です。
이 수영장은 물에 빠질 위험이 있기 때문에, 6세 이상부터 이용 가능합니다.

★ 표시 = 2010년 이후 N3 문자·어휘 기출 단어

2071
体験 / たいけん / 명 체험

伝統楽器の**体験**レッスンに無料で参加しました。
전통 악기의 체험 레슨에 무료로 참가했습니다.

2072
利用者 / りようしゃ / 명 이용자

温泉の**利用者**はたなにあるタオルを自由に引き出して使えます。
온천 이용자는 선반에 있는 수건을 자유롭게 꺼내서 쓸 수 있습니다.

2073
追い抜く ★ / おいぬく / 동 앞지르다

マラソンは始めたばかりですが、いつか先輩を**追い抜き**たいです。
마라톤은 시작한 지 얼마 되지 않았지만, 언젠가 선배를 앞지르고 싶습니다.
[문형] 동사 た형 + ばかり ~(한) 지 얼마 되지 않다, 막 ~(하)다 / 동사 ます형 + たい ~(하)고 싶다

2074
夢中だ / むちゅうだ / な형 몰두하다, 열중하다

読書に**夢中**になって、携帯電話の着信音にも気づかなかった。
독서에 몰두하게 되어, 휴대전화 착신음에도 알아차리지 못했다.

2075
見返す / みかえす / 동 다시 보다, 되돌아보다

好きな俳優が出演した映画を何度も**見返し**ています。
좋아하는 배우가 출연한 영화를 몇 번이고 다시 보고 있습니다.

2076
組む ★ / くむ / 동 짜다, 끼다

お正月の連休に何をするか日程を**組ん**でいます。
정월 연휴에 무엇을 할지 일정을 짜고 있습니다.

★ 표시 = 2010년 이후 N3 문자·어휘 기출 단어

2077
編む ★ | あむ | 동 뜨다, 엮다, 편찬하다

マフラーを編んでから、手袋にも挑戦しようと思います。
목도리를 뜨고 나서, 장갑에도 도전하려고 생각합니다.
[문형] 동사 て형 + から ~(하)고 나서 / 동사 의지형 + と思う ~(하)려고 생각하다

2078
完成 ★ | かんせい | 명 완성

鉛筆で描きたいものを描いて、次に色を塗れば完成だ。
연필로 그리고 싶은 것을 그리고, 다음으로 색을 칠하면 완성이다.
[문형] 동사 사전형 う단을 え단으로 + ば ~(하)면

2079
折る ★ | おる | 동 접다, 꺾다

暇なときは折り紙で鳥や星を折りながら時間をつぶします。
한가할 때는 종이접기 종이로 새나 별을 접으면서 시간을 때웁니다.

2080
制作 | せいさく | 명 제작

植物の葉や根を材料に制作した作品の展示を見ました。
식물의 잎이나 뿌리를 재료로 제작한 작품의 전시를 보았습니다.

2081
身につける ★ | みにつける | 배워 익히다, 몸에 지니다

柔道で身につけた動作を友達に見せました。
유도에서 배워 익힌 동작을 친구에게 보여줬습니다.

연습문제 체크체크!

[1] 단어에 해당하는 발음을 고른 후, 뜻을 써보세요.

01 応募　　　ⓐ おうぼ　ⓑ おぼ　　　_____

02 楽だ　　　ⓐ なくだ　ⓑ らくだ　　_____

03 様々だ　　ⓐ ざまざまだ　ⓑ さまざまだ　_____

04 退屈だ　　ⓐ だいくつだ　ⓑ たいくつだ　_____

05 活動　　　ⓐ かつどう　ⓑ がつとう　_____

06 入門　　　ⓐ にゅうもん　ⓑ にんもん　_____

07 移る　　　ⓐ おる　ⓑ うつる　　_____

08 外出　　　ⓐ がいしゅつ　ⓑ かいしゅつ　_____

09 通知　　　ⓐ つうし　ⓑ つうち　　_____

10 体験　　　ⓐ たいけん　ⓑ だいけん　_____

[2] 문맥에 맞게 괄호에 들어갈 단어를 고르세요.

11 文化センターで料理を習いたい人を (費用 / 募集) しています。

12 退勤後は (ぐっすり / 大体) 友人とご飯を食べに行く。

13 この絵は、あと色を塗れば (完成 / 可能) です。

14 今度の (連休 / 受講) は旅行にでも行こうと思う。

15 冬までにマフラーを (編ん / 組ん) で、母にあげるつもりだ。

정답: 01 ⓐ 응모　02 ⓑ 편하다, 쉽다　03 ⓑ 여러가지이다　04 ⓑ 지루하다　05 ⓐ 활동　06 ⓐ 입문　07 ⓑ 이동하다
08 ⓐ 외출　09 ⓑ 통지　10 ⓐ 체험　11 募集　12 大体　13 完成　14 連休　15 編ん

 여행

mp3 바로 듣기

2082
観光 ★ かんこう ― 몡 관광

おすすめの観光スポットはどこですか。
추천 관광 장소는 어디입니까?

> 관련어 観光地 かんこうち 몡 관광지

2083
出発日 しゅっぱつび ― 몡 출발일

スケジュールが変わって出発日を早めるかもしれません。
스케줄이 바뀌어서 출발일을 앞당길지도 모릅니다.

[문형] 동사 보통형 + かもしれない ~일지도 모른다

2084
到着 ★ とうちゃく ― 몡 도착

空港に到着したらすぐ連絡してください。
공항에 도착하면 바로 연락해 주세요.

[문형] 동사 た형 + ら ~(하)면, (했)더니

2085
経由 ★ けいゆ ― 몡 경유, 어떤 곳을 거쳐 지남

タイを経由してヨーロッパに行く方法もあります。
태국을 경유해서 유럽에 가는 방법도 있습니다.

2086
宿泊 しゅくはく ― 몡 숙박

ペットと宿泊できるホテルを探さなければなりません。
반려 동물과 숙박할 수 있는 호텔을 찾지 않으면 안 됩니다.

[문형] 동사 ない형 + なければならない ~(하)지 않으면 안 된다

★ 표시 = 2010년 이후 N3 문자·어휘 기출 단어

2087 泊まる ★ | とまる | 동 묵다, 머물다

昔は京都に行くたびにあの歴史ある旅館に泊まったものだ。
옛날에는 교토에 갈 때마다 저 역사 있는 여관에 묵곤 했다.

[문형] 동사 사전형 + たびに ~(할) 때마다 / 동사 た형 + ものだ ~(하)곤 했다

2088 手続き | てつづき | 명 수속, 절차

出国手続きを済ましてからでないと免税店の利用ができません。
출국 수속을 마치지 않고서는 면세점의 이용이 불가능합니다.

[문형] 동사 て형 + からでないと ~(하)지 않고서는

2089 行き先 ★ | いきさき/ゆきさき | 명 행선지, 목적지

行き先を決めずに一人旅をしたことがありますか。
행선지를 정하지 않고 혼자 여행을 한 적이 있습니까?

[문형] 동사 ない형 + ずに ~(하)지 않고 / 동사 た형 + ことがある ~(한) 적이 있다

2090 荷物 ★ | にもつ | 명 짐, 화물

荷物が重すぎて送るのに追加料金を払うほかなかった。
짐이 너무 무거워서 보내는 데에 추가 요금을 지불하는 수밖에 없었다.

[문형] い형용사 어간 + すぎる 너무 ~(하)다 / 동사 사전형 + ほかない ~(하)는 수밖에 없다

2091 持ち物 | もちもの | 명 소지품

忘れがちな持ち物はリストを書いてチェックしながら用意しよう。
잊기 쉬운 소지품은 리스트를 써서 체크하면서 준비하자.

[문형] 동사 ます형 + がちだ ~(하)기 쉽다

2092 ぶらぶら ★ | - | 부 어슬렁어슬렁

海岸をぶらぶら歩きながら写真を撮るつもりです。
해안을 어슬렁어슬렁 걸으면서 사진을 찍을 생각입니다.

[문형] 동사 사전형 + つもりだ ~(할) 생각이다, (할) 계획이다

2093 □□□

| 雰囲気 | ふんいき | 명 분위기 |

そのホテルの高級な雰囲気がとても気に入りました。
그 호텔의 고급스러운 분위기가 매우 마음에 들었습니다.

2094 □□□

| いよいよ | - | 부 드디어, 마침내 |

明日からいよいよ一週間連休が始まります。
내일부터 드디어 일주일 연휴가 시작됩니다.

2095 □□□

| どきどき ★ | - | 부 두근두근 |

初めての海外旅行を控えて胸がどきどきしています。
첫 해외여행을 앞두고 가슴이 두근두근하고 있습니다.

2096 □□□

| 取り消す ★ | とりけす | 동 취소하다 |

楽しみにしていた記念撮影の予約を取り消すことになって残念だ。
기대하고 있었던 기념 촬영의 예약을 취소하게 되어서 유감이다.

[문형] 동사 사전형 + ことになる ~(하)게 되다

2097 □□□

| 想像 ★ | そうぞう | 명 상상 |

頂上から見える景色は想像よりもずっと美しかったです。
정상에서 보이는 경치는 상상보다도 훨씬 아름다웠습니다.

2098 □□□

| 料金 ★ | りょうきん | 명 요금 |

このツアー料金には宿泊費も含まれていますか。
이 투어 요금에는 숙박비도 포함되어 있습니까?

★ 표시 = 2010년 이후 N3 문자·어휘 기출 단어

2099 ☐☐☐
延ばす ★ のばす　　동 연기하다, 연장하다

事情(じじょう)があって出発(しゅっぱつ)を延(の)ばすことにしました。
사정이 있어서 출발을 연기하기로 했습니다.

[문형] 동사 사전형 + ことにする ~(하)기로 하다

2100 ☐☐☐
両替 ★ りょうがえ　　명 환전

日本円(にほんえん)をドルに両替(りょうがえ)したいんですが…。
일본 엔을 달러로 환전하고 싶습니다만….

[문형] 동사 ます형 + たい ~(하)고 싶다

2101 ☐☐☐
目的　　もくてき　　명 목적

今回(こんかい)の旅行(りょこう)の目的(もくてき)は欧米(おうべい)の近代(きんだい)美術(びじゅつ)を楽(たの)しむことです。
이번 여행의 목적은 유럽과 미국의 근대 미술을 즐기는 것입니다.

2102 ☐☐☐
日帰り　　ひがえり　　명 당일치기

私(わたし)は夏休(なつやす)みに友(とも)だちと日帰(ひがえ)りで海(うみ)に行(い)ってきました。
저는 여름 방학에 친구와 당일치기로 바다에 갔다 왔습니다.

2103 ☐☐☐
素晴らしい ★ すばらしい　　い형 근사하다, 훌륭하다

この素晴(すば)らしい寺院(じいん)は伝統的(でんとうてき)な方法(ほうほう)で作(つく)られたそうです。
이 근사한 사원은 전통적인 방법으로 만들어졌다고 합니다.

[문형] 동사 보통형 + そうだ ~라고 한다

2104 ☐☐☐
凄い ★ すごい　　い형 굉장하다, 대단하다

昔(むかし)の楽器(がっき)や宝物(たからもの)がそのまま保存(ほぞん)されているなんて凄(すご)いですね。
옛날의 악기나 보물이 그대로 보존되어 있다니 굉장하네요.

★ 표시 = 2010년 이후 N3 문자·어휘 기출 단어

2105
怖がる ★ こわがる 〔동〕 무서워하다

弟は高いところを怖がるので展望台には上るはずがない。
남동생은 높은 곳을 무서워하기 때문에 전망대에는 올라갈 리가 없다.

[문형] 동사 보통형 + はずがない ~일 리가 없다

2106
全然 ★ ぜんぜん 〔부〕 전혀

芸術に全然興味がない私が見ても見事な作品でした。
예술에 전혀 흥미가 없는 제가 봐도 훌륭한 작품이었습니다.

2107
感動 ★ かんどう 〔명〕 감동

旅行の最終日に見た公演が感動的で泣きそうになった。
여행 마지막 날에 봤던 공연이 감동적이어서 울 뻔했다.

[문형] 동사 ます형 + そうになる ~(할) 뻔하다

2108
最も ★ もっとも 〔부〕 가장, 제일

まだ行ったことがない国の中で、最も興味があるのはスイスです。
아직 가본 적이 없는 나라 중에서, 가장 흥미가 있는 것은 스위스입니다.

[문형] 동사 た형 + ことがない ~(한) 적이 없다

2109
温泉 ★ おんせん 〔명〕 온천

雑誌で見たことがあるあの温泉は自然に囲まれていて人気です。
잡지에서 본 적이 있는 저 온천은 자연에 둘러싸여 있어서 인기입니다.

[문형] 동사 た형 + ことがある ~(한) 적이 있다

★ 표시 = 2010년 이후 N3 문자·어휘 기출 단어

2110
| 合流 ★ | ごうりゅう | 명 합류 |

山崎さんとは日程が合わなくて旅先で**合流**するつもりです。
야마자키 씨와는 일정이 맞지 않아서 여행지에서 **합류**할 계획입니다.

2111
| せっかく ★ | - | 부 모처럼, 애써서, 일부러 |

せっかくここまで来たから最近はやりの店にも行ってみよう。
모처럼 여기까지 왔으니까 최근 유행하는 가게에도 가보자.

2112
| 早めに ★ | はやめに | 일찌감치, 빨리 |

窓側の席に座りたくて**早めに**予約しておきました。
창가 자리에 앉고 싶어서 **일찌감치** 예약해 두었습니다.

[문형] 동사 て형 + おく ~(해) 두다

2113
| 事前 | じぜん | 명 사전, 일이 일어나기 전 |

中国で有名なその食堂は**事前**予約が必要だそうだ。
중국에서 유명한 그 식당은 **사전** 예약이 필요하다고 한다.

| 관련어 | **事前に** じぜんに 사전에 |

2114
| 初めて ★ | はじめて | 부 처음으로 |

来月**初めて**スキーに行きます。すごくどきどきします。
다음 달 **처음으로** 스키를 타러 갑니다. 굉장히 두근두근합니다.

[문형] 동작 명사 + ~に行く ~(하)러 가다

2115
| 自由時間 | じゆうじかん | 명 자유 시간 |

自由時間に体験した伝統的な遊びは予想に反して難しかった。
자유 시간에 체험했던 전통적인 놀이는 예상과 달리 어려웠다.

[문형] 명사 + に反して ~와 달리, 에 반하여

★ 표시 = 2010년 이후 N3 문자·어휘 기출 단어

2116 □□□
| 預ける ★ | あずける | 동 맡기다 |

さっき預けた荷物を受け取りに来ました。
아까 맡겼던 짐을 받으러 왔습니다.

[문형] 동사 ます형 + に来る ~(하)러 오다

2117 □□□
| 預かる | あずかる | 동 보관하다, 맡다 |

この貴重品を預かっていただけますでしょうか。
이 귀중품을 보관해 주실 수 있을까요?

[문형] 동사 て형 + いただく ~(해) 주시다, (해) 받다

2118 □□□
| 滞在 ★ | たいざい | 명 체재, 체류 |

フランスにはどれくらい滞在する予定ですか。
프랑스에는 어느 정도 체재할 예정입니까?

2119 □□□
| この間 ★ | このあいだ | 명 얼마 전, 일전 |

この間行ってきた温泉旅行はいい思い出になりました。
얼마 전 다녀온 온천 여행은 좋은 추억이 되었습니다.

2120 □□□
| 延期 | えんき | 명 연기 (정해진 기한을 뒤로 늘림) |

風邪をひいて旅行を延期しました。
감기에 걸려서 여행을 연기했습니다.

연습문제 체크체크!

[1] 단어에 해당하는 발음을 고른 후, 뜻을 써보세요.

01 全然　　　ⓐ ぜんせん　ⓑ ぜんぜん　_____

02 両替　　　ⓐ りょうがえ　ⓑ りょうかえ　_____

03 行き先　　ⓐ いきさき　ⓑ いきざき　_____

04 想像　　　ⓐ そうそう　ⓑ そうぞう　_____

05 凄い　　　ⓐ すごい　ⓑ すばらしい　_____

06 温泉　　　ⓐ おんぜん　ⓑ おんせん　_____

07 経由　　　ⓐ けいゆ　ⓑ げいゆ　_____

08 合流　　　ⓐ ごうりゅう　ⓑ こうりゅう　_____

09 滞在　　　ⓐ たいぜい　ⓑ たいざい　_____

10 感動　　　ⓐ かんどう　ⓑ がんどう　_____

[2] 문맥에 맞게 괄호에 들어갈 단어를 고르세요.

11 ホテルに荷物を (預け / 延ばし) て市内をぶらぶらしてきます。

12 ツアー (料金 / 宿泊) は出発の前日までに支払ってください。

13 (この間 / 早めに) 予約しないとチケット売り切れちゃうよ。

14 この辺りで有名な (延期 / 観光) スポットはA神社です。

15 空港には明日の午後3時に (目的 / 到着) する予定だ。

정답: 01 ⓑ 전혀 02 ⓐ 환전 03 ⓐ 행선지, 목적지 04 ⓑ 상상 05 ⓐ 굉장하다, 대단하다 06 ⓑ 온천
07 ⓐ 경유, 어떤 곳을 거쳐 지남 08 ⓐ 합류 09 ⓑ 체재, 체류 10 ⓐ 감동 11 預け 12 料金 13 早めに 14 観光
15 到着

mp3 바로 듣기

2121 ☐☐☐

| 体力 ★ | たいりょく | 몡 체력 |

体力をつけたいあなたに最もいい運動はランニングです。
체력을 기르고 싶은 당신에게 가장 좋은 운동은 러닝입니다.

[문형] 동사 ます형 + たい ~(하)고 싶다

2122 ☐☐☐

| 体育 | たいいく | 몡 체육 |

子どもたちは学校で様々な体育活動をします。
아이들은 학교에서 다양한 체육 활동을 합니다.

2123 ☐☐☐

| 駆ける | かける | 동 달리다, 뛰다 |

全力で駆けると11秒以内にゴールするのも可能だと思う。
전력으로 달리면 11초 이내에 결승점에 들어오는 것도 가능하다고 생각해.

[문형] 동사 사전형 + と ~(하)면

2124 ☐☐☐

| 跳ぶ | とぶ | 동 뛰다, 도약하다 |

跳ぶだけでダイエットになる運動法もあるそうです。
뛰는 것만으로 다이어트가 되는 운동법도 있다고 합니다.

[문형] 동사 보통형 + だけで ~만으로, 뿐 / 동사 보통형 + そうだ ~라고 한다

2125 ☐☐☐

| 動かす | うごかす | 동 움직이(게 하)다, 작동시키다 |

仕事中に少しでも全身を動かすストレッチをしたらどうですか。
일하는 중에 조금이라도 전신을 움직이는 스트레칭을 하면 어떻습니까?

[문형] 동사 た형 + ら ~(하)면

★ 표시 = 2010년 이후 N3 문자·어휘 기출 단어

2126
| 曲げる ★ | まげる | 동 굽히다 |

こし ま じょうたい みぎて ひだりあし む の
腰を**曲げた**状態で右手を左足に向けて伸ばしてみましょう。
허리를 굽힌 상태에서 오른손을 왼발을 향해서 뻗어 봅시다.

2127
| 呼吸 ★ | こきゅう | 명 호흡 |

すこ はし こ きゅう
少し走っただけなのに、もう**呼吸**するのがきついです。
조금 달렸을 뿐인데, 벌써 호흡하는 것이 힘듭니다.

2128
| 不足 | ふそく | 명 부족 |

うんどう ぶ そく ある はじ
運動**不足**なら、歩くことから始めましょう。
운동 부족이라면, 걷는 것부터 시작합시다.

[문형] 명사 + なら ~라면

| 관련어 | **不足だ** ふそくだ | な형 부족하다 |

2129
| 姿勢 ★ | しせい | 명 자세, 태도 |

ただ しせい きけんせい
ヨガは正しい**姿勢**でしなければ、けがする危険性があります。
요가는 바른 자세로 하지 않으면, 다칠 위험성이 있습니다.

[문형] い형용사 어간 + ければ ~(하)면

2130
| 方法 | ほうほう | 명 방법 |

いえ らく うんどうほうほう おし
家で楽にできる運動**方法**を教えていただけますか。
집에서 편하게 할 수 있는 운동 방법을 알려 주실 수 있나요?

[문형] 동사 て형 + いただく ~(해) 주시다, (해) 받다

2131
| 手段 ★ | しゅだん | 명 수단 |

へいじつ うんどう つうきんしゅだん じてんしゃ つか
平日には運動のために通勤**手段**として自転車を使っています。
평일에는 운동을 위해서 통근 수단으로 자전거를 사용하고 있습니다.

[문형] 명사 の + ために ~위해서 / 명사 + として ~로

★ 표시 = 2010년 이후 N3 문자·어휘 기출 단어

2132 連続 | れんぞく | 명 연속

同じステップが連続する簡単なダンスなので誰でもできるはずだ。
같은 스텝이 연속되는 간단한 춤이라서 누구든지 할 수 있을 것이다.

[문형] 동사 보통형 + はずだ ~일 것이다

2133 座る ★ | すわる | 동 앉다

マットの上に座り、両手の親指をあごに当て上に向かって押します。
매트 위에 앉아, 양손의 엄지손가락을 턱에 대고 위를 향해 밉니다.

2134 発達 | はったつ | 명 발달

幼い頃から水泳をしてきたおかげで、肩が非常に発達した。
어린 시절부터 수영을 해왔던 덕분에, 어깨가 매우 발달했다.

[문형] 동사 た형 + おかげで ~덕분에

2135 必ず ★ | かならず | 부 반드시

プールに入る前に、必ず準備運動をしてください。
수영장에 들어가기 전에, 반드시 준비 운동을 해주세요.

[문형] 동사 사전형 + 前に ~(하)기 전에

2136 減る ★ | へる | 동 줄다

ジョギングを始めたら、体も丈夫になって、体重も減りました。
조깅을 시작했더니, 몸도 튼튼해지고, 몸무게도 줄었습니다.

2137 解消 | かいしょう | 명 해소

ストレス解消を目的にジムに行く人もいます。
스트레스 해소를 목적으로 헬스장에 가는 사람도 있습니다.

★ 표시 = 2010년 이후 N3 문자·어휘 기출 단어

2138
疲れが取れる | つかれがとれる | 피로가 풀리다

適当な運動は疲れが取れる効果があります。
てきとう　うんどう　つか　と　こうか
적당한 운동은 피로가 풀리는 효과가 있습니다.

2139
選手 ★ | せんしゅ | 명 선수

あの選手はわずか1秒の差で1位になれなかった。
せんしゅ　　　　びょう　さ　　い
저 선수는 불과 1초 차로 1위가 되지 못했다.

2140
注ぐ | そそぐ | 동 쏟다

もうすぐ大会なので、けがしないように注意を注いで練習した。
たいかい　　　　　　　　　　　ちゅうい　そそ　　れんしゅう
이제 곧 대회라서, 다치지 않도록 주의를 쏟아서 연습했다.

[문형] 동사 ない형 + ないように ~(하)지 않도록

2141
努力 ★ | どりょく | 명 노력

大会で優勝するにはいつも以上の努力が必要だ。
たいかい　ゆうしょう　　　　　　いじょう　どりょく　ひつよう
대회에서 우승하려면 보통 때 이상의 노력이 필요하다.

[문형] 동사 사전형 + には ~(하)려면

2142
集中 ★ | しゅうちゅう | 명 집중

試合では身につけた技術を見せることに集中してください。
しあい　　　み　　　　ぎじゅつ　み　　　　　　しゅうちゅう
시합에서는 몸에 익힌 기술을 보이는 것에 집중해 주세요.

2143
上達 | じょうたつ | 명 실력이 늚, 숙달됨

卓球が上達して上級クラスに移りました。
たっきゅう　じょうたつ　じょうきゅう　　　うつ
탁구 실력이 늘어서 상급 반으로 이동했습니다.

★ 표시 = 2010년 이후 N3 문자·어휘 기출 단어

2144
制限 ★ **せいげん** 	명 제한

バスケではボールを持って動くのが 2 歩までと制限されています。
농구에서는 공을 가지고 움직이는 것이 2걸음까지로 제한되어 있습니다.

2145
少しずつ ★ **すこしずつ** 	조금씩

今は苦手なパスも練習すれば少しずつできるようになるでしょう。
지금은 서툰 패스도 연습하면 조금씩 잘하게 되겠지요.

[문형] 동사 사전형 う단을 え단으로 + ば ~(하)면 / 동사 사전형 + ようになる ~(하)게 되다

2146
たびたび 	- 	부 자주, 여러 번

テニスに夢中になっていると、時間を忘れることがたびたびある。
테니스에 열중하고 있으면, 시간을 잊는 일이 자주 있다.

[문형] 동사 사전형 + と ~(하)면

2147
競争 ★ **きょうそう** 	명 경쟁

ゴールまで誰が一番早く到着するか競争しよう。
결승점까지 누가 가장 빨리 도착하는지 경쟁하자.

2148
戦う ★ **たたかう** 	동 싸우다

全てのチームが優勝を目標に、毎試合真剣に戦っている。
모든 팀이 우승을 목표로, 매 시합 진지하게 싸우고 있다.

관련어 **戦い** たたかい 명 싸움, 전쟁

★ 표시 = 2010년 이후 N3 문자·어휘 기출 단어

2149
勝つ ★ かつ   동 이기다, 승리하다

今まで全然勝てなかった相手に今日はじめて勝てた。
지금까지 전혀 이길 수 없었던 상대에게 오늘 처음으로 이길 수 있었다.

관련어 勝ち かち 명 이김, 승리

2150
勝利 しょうり   명 승리

スポーツは勝利するのもいいけど、楽しむことも大事だ。
스포츠는 승리하는 것도 좋지만, 즐기는 것도 중요하다.

2151
だめだ -   な형 안 된다

マラソン初心者がストレッチもしないで、急に走ったらだめです。
마라톤 초심자가 스트레칭도 하지 않고, 갑자기 달리면 안 돼요.

[문형] 동사 た형 + ら ~(하)면

2152
大変だ ★ たいへんだ   な형 힘들다, 큰일이다

初級のコースでも、2日連続で山登りするのは大変です。
초급 코스라도, 2일 연속으로 등산하는 것은 힘듭니다.

관련어 大変 たいへん 명 큰일 부 매우, 몹시

2153
無理 むり   명 무리

体調が悪いようなら無理して試合に出ることはない。
몸 상태가 좋지 않은 경우에 무리해서 시합에 나갈 필요는 없다.

[문형] い형용사 보통형 + ようなら ~인 경우에 / 동사 사전형 + ことはない ~(할) 필요는 없다

관련어 無理だ むりだ な형 무리하다   無理に むりに 무리하게

★ 표시 = 2010년 이후 N3 문자·어휘 기출 단어

2154

複雑だ ★ | **ふくざつだ** | [な형] 복잡하다

このスポーツのルールは複雑で理解しにくい。
이 스포츠의 규칙은 복잡해서 이해하기 어렵다.

[문형] 동사 ます형 + にくい ~(하)기 어렵다

> 관련어 複雑 ふくざつ [명] 복잡

2155

基本 ★ | **きほん** | [명] 기본

団体で行うスポーツはメンバーと協力するのが基本です。
단체로 하는 스포츠는 멤버와 협력하는 것이 기본입니다.

2156

打つ ★ | **うつ** | [동] 치다

バッターはボールを打ったとたん全速力で走り出した。
타자는 공을 치자마자 전속력으로 뛰기 시작했다.

[문형] 동사 た형 + とたん ~(하)자 마자

2157

投げる ★ | **なげる** | [동] 던지다

あの投手は投げるボールの速度が速いことで有名です。
저 투수는 던지는 공의 속도가 빠른 것으로 유명합니다.

2158

きっかけ | - | [명] 계기

彼は選手だった父の勧めをきっかけにバスケを習い始めた。
그는 선수였던 아버지의 권유를 계기로 농구를 배우기 시작했다.

[문형] 동사 ます형 + 始める ~(하)기 시작하다

2159

力を注ぐ | **ちからをそそぐ** | 힘을 쏟다

練習に力を注がないと、以前の記録は超えられません。
연습에 힘을 쏟지 않으면, 이전의 기록은 넘을 수 없습니다.

[문형] 동사 ない형 + ないと ~(하)지 않으면

연습문제 체크체크!

[1] 단어에 해당하는 발음을 고른 후, 뜻을 써보세요.

01 手段 　　ⓐ しゅだん　ⓑ しゅうだん　　_____

02 努力 　　ⓐ のりょく　ⓑ どりょく　　_____

03 発達 　　ⓐ はつたつ　ⓑ はったつ　　_____

04 勝つ 　　ⓐ うつ　ⓑ かつ　　_____

05 複雑だ 　ⓐ ふくざつだ　ⓑ ふくさつだ　　_____

06 競争 　　ⓐ ぎょうそう　ⓑ きょうそう　　_____

07 座る 　　ⓐ へる　ⓑ すわる　　_____

08 集中 　　ⓐ しゅうじゅう　ⓑ しゅうちゅう　　_____

09 大変だ 　ⓐ たいへんだ　ⓑ だいへんだ　　_____

10 呼吸 　　ⓐ こうきゅう　ⓑ こきゅう　　_____

[2] 문맥에 맞게 괄호에 들어갈 단어를 고르세요.

11 ゴルフは四人一組(よにんひとくみ)で回(まわ)るのが (基本 / 無理) だという。

12 (体育 / 体力) をつけようと、朝(あさ)のランニングを始(はじ)めた。

13 この運動(うんどう)は良(よ)い (姿勢 / 上達) を作(つく)るのにも効果(こうか)があるそうです。

14 柔道(じゅうどう)の選手(せんしゅ)である彼(かれ)は、体重管理(たいじゅうかんり)のため食事(しょくじ)を (制限 / 連続) している。

15 高橋選手(たかはしせんしゅ)が (曲げ / 投げ) たボールは遠(とお)くまで飛(と)んでいきました。

정답: 01 ⓐ 수단　02 ⓑ 노력　03 ⓑ 발달　04 ⓑ 이기다, 승리하다　05 ⓐ 복잡하다　06 ⓑ 경쟁　07 ⓑ 앉다　08 ⓑ 집중
09 ⓐ 힘들다, 큰일이다　10 ⓑ 호흡　11 基本　12 体力　13 姿勢　14 制限　15 投げ

  기술

mp3 바로 듣기

2160

| 工業 ★ | こうぎょう | 명 공업 |

さいしん ぎじゅつ おうよう　　　　　こうぎょうぶん や　　　　はってん
最新技術を応用することで工業分野がより発展した。
최신 기술을 응용함으로 인해 공업 분야가 더욱 발전했다.

[문형] 동사 보통형 + ことで　~로 인해, (해)서

2161

| 製造 | せいぞう | 명 제조 |

ふくざつ　　　　せいぞう か てい　　かんたん　　　き かい　つく
複雑だった製造過程を簡単にする機械が作られた。
복잡했던 제조 과정을 간단하게 하는 기계가 만들어졌다.

2162

| 通信 | つうしん | 명 통신 |

　　　　　　　　　　　　　の こ　　　　　　　　つうしんりょう　かくにん
スマートフォンで残りのデータ通信量が確認できる。
스마트폰으로 남은 데이터 통신량을 확인할 수 있다.

2163

| 自動化 | じどうか | 명 자동화 |

　　　　き かい　はったつ　　　　ぎょう む　　じ どう か　　すす
ネットや機械の発達による業務の自動化が進んでいます。
인터넷이나 기계의 발달에 따른 업무 자동화가 진행되고 있습니다.

[문형] 명사 + による　~에 따른, 에 의한

2164

| 機能 | きのう | 명 기능 |

きゃく　く　　　も　もの　あず　　　き のう　　　　　　　　　　　つく
客が来ると持ち物を預かる機能があるロボットを作りたい。
손님이 오면 소지품을 보관하는 기능이 있는 로봇을 만들고 싶다.

[문형] 동사 사전형 + と　~(하)면 / 동사 ます형 + たい　~(하)고 싶다

★ 표시 = 2010년 이후 N3 문자·어휘 기출 단어

2165
動作 ★ どうさ   　명 동작

最近制作されるロボットは前のに比べて**動作**がより自然です。
최근 제작되는 로봇은 전의 것에 비해서 **동작**이 한결 자연스럽습니다.

[문형] 명사 + に比べて ~에 비해서

2166
替える ★ かえる   　동 교체하다, 바꾸다

故障した時計を店に持って行ったら、部品を**替え**てくれた。
고장 난 시계를 가게에 가져갔더니, 부품을 **교체해** 주었다.

[문형] 동사 た형 + ら ~(했)더니, (하)면 / 동사 て형 + くれる ~(해) 주다

2167
接続 せつぞく   　명 접속

ネットの**接続**が不安定でホームページが開かない。
인터넷 접속이 불안정해서 홈페이지가 열리지 않는다.

2168
不具合 ふぐあい   　명 오류, 상태가 좋지 않음

今回作ったゲームソフトに**不具合**があって発売を延ばした。
이번에 만든 게임 소프트웨어에 **오류**가 있어서 발매를 연기했다.

2169
状況 じょうきょう   　명 상황

最近、国内のIT市場の**状況**は速く変化しています。
최근, 국내 IT시장의 **상황**은 빠르게 변화하고 있습니다.

2170
作り出す つくりだす   　동 만들어내다

その会社は今まで見たことない形のプロジェクターを**作り出した**。
그 회사는 지금까지 본 적 없던 형태의 프로젝터를 만들어냈다.

[문형] 동사 た형 + ことない ~(한) 적 없다

★ 표시 = 2010년 이후 N3 문자·어휘 기출 단어

2171 ☐☐☐

| 自動的だ ★ | じどうてきだ | な형 자동적이다 |

センサーを使うと車のドアが自動的に開くのでとても楽です。
센서를 사용하면 자동차의 문이 자동적으로 열리니까 매우 편합니다.

2172 ☐☐☐

| 停電 ★ | ていでん | 명 정전 |

20分間停電になったせいで、工場は大変なことになった。
20분간 정전이 된 탓에, 공장은 큰일이 났다.

[문형] 동사 보통형 + せいで ~탓에, 탓으로

2173 ☐☐☐

| 太陽光 | たいようこう | 명 태양광 |

うちは太陽光発電のおかげで電気料金があまりかかりません。
우리집은 태양광 발전 덕분에 전기 요금이 그다지 들지 않습니다.

[문형] 명사 の + おかげで ~덕분에

2174 ☐☐☐

| 電源 | でんげん | 명 전원 |

パソコンが動かなかったら電源を切ってからまた付けてください。
컴퓨터가 작동하지 않으면 전원을 끄고 나서 다시 켜주세요.

[문형] 동사 て형 + から ~(하)고 나서

2175 ☐☐☐

| 飛ばす | とばす | 동 날리다 |

ドローンを飛ばすパフォーマンスはとても感動的でした。
드론을 날리는 퍼포먼스는 매우 감동적이었습니다.

★ 표시 = 2010년 이후 N3 문자·어휘 기출 단어

2176
発射 | はっしゃ | 몡 발사

昔、テレビでロケットの**発射**をどきどきしながら見たことがある。
옛날, 텔레비전으로 로켓 발사를 두근거리며 봤던 적이 있다.

[문형] 동사 た형 + ことがある ~(한) 적이 있다

2177
完全だ ★ | かんぜんだ | な형 완전하다

電気不足の問題を**完全**に解決できる方法はありますか。
전기 부족 문제를 완전히 해결할 수 있는 방법은 있습니까?

관련어 **完全** かんぜん 몡 완전

2178
専門用語 | せんもんようご | 몡 전문 용어

動画制作のソフトについて書かれてある文書は**専門用語**だらけだ。
영상 제작 소프트웨어에 대해서 쓰여 있는 문서는 전문 용어 투성이다.

[문형] 명사 + について ~에 대해서 / 동사 て형 + ある ~되어 있다 / 명사 + だらけだ ~투성이다

2179
埋める ★ | うめる | 동 묻다, 메우다

町の電線を**埋める**ことで安全になるし、景色もよくなる。
마을의 전선을 묻는 것으로 인해 안전해지고, 경치도 좋아진다.

2180
交じる ★ | まじる | 동 섞이다

AI研究チームにはいろんな分野の研究者たちが**交じって**いた。
AI 연구팀에는 다양한 분야의 연구자들이 섞여 있었다.

2181 破れる ★ やぶれる 　동 찢어지다, 깨지다

簡単には**破れない**布がいよいよ発明された。
간단하게는 찢어지지 않는 천이 드디어 발명되었다.

2182 建設 ★ けんせつ 　명 건설

今までなかったすばらしい遊園地を**建設**しようと思います。
지금까지 없었던 근사한 유원지를 건설하려고 생각합니다.

[문형] 동사 의지형 + と思う　~(하)려고 생각하다

2183 規模 きぼ 　명 규모

自動で運転する車を作る大**規模**プロジェクトが始まった。
자동으로 운전하는 차를 만드는 대규모 프로젝트가 시작되었다.

2184 強化 きょうか 　명 강화

会員情報の保護のため保安を**強化**するプログラムを取り入れた。
회원 정보의 보호를 위해 보안을 강화하는 프로그램을 도입했다.

[문형] 명사 の + ため　~를 위해

2185 開発 かいはつ 　명 개발

近くの観光地の情報が見られるアプリが**開発**されました。
근처의 관광지 정보를 볼 수 있는 어플이 개발되었습니다.

2186 容易だ よういだ 　な형 용이하다

この農業機械を動かすのは**容易だ**ということだ。
이 농기계를 작동시키는 것은 용이하다고 한다.

[문형] な형용사 어간 だ + ということだ　~라고 한다

| 관련어 | 容易 ようい 　명 용이 |

★ 표시 = 2010년 이후 N3 문자·어휘 기출 단어

2187
| 経験者 | けいけんしゃ | 명 경험자 |

VR**経験者**の意見も取り入れながら新しいゲームを作ろう。
VR 경험자의 의견도 받아들이면서 새로운 게임을 만들자.

2188
| 効率 | こうりつ | 명 효율 |

家電製品の発展によって、家事の**効率**がよくなりました。
가전제품의 발전에 의해, 집안일의 **효율**이 좋아졌습니다.

[문형] 명사 + によって ~에 의해, 에 따라서

2189
| 防ぐ ★ | ふせぐ | 동 막다 |

これは地震の被害を**防ぐ**建築方法で建てられた建物です。
이것은 지진의 피해를 막는 건축방법으로 지어진 건물입니다.

2190
| 防犯 | ぼうはん | 명 방범 |

防犯カメラに町をぶらぶらしている犯人が写りました。
방범 카메라에 마을을 어슬렁거리고 있는 범인이 찍혔습니다.

2191
| 部品 ★ | ぶひん | 명 부품 |

エンジンの**部品**が壊れたことが事前に見つかってよかったです。
엔진 부품이 망가진 것이 사전에 발견되어서 다행입니다.

2192
| 修理 ★ | しゅうり | 명 수리, 고장난 곳을 고침 |

すごく大きな船だから、一日で**修理**するのは無理だろう。
굉장히 큰 배니까, 하루에 수리하는 것은 무리겠지.

[문형] 명사 + だろう ~겠지

2193 録画 / ろくが / 명 녹화

あの番組は録画するからリアルタイムで見られなくても大丈夫だ。
저 방송은 녹화할 거니까 실시간으로 보지 못해도 괜찮아.

2194 拡充 / かくじゅう / 명 확충

この間作った保安システムを拡充することになった。
얼마 전 만든 보안 시스템을 확충하게 되었다.

[문형] 동사 사전형 + ことになる ~(하)게 되다

2195 拡大 / かくだい / 명 확대

画面を2回タッチすることで文字や写真を拡大表示できます。
화면을 2번 터치하는 것으로 문자나 사진을 확대 표시할 수 있습니다.

[문형] 동사 보통형 + ことで ~로 인해, (해)서

2196 自動車会社 / じどうしゃがいしゃ / 명 자동차 회사

ある自動車会社で、空を飛ぶ車の開発が進められているという。
어느 자동차 회사에서, 하늘을 나는 차의 개발이 진행되고 있다고 한다.

[문형] 동사 보통형 + という ~(라)고 한다

2197 燃料 / ねんりょう / 명 연료

これは化学物質がなく環境によい燃料が使われているバスです。
이것은 화학물질이 없고 환경에 좋은 연료가 사용되는 버스입니다.

2198 操作 / そうさ / 명 조작(기계를 다루어 움직임)

リモコンでベルトコンベヤを操作して荷物を運びます。
리모컨으로 컨베이어 벨트를 조작해서 짐을 운반합니다.

연습문제 체크체크!

[1] 단어에 해당하는 발음을 고른 후, 뜻을 써보세요.

01 修理	ⓐ しょうり ⓑ しゅうり	_____
02 動作	ⓐ どうさく ⓑ どうさ	_____
03 発射	ⓐ はっしゃ ⓑ はつしゃ	_____
04 工業	ⓐ こぎょう ⓑ こうぎょう	_____
05 建設	ⓐ けんせつ ⓑ げんせつ	_____
06 完全だ	ⓐ がんぜんだ ⓑ かんぜんだ	_____
07 製造	ⓐ せいぞう ⓑ せいぞ	_____
08 開発	ⓐ かいはつ ⓑ がいはつ	_____
09 機能	ⓐ ぎのう ⓑ きのう	_____
10 不具合	ⓐ ふぐあい ⓑ ぶぐあい	_____

[2] 문맥에 맞게 괄호에 들어갈 단어를 고르세요.

11 古くなったエンジンの (効率 / 部品) を交換した。
12 自動車事故を (防ぐ / 埋める) ための新しい技術がどんどん開発されている。
13 急に (録画 / 停電) になり、工場の機械もすべて止まってしまった。
14 この布は他のものより (飛ばし / 破れ) にくいそうだ。
15 入り口のドアはセンサーで (自動的 / 自動化) に開きます。

정답: 01 ⓑ 수리, 고장난 곳을 고침 02 ⓑ 동작 03 ⓐ 발사 04 ⓑ 공업 05 ⓐ 건설 06 ⓑ 완전하다 07 ⓐ 제조
08 ⓐ 개발 09 ⓑ 기능 10 ⓐ 오류, 상태가 좋지 않음 11 部品 12 防ぐ 13 停電 14 破れ 15 自動的

사회 이슈

mp3 바로 듣기

2199
現代人 | **げんだいじん** | 명 현대인

げんだいじんの生活の形は過去に比べて大きく変わった。
현대인의 생활 형식은 과거에 비하여 크게 변했다.

[문형] 명사 + に比べて ~에 비하여

2200
影響力 | **えいきょうりょく** | 명 영향력

社会的な影響力を持っている人の一言は話題になりがちだ。
사회적인 영향력을 가진 사람의 한 마디는 화제가 되기 쉽다.

[문형] 동사 ます형 + がちだ ~(하)기 쉽다

2201
反映 | **はんえい** | 명 반영

この学校の規則は学生たちの意見を反映して作られた。
이 학교의 규칙은 학생들의 의견을 반영하여 만들어졌다.

2202
分布 | **ぶんぷ** | 명 분포

現在の人口分布を確認するため大規模調査を行います。
현재의 인구 분포를 확인하기 위해 대규모 조사를 시행합니다.

[문형] 동사 사전형 + ため ~위해

2203
たいてい ★ -　　　　　　　　　　　　　명 대부분　부 대개, 정도껏

賞を取って有名になったこの本は今やたいていの人が知っている。 상을 타서 유명해진 이 책은 이제는 대부분의 사람이 알고 있다.

[관련어] たいていだ [な형] 보통이다, 대부분이다

2204
発生 ★ **はっせい**　　　　　　　명 발생

居眠り運転による交通事故の発生率が高いということだ。
졸음운전에 의한 교통사고의 발생률이 높다고 한다.

[문형] 명사 + による ~에 의한, ~에 따른 / [문형] い형용사 보통형 + ということだ ~라고 한다

[관련어] 発生する はっせいする [동] 발생하다

2205
比較 ★ **ひかく**　　　　　　　명 비교

去年と輸出量を比較してみたが、今年はかなり減っていた。
작년과 수출량을 비교해 보았는데, 올해는 꽤 줄었다.

2206
及ぼす　　**およぼす**　　　　　동 미치다

メディアが子どもたちに及ぼす影響は無視できない。
미디어가 아이들에게 미치는 영향은 무시할 수 없다.

2207
世代　　**せだい**　　　　　　명 세대

様々な人間関係の中で世代間ギャップで起こる問題もあるそうだ。
여러 인간관계 속에서 세대 차이로 일어나는 문제도 있다고 한다.

[문형] 동사 보통형 + そうだ ~라고 한다

★ 표시 = 2010년 이후 N3 문자·어휘 기출 단어

2208 □□□

阻む　　はばむ　　[동] 저지하다

_{しゃかい　へんか　だれ　　むり　はば　　と}
社会の変化は誰かが無理に阻もうとしても止まらない。
사회의 변화는 누군가가 무리하게 저지하려고 해도 멈추지 않는다.

[문형] 동사 의지형 + とする ~(하)려고 하다

2209 □□□

続いて　　つづいて　　계속해서

_{つづ　　　　しょくりょうひん　しょうひぜい　かん　　　　　　　　　つた}
続いて、食料品の消費税に関するニュースをお伝えいたします。
계속해서, 식료품의 소비세에 관한 뉴스를 전해 드립니다.

[문형] 명사 + に関する ~에 관한

2210 □□□

多様化　　たようか　　[명] 다양화

_{こくさいけっこん　ふ　　　　　　　　　　ぶんか　　たようか}
国際結婚が増えただけあって、文化も多様化している。
국제결혼이 늘어난 만큼, 문화도 다양화되고 있다.

[문형] 동사 보통형 + だけあって ~인 만큼

2211 □□□

広まる　　ひろまる　　[동] 널리 퍼지다, 넓어지다

_{せかい　ひろ　　　　にんき　あつ　　　　　　　　　　き}
あのドラマは世界に広まって人気を集めていると聞きました。
저 드라마는 세계에 널리 퍼져서 인기를 모으고 있다고 들었습니다.

2212 □□□

急激だ　　きゅうげきだ　　[な형] 급격하다

_{くに　　　たいようこう　はつでんき　　せいぞうぶん や　きゅうげき　せいちょう}
この国では太陽光の発電機の製造分野が急激な成長を
_み
見せている。
이 나라에서는 태양광 발전기의 제조 분야가 급격한 성장을 보이고 있다.

2213 □□□

増加　★　ぞうか　　[명] 증가

_{とし　　　　こうれいしゃじんこう　わりあい　ぞうか　　　　　いっぽう}
年ごとに高齢者人口の割合が増加する一方です。
해마다 고령자 인구의 비율이 증가하기만 합니다.

[문형] 명사 + ごとに ~마다 / 동사 사전형 + 一方だ ~(하)기만 하다

★ 표시 = 2010년 이후 N3 문자·어휘 기출 단어

2214
減少 ★ | **げんしょう** | 명 감소

生まれる子どもの数がだんだん減少している状況だ。
태어나는 아이의 수가 점점 감소하고 있는 상황이다.

2215
増減 ★ | **ぞうげん** | 명 증감

ここ5年間の人口の増減を表す資料を作って記事にのせた。
최근 5년간의 인구 증감을 나타내는 자료를 만들어 기사에 실었다.

2216
団体 ★ | **だんたい** | 명 단체

普通、子どもたちは学校で団体生活をしながら社会を学びます。
보통, 아이들은 학교에서 단체 생활을 하면서 사회를 배웁니다.

2217
回収 ★ | **かいしゅう** | 명 회수(도로 거두어들임)

リサイクルできるごみは回収して活用します。
재활용 가능한 쓰레기는 회수해서 활용합니다.

2218
現実 | **げんじつ** | 명 현실

この頃、現実社会を反映したドラマや映画がよく出ます。
요즘, 현실 사회를 반영한 드라마나 영화가 자주 나옵니다.

2219
限界 | **げんかい** | 명 한계

自分の限界を越えて大学受験に挑戦するお年寄りが増えました。
스스로의 한계를 넘어서 대학 수험에 도전하는 노인이 늘었습니다.

★ 표시 = 2010년 이후 N3 문자·어휘 기출 단어

2220
阻止 / そし / 몡 저지

インフルエンザが広まることを阻止できるように努力しています。
인플루엔자가 널리 퍼지는 것을 저지할 수 있도록 노력하고 있습니다.

[문형] 동사 사전형 + ように ~(하)도록

2221 ★
守る / まもる / 동 지키다

社会のルールは守らなければならない。
사회의 규칙은 지키지 않으면 안 된다.

[문형] 동사 ない형 + なければならない ~(하)지 않으면 안 된다

2222 ★
許す / ゆるす / 동 허가하다, 용서하다

住民は同意なしの開発は許さないと土地開発計画に反対した。
주민은 동의 없는 개발은 허가하지 않는다며 토지 개발 계획에 반대했다.

2223 ★
法律 / ほうりつ / 몡 법률

家を借りる時に知っておいたほうがいい法律があります。
집을 빌릴 때 알아 두는 편이 좋은 법률이 있습니다.

[문형] 동사 て형 + おく ~(해) 두다 / 동사 た형 + ほうがいい ~(하)는 편이 좋다

2224
改正 / かいせい / 몡 개정(문서 등의 내용을 고침)

今回出された改正案に賛成します。
이번에 나온 개정안에 찬성합니다.

2225
制度 / せいど / 몡 제도

税金に関する制度の内容が知りたいです。
세금에 관한 제도의 내용을 알고 싶습니다.

[문형] 동사 ます형 + たい ~(하)고 싶다

2226
議会 ★ | **ぎかい** | 명 의회

議会に案件を提出しました。
의회에 안건을 제출했습니다.

2227
国会 | **こっかい** | 명 국회

来年度の予算案について議論するため国会が開かれた。
내년도의 예산안에 대해서 의논하기 위해 국회가 열렸다.

[문형] 명사 + について ~에 대해서 / 동사 사전형 + ため ~위해

2228
選挙 | **せんきょ** | 명 선거

彼は総理を決める選挙で勝ちました。
그는 총리를 정하는 선거에서 이겼습니다.

2229
当選 | **とうせん** | 명 당선

彼女は田中さんが当選するに違いないと判断した。
그녀는 다나카 씨가 당선될 것임에 틀림없다고 판단했다.

[문형] 동사 보통형 + に違いない ~임에 틀림없다

2230
投票 | **とうひょう** | 명 투표

投票は自分の意見を表す基本的な権利です。
투표는 자신의 의견을 나타내는 기본적인 권리입니다.

2231
得票 | **とくひょう** | 명 득표

木村氏が前回の選挙に続き今回も得票数1位でした。
기무라 씨가 저번 선거에 이어서 이번에도 득표수 1위였습니다.

★ 표시 = 2010년 이후 N3 문자·어휘 기출 단어

2232
外交 | **がいこう** | 명 외교

外交問題が解消できるよう力を注いでいます。
외교 문제를 해소할 수 있도록 힘을 쏟고 있습니다.

2233
逮捕 | **たいほ** | 명 체포

逃げた犯人を逮捕するのに5日もかかった。
도망친 범인을 체포하는 데 닷새나 걸렸다.

2234
犯罪 | **はんざい** | 명 범죄

ネットの発達で生活が便利になったが、サイバー犯罪も増加した。
인터넷의 발달로 생활이 편리해졌지만, 사이버 범죄도 증가했다.

2235
逃走 | **とうそう** | 명 도주

警察は店員に物を投げて逃走した男を捕まえに行った。
경찰은 점원에게 물건을 던지고 도주한 남자를 붙잡으러 갔다.

[문형] 동사 ます형 + に行く ~(하)러 가다

2236
次々と | **つぎつぎと** | 잇달아, 차례로

燃料不足による問題が次々と発生しています。
연료 부족에 따른 문제가 잇달아 발생하고 있습니다.

[문형] 명사 + による ~에 따른, 에 의한

2237
更新 | **こうしん** | 명 갱신, 경신

そのアプリは地震の状況が確認されるたびに情報を更新する。
그 어플은 지진 상황이 확인될 때마다 정보를 갱신한다.

[문형] 동사 사전형 + たびに ~(할) 때 마다

연습문제 체크체크!

[1] 단어에 해당하는 발음을 고른 후, 뜻을 써보세요.

01 増加　　ⓐ ぞうか　ⓑ そうか　　　_____

02 減少　　ⓐ けんしょう　ⓑ げんしょう　　　_____

03 団体　　ⓐ だんたい　ⓑ たんたい　　　_____

04 守る　　ⓐ ひろまる　ⓑ まもる　　　_____

05 許す　　ⓐ ゆるす　ⓑ およぼす　　　_____

06 増減　　ⓐ ぞうげん　ⓑ ぞうがん　　　_____

07 投票　　ⓐ とひょう　ⓑ とうひょう　　　_____

08 選挙　　ⓐ せんきょう　ⓑ せんきょ　　　_____

09 現実　　ⓐ けんじつ　ⓑ げんじつ　　　_____

10 急激だ　ⓐ きゅうげきだ　ⓑ きゅうけきだ　　　_____

[2] 문맥에 맞게 괄호에 들어갈 단어를 고르세요.

11 下の表は各国の輸出量を (改正 / 比較) したものです。

12 日常生活に役立つ (法律 / 犯罪) を知っておいた方がいいよ。

13 リサイクルごみは毎週火曜日に (逮捕 / 回収) します。

14 議員たちは (議会 / 制度) で市の開発計画について話し合った。

15 この交差点は車が多く、過去に何度も事故が (逃走 / 発生) している。

정답: 01 ⓐ 증가　02 ⓑ 감소　03 ⓐ 단체　04 ⓑ 지키다　05 ⓐ 허가하다, 용서하다　06 ⓐ 증감　07 ⓑ 투표　08 ⓑ 선거
　　09 ⓑ 현실　10 ⓐ 급격하다　11 比較　12 法律　13 回収　14 議会　15 発生

DAY 44 경제

mp3 바로 듣기

2238 ☐☐☐

価値 ★ | **かち** | 몡 가치

たくさんの人が使うことで、その商品の価値が上がる。
많은 사람이 사용함으로 인해, 그 상품의 가치가 오른다.

[문형] 동사 보통형 + ことで ~로 인해, (해)서

2239 ☐☐☐

(お)金 ★ | **(お)かね** | 몡 돈

新しい帽子が買いたいですが、お金が足りません。
새로운 모자를 사고 싶지만, 돈이 모자랍니다.

[문형] 동사 ます형 + たい ~(하)고 싶다

2240 ☐☐☐

消費 ★ | **しょうひ** | 몡 소비

子どもの時から適切な消費習慣を身につけたほうがいい。
어린 시절부터 적절한 소비 습관을 몸에 익히는 편이 좋다.

[문형] 동사 た형 + ほうがいい ~(하)는 편이 좋다

2241 ☐☐☐

税金 ★ | **ぜいきん** | 몡 세금

税金を自動的に払えるサービスを申し込みました。
세금을 자동적으로 지불할 수 있는 서비스를 신청했습니다.

2242 ☐☐☐

商業 ★ | **しょうぎょう** | 몡 상업

人口が増加した都市は商業も盛んになる。
인구가 증가한 도시는 상업도 번창하게 된다.

2243
現金 | **げんきん** | 몡 현금

現金を持って来なくて、カードで払うしかなかった。
현금을 가져오지 않아서, 카드로 지불할 수밖에 없었다.

[문형] 동사 사전형 + しかない ~(할) 수밖에 없다

2244
金額 | **きんがく** | 몡 금액

部品一つの金額にしては高すぎると思いませんか。
부품 하나의 금액 치고는 너무 비싸다고 생각하지 않나요?

[문형] 명사 + にしては ~치고는 / い형용사 어간 + すぎる 너무 ~(하)다

2245
高価 ★ | **こうか** | 몡 고가(값이 비쌈)

有名な職人が作ったあのかばんはとても高価です。
유명한 장인이 만든 저 가방은 매우 고가입니다.

[관련어] 高価だ こうかだ [な형] 고가이다

2246
支給 ★ | **しきゅう** | 몡 지급

給料の支給日は毎月10日と決まっている。
급료의 지급일은 매월 10일로 정해져 있다.

2247
経営 ★ | **けいえい** | 몡 경영

私の父は自動車会社を経営しています。
저의 아버지는 자동차 회사를 경영하고 있습니다.

2248
代金 ★ | **だいきん** | 몡 대금(물건값)

今日買ったベッドは5か月に分けて代金を支払う予定です。
오늘 산 침대는 5개월에 나눠서 대금을 지불할 예정입니다.

★ 표시 = 2010년 이후 N3 문자·어휘 기출 단어

2249
請求書 | **せいきゅうしょ** | 명 청구서

電気代の請求書が届いていたから、早速コンビニで払ってきた。
전기 요금의 청구서가 도착해서, 즉시 편의점에서 지불하고 왔다.

2250
時給 | **じきゅう** | 명 시급(노동 시간에 따라 받는 임금)

今までの勤務態度が反映されて時給が上がりました。
지금까지의 근무 태도가 반영되어 시급이 올랐습니다.

2251
換える ★ | **かえる** | 동 교환하다, 바꾸다

買ったばかりの服が破れていて、明日換えてもらおうと思います。
금방 산 옷이 찢어져 있어, 내일 교환해 받으려고 생각합니다.

[문형] 동사 た형 + ばかり 금방 ~(하)다, (한)지 얼마 되지 않다 / 동사 て형 + もらう ~(해) 받다
／ 동사 의지형 + と思う ~(하)려고 생각하다

2252
引き出す ★ | **ひきだす** | 동 인출하다, 꺼내다

生活費はいつも一日に使う分だけ引き出して使っています。
생활비는 항상 하루에 사용할 몫만큼 인출해서 사용하고 있습니다.

관련어 引き出し ひきだし 명 (현금) 인출, 서랍

2253
引き落とす ★ | **ひきおとす** | 동 자동 이체하다

通信費の支払いをたびたび忘れていたから今は引き落としている。
통신비 지불을 자주 잊었기 때문에, 지금은 자동 이체하고 있다.

2254
貯める ★ | **ためる** | 동 (돈을) 모으다, (일을) 미뤄 두다

貯めておいたお金は家を修理するために使いました。
모아두었던 돈은 집을 수리하기 위해서 사용했습니다.

[문형] 동사 て형 + おく ~(해) 두다 / 동사 사전형 + ために ~위해서

★ 표시 = 2010년 이후 N3 문자·어휘 기출 단어

2255
手数料 | てすうりょう | 명 수수료

A銀行はアプリで送金する場合、手数料がただです。
A은행은 어플로 송금하는 경우, 수수료가 무료입니다.

[문형] 동사 보통형 + 場合 ~인 경우

2256
投資 | とうし | 명 투자

高橋工業の新製品の良さを確認し、投資することを決めた。
다카하시 공업의 신제품의 좋은 점을 확인하고, 투자하는 것을 결정했다.

2257
入金 | にゅうきん | 명 입금

ATMという自動化機器で窓口に行かずに入金できます。
ATM이라는 자동화 기기로 창구에 가지 않고 입금할 수 있습니다.

[문형] 명사 + という ~라는, 라고 하는 / 동사 ない형 + ずに ~(하)지 않고

2258
保証 | ほしょう | 명 보증

信用保証制度では小規模事業の支援を拡充することにした。
신용 보증 제도에서는 소규모 사업의 지원을 확충하기로 했다.

[문형] 동사 사전형 + ことにする ~(하)기로 하다

2259
預金 | よきん | 명 예금

満期になった定期預金で海外旅行に行く予定です。
만기가 된 정기예금으로 해외 여행을 갈 예정입니다.

2260
主要だ ★ | しゅようだ | な형 주요하다

支払の主要な手段としてカードが容易に使われています。
지불의 주요한 수단으로서 카드가 용이하게 사용되고 있습니다.

[문형] 명사 + として ~로서

| 관련어 | 主要 しゅよう 명 주요 |

★ 표시 = 2010년 이후 N3 문자·어휘 기출 단어

2261 □ □ □

| 期限 | ★ | きげん | 명 기한 |

ぜいきん　きげんない　だ
税金は期限内に出さないといけない。
세금은 기한 내에 내지 않으면 안 된다.

[문형] 동사 ない형 + ないといけない ~(하)지 않으면 안 된다

2262 □ □ □

| 物価 | ★ | ぶっか | 명 물가 |

きゅうげき　あ　　　　ぶっか　　　　　　　　　あんてい
急激に上がった物価がとうとう安定したみたいです。
급격히 오른 물가가 드디어 안정된 것 같습니다.

[문형] 동사 보통형 + みたいだ ~(인) 것 같다

2263 □ □ □

| 解決 | ★ | かいけつ | 명 해결 |

けいえいなん　かいけつ　　　　　　　たいさくかいぎ　　はじ
経営難を解決するための対策会議が始まった。
경영난을 해결하기 위한 대책 회의가 시작되었다.

2264 □ □ □

| 予算 | | よさん | 명 예산 |

さいがい　　　　　ひじょうじ　　ぎかい　ひら　　　よさん　　か
災害のような非常時には議会を開いて予算を変えられる。
재해와 같은 비상시에는 의회를 열어서 예산을 바꿀 수 있다.

[문형] 명사 の + ような ~같은

2265 □ □ □

| 重大だ | ★ | じゅうだいだ | な형 중대하다 |

いろいろ　くに　　　　　　　　　お　　せかいけいざい　じゅうだい　もんだい
色々な国にインフレが起きて世界経済に重大な問題が
はっせい
発生した。
여러 나라에 인플레이션이 일어나서 세계 경제에 중대한 문제가 발생했다.

| 관련어 | 重大 じゅうだい 명 중대 |

2266 □ □ □

| 景気 | | けいき | 명 경기(경제 활동 상태) |

かんぜん　　　　　　　すこ　　　　　けいきかいふく　　うご　　　み
完全ではないが、少しずつ景気回復の動きが見えてきた。
완전하지는 않지만, 조금씩 경기 회복의 움직임이 보여졌다.

2267 超過 | ちょうか | 명 초과

今年は輸出額が輸入額を超過しました。
올해는 수출액이 수입액을 초과했습니다.

2268 一般 | いっぱん | 명 일반

最近、一般の人の株式投資が増えているらしい。
최근, 일반인의 주식 투자가 늘고 있다고 한다.

[문형] 동사 보통형 + らしい ~라고 한다

2269 不可欠 | ふかけつ | 명 불가결

生きるうえで、お金は必要不可欠である。
살아가는데 있어서, 돈은 필요 불가결하다.

[문형] 동사 사전형 + うえで ~에 있어서

> 관련어 不可欠だ ふかけつだ [な형] 불가결하다

2270 貧しい ★ | まずしい | い형 가난하다, 빈약하다

国では貧しい生活をしている国民を支援する対策を行っている。
나라에서는 가난한 생활을 하고 있는 국민을 지원하는 대책을 시행하고 있다.

2271 貧乏だ ★ | びんぼうだ | な형 가난하다

家が借金で貧乏だったせいで、節約するのが習慣になった。
집이 빚으로 가난했던 탓에, 절약하는 것이 습관이 되었다.

[문형] な형용사 보통형 + せいで ~탓에, 탓으로

> 관련어 貧乏 びんぼう 명 가난함

★ 표시 = 2010년 이후 N3 문자·어휘 기출 단어

2272
困難だ | **こんなんだ** | [な형] 곤란하다

ぜんたいてき　ぶっか　あ　　　　ほんとう　こんなん　じょうきょう
全体的に物価が上がって、本当に困難な状況です。
전체적으로 물가가 올라, 정말로 곤란한 상황입니다.

[관련어] 困難 こんなん [명] 곤란

2273
貧困 | **ひんこん** | [명] 빈곤

　　　くに　むかしひんこんもんだい　しんこく　　　　いま　　　　　ゆた
この国は昔貧困問題が深刻だったが、今はとても豊かになった。
이 나라는 옛날에 빈곤 문제가 심각했지만, 지금은 매우 풍족해졌다.

[관련어] 貧困だ ひんこんだ [な형] 빈곤하다

2274
わずか | - | [부] 겨우, 불과

かんが　　　　かね　つか　　　　　　　　　　せんえん　　のこ
考えずにお金を使ったらわずか5千円しか残っていなかった。
생각하지 않고 돈을 썼더니 겨우 5천엔밖에 남아 있지 않았다.

[문형] 동사 ない형 + ずに ~(하)지 않고 / 동사 た형 + ら ~(했)더니, (하)면

[관련어] わずかだ [な형] 조금이다, 약간이다

2275
最小限 | **さいしょうげん** | [명] 최소한

よさん　た　　　　　　　　みせ　さいしょうげん　きぼ　　はじ
予算が足りないから、店は最小限の規模で始めるほかない。
예산이 부족하니까, 가게는 최소한의 규모로 시작하는 수밖에 없어.

[문형] 동사 사전형 + ほかない ~(하)는 수 밖에 없다

2276
当たる ★ | **あたる** | [동] 당첨되다, 맞다

かれ　たから　　　　あ　　　　おおよろこ
彼は宝くじに当たって大喜びした。
그는 복권에 당첨되어 크게 기뻐했다.

연습문제 체크체크!

[1] 단어에 해당하는 발음을 고른 후, 뜻을 써보세요.

01 引き出す　　ⓐ ひきおとす　ⓑ ひきだす　　_____

02 金額　　　　ⓐ きんがく　　ⓑ きんかく　　_____

03 価値　　　　ⓐ かち　　　　ⓑ がち　　　　_____

04 主要だ　　　ⓐ しゅうようだ　ⓑ しゅようだ　_____

05 経営　　　　ⓐ けいえい　　ⓑ けえい　　　_____

06 貧乏だ　　　ⓐ ひんぼうだ　ⓑ びんぼうだ　_____

07 解決　　　　ⓐ かいけつ　　ⓑ かいげつ　　_____

08 消費　　　　ⓐ しょひ　　　ⓑ しょうひ　　_____

09 商業　　　　ⓐ しょうぎょう　ⓑ しょうごう　_____

10 税金　　　　ⓐ せいきん　　ⓑ ぜいきん　　_____

[2] 문맥에 맞게 괄호에 들어갈 단어를 고르세요.

11 会社の給料は月の最終日に (時給 / 支給) されます。

12 税金は必ず (期限 / 投資) までに出してください。

13 家族で住む家を買うためにお金を (換え / 貯め) ています。

14 (物価 / 高価) が上がり続け、国民の生活はますます苦しくなった。

15 この冷蔵庫は6回に分け (代金 / 入金) を支払いました。

정답: 01 ⓑ 인출하다, 꺼내다　02 ⓐ 금액　03 ⓐ 가치　04 ⓑ 주요하다　05 ⓐ 경영　06 ⓑ 가난하다　07 ⓐ 해결　08 ⓑ 소비
　　　09 ⓐ 상업　10 ⓑ 세금　11 支給　12 期限　13 貯め　14 物価　15 代金

 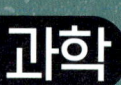 과학

mp3 바로 듣기

2277
発見 ★ | はっけん | 명 발견
彼はりんごが木から落ちるのを見て重力を発見した。
그는 사과가 나무에서 떨어지는 것을 보고 중력을 발견했다.

2278
理解 | りかい | 명 이해
現代の科学で説明できなくて、現実的に理解しにくい現象もある。 현대 과학으로 설명할 수 없어서, 현실적으로 이해하기 어려운 현상도 있다.

[문형] 동사 ます형 + にくい ~(하)기 어렵다

2279
性質 | せいしつ | 명 성질
水にぬれない性質を持つ布を発明しました。
물에 젖지 않는 성질을 가진 천을 발명했습니다.

2280
状態 | じょうたい | 명 상태
植物の分布状態を通じて、気候の変化が確認できます。
식물의 분포 상태를 통하여, 기후의 변화를 확인할 수 있습니다.

[문형] 명사 + を通じて ~를 통하여

2281
反射 | はんしゃ | 명 반사
全ての物は光が物に反射されて目に映るから見えるわけだ。 모든 것은 빛이 물건에 반사되어서 눈에 비치기 때문에 보이는 것이다.

[문형] 동사 보통형 + わけだ ~인 것이다

★ 표시 = 2010년 이후 N3 문자·어휘 기출 단어

2282
要素 | **ようそ** | 몡 요소

空気は生物が生きていくうえで不可欠な**要素**です。
공기는 생물이 살아가는 데 있어서 불가결한 요소입니다.

[문형] 동사 사전형 + うえで ~에 있어서

2283
発展 ★ | **はってん** | 몡 발전(더 좋은 상태로 나아감)

この国は科学分野で世界的な影響力を持つほど**発展**した。
이 나라는 과학 분야에서 세계적인 영향력을 가질 정도로 발전했다.

2284
追いつく ★ | **おいつく** | 동 따라잡다, (수준에) 달하다

私の国の宇宙関連技術が外国に**追いつく**まで残りわずかです。
우리나라의 우주 관련의 기술이 외국을 따라잡기까지 얼마 남지 않았습니다.

2285
越える ★ | **こえる** | 동 넘다, 건너다

空間の限界を**越えられる**ことで話題のメタバース事業に投資した。
공간의 한계를 넘을 수 있는 것으로 화제인 메타버스 사업에 투자했다.

2286
応用 ★ | **おうよう** | 몡 응용

VR技術を病気の治療やゲームなど多様な分野に**応用**している。
VR 기술을 병의 치료나 게임 등 다양한 분야에 응용하고 있다.

2287
進歩 ★ | **しんぽ** | 몡 진보

科学が**進歩**したおかげで、色々な問題が解決された。
과학이 진보한 덕분에, 여러 가지 문제가 해결되었다.

[문형] 동사 た형 + おかげで ~덕분에

2288
正確だ / せいかくだ — な형 정확하다

研究前の予想と研究結果を比較してみたら正確に一致した。
연구 전의 예상과 연구 결과를 비교해 보니 정확하게 일치했다.

[문형] 동사 た형 + ら ~(했)더니

> 관련어 正確 せいかく 명 정확

2289
加速 / かそく — 명 가속

炭素が出る燃料の使用は地球温暖化を加速させる。
탄소가 나오는 연료의 사용은 지구 온난화를 가속시킨다.

2290
活用 / かつよう — 명 활용

この植物の成分を活用して肌にいい化粧品が作れます。
이 식물의 성분을 활용하여 피부에 좋은 화장품을 만들 수 있습니다.

2291
地球 ★ / ちきゅう — 명 지구(행성)

太陽系で人が住むことができる場所は地球だけです。
태양계에서 사람이 살 수 있는 장소는 지구뿐입니다.

[문형] 동사 사전형 + ことができる ~(할) 수 있다 / 명사 + だけだ ~뿐이다

2292
表面 ★ / ひょうめん — 명 표면

床の表面をざらざらしたものにすると、すべりにくくなる。
바닥의 표면을 까칠까칠한 것으로 하면, 미끄러지기 어렵게 된다.

[문형] 명사 + にする ~로 하다

2293
物質 / ぶっしつ — 명 물질

A会社が販売していた洗剤から危険な物質が発見され全部回収した。
A회사가 판매하고 있던 세제에서 위험한 물질이 발견되어 전부 회수했다.

★ 표시 = 2010년 이후 N3 문자·어휘 기출 단어

2294 ☐☐☐

間接 | かんせつ | 圕 간접

マグネットを使って針などを間接的に動かせます。
자석을 사용해서 바늘 등을 간접적으로 움직이게 할 수 있습니다.

2295 ☐☐☐

仮定 ★ | かてい | 圕 가정(임시로 정한 소건)

重さの増減によって重力も増減すると仮定し、実験をしました。
무게의 증감에 따라 중력도 증감한다고 가정하고, 실험을 했습니다.

[문형] 명사 + によって ~에 따라, 에 의해서

2296 ☐☐☐

共通 ★ | きょうつう | 圕 공통

次世代エネルギーに関する研究は全世界の共通の問題である。
차세대 에너지에 관한 연구는 전세계 공통의 문제이다.

[문형] 명사 + に関する ~에 관한

| 관련어 | 共通だ　きょうつうだ　[な형] 공통이다 |

2297 ☐☐☐

事実 | じじつ | 圕 사실　튀 정말로, 실제로

この理論は事実として広まっていたが、実際は間違っていた。
이 이론은 사실로서 널리 퍼져 있었는데, 실제는 틀렸다.

[문형] 명사 + として ~로서

2298 ☐☐☐

基礎 | きそ | 圕 기초

基礎になる原理を理解すれば、様々な状況に応用して
考えられる。
기초가 되는 원리를 이해하면, 다양한 상황에 응용해서 생각할 수 있다.

[문형] 동사 사전형 う단을 え단으로 + ば ~(하)면

★ 표시 = 2010년 이후 N3 문자·어휘 기출 단어

2299
調査 ★ | ちょうさ | 몡 조사

科学が生活に及ぼす影響について論文を書くため調査を始めた。
과학이 생활에 미치는 영향에 대해서 논문을 쓰기 위해 조사를 시작했다.

[문형] 명사 + について ~에 대해서 / 동사 사전형 + ため ~위해

2300
主張 ★ | しゅちょう | 몡 주장(의견을 내세움)

地球が丸いという事実は当時はある科学者の主張に過ぎなかった。
지구가 둥글다는 사실은 당시는 어느 과학자의 주장에 불과했다.

[문형] い형용사 보통형 + という ~라는, 라고 하는 / 명사 + に過ぎない ~에 불과하다

2301
発想 | はっそう | 몡 발상

自由な発想と想像が新しい何かを作り出すことにつながる。
자유로운 발상과 상상이 새로운 무언가를 만들어 내는 것으로 이어진다.

2302
落下 | らっか | 몡 낙하

なぜ重ければ重いほど落下スピードが速くなるのか。
왜 무거우면 무거울수록 낙하 스피드가 빨라지는 것인가?

[문형] い형용사 어간 + ければ + い형용사 사전형 + ほど ~(하)면 ~할수록

2303
倍率 | ばいりつ | 몡 배율

倍率の高いレンズのカメラは遠くにある物を撮るのにいいです。
배율이 높은 렌즈의 카메라는 멀리 있는 것을 찍는 데 좋습니다.

★ 표시 = 2010년 이후 N3 문자·어휘 기출 단어

2304
血液型 ★ | けつえきがた | 명 혈액형

O型の人は他の血液型の人に血液をあげることができる。
O형인 사람은 다른 혈액형인 사람에게 혈액을 줄 수 있다.

2305
細胞 | さいぼう | 명 세포

人間の体に存在する細胞は数えきれないほど多いということだ。 인간의 몸에 존재하는 세포는 다 셀 수 없을 정도로 많다고 한다.

[문형] 동사 ます형 + きれない 다 ~(할) 수 없다 / い형용사 보통형 + ということだ ~라고 한다

2306
成分 | せいぶん | 명 성분

この薬の主要成分については下の欄に書いてあります。
이 약의 주요 성분에 대해서는 아래 란에 쓰여 있습니다.

[문형] 동사 て형 + ある ~되어 있다

2307
未来 ★ | みらい | 명 미래

遠くない未来に宇宙旅行もできるかもしれない。
멀지 않은 미래에 우주 여행도 할 수 있을지도 모른다.

[문형] 동사 보통형 + かもしれない ~일지도 모른다

2308
効果的だ ★ | こうかてきだ | な형 효과적이다

アルコールは火を起こして何かを燃やすのに効果的な物質です。 알코올은 불을 일으켜서 무언가를 태우는 데 효과적인 물질입니다.

관련어 効果 こうか 명 효과

2309
高速 | こうそく | 명 고속

高速計算システムを使いビックデータの処理の効率を上げた。 고속 계산 시스템을 사용하여 빅 데이터 처리의 효율을 높였다.

★ 표시 = 2010년 이후 N3 문자·어휘 기출 단어

2310
危険性 | **きけんせい** | 명 위험성

化学実験は危険性を理解したうえで行わなければならない。
화학 실험은 위험성을 이해한 후에 시행하지 않으면 안 된다.

[문형] 동사 た형 + うえで ~후에 / 동사 ない형 + なければならない ~(하)지 않으면 안 된다

2311
使用量 | **しようりょう** | 명 사용량

二酸化炭素が出る資源の使用量が去年と比べて確実に減った。
이산화탄소가 나오는 자원의 사용량이 작년과 비교해서 확실히 줄었다.

[문형] 명사 + と比べて ~과 비교해서

2312
混ぜる ★ | **まぜる** | 동 섞다, 혼합하다

油と水はどんなに混ぜようとしても混ざりません。
기름과 물은 아무리 섞으려고 해도 섞이지 않습니다.

[문형] 동사 의지형 + とする ~(하)려고 하다

2313
燃える ★ | **もえる** | 동 타다, 연소하다

たいていの自動車はガソリンが燃えて発生する力で動きます。
대부분의 자동차는 휘발유가 타서 발생하는 힘으로 움직입니다.

2314
部分 ★ | **ぶぶん** | 명 부분

この研究は仮定から間違っている部分があった。
이 연구는 가정부터 잘못된 부분이 있었다.

2315
日がのぼる | **ひがのぼる** | 해가 뜨다

夏は冬より早く日がのぼります。
여름은 겨울보다 빨리 해가 뜹니다.

연습문제 체크체크!

[1] 단어에 해당하는 발음을 고른 후, 뜻을 써보세요.

01 発見　　ⓐ はっけん　ⓑ はつけん　_____

02 調査　　ⓐ ちょうさ　ⓑ ちょさ　_____

03 部分　　ⓐ ぶぶん　ⓑ ふぶん　_____

04 仮定　　ⓐ がてい　ⓑ かてい　_____

05 発展　　ⓐ はってん　ⓑ はつてん　_____

06 共通　　ⓐ こうつう　ⓑ きょうつう　_____

07 地球　　ⓐ じきゅう　ⓑ ちきゅう　_____

08 表面　　ⓐ ひょうめん　ⓑ ぴょうめん　_____

09 未来　　ⓐ みらい　ⓑ びらい　_____

10 効果的だ　ⓐ こかてきだ　ⓑ こうかてきだ　_____

[2] 문맥에 맞게 괄호에 들어갈 단어를 고르세요.

11 最新の技術は医療などの様々な分野に (加速 / 応用) されている。

12 ガソリンは (燃え / 越え) やすい危険な物質です。

13 (血液型 / 細胞) は大きく4つに分けられ、日本人はA型が最も多いそうだ。

14 科学が (反射 / 進歩) したことで私たちの生活は便利になりました。

15 宇宙人が存在すると (主張 / 活用) する科学者も多い。

정답: 01 ⓐ 발견　02 ⓐ 조사　03 ⓐ 부분　04 ⓑ 가정(임시로 정한 조건)　05 ⓐ 발전(더 좋은 상태로 나아감)　06 ⓑ 공통
07 ⓑ 지구(행성)　08 ⓐ 표면　09 ⓐ 미래　10 ⓑ 효과적이다　11 応用　12 燃え　13 血液型　14 進歩　15 主張

무료 학습자료 제공
japan.Hackers.com

PART 3
N5-N3 가타카나어

DAY 46-50

DAY 46 일상생활

2316	コンビニ	명 편의점
2317	スーパー ★	명 슈퍼
2318	ノック ★	명 노크
2319	パーティー ★	명 파티
2320	シャツ ★	명 셔츠
2321	ワイシャツ ★	명 와이셔츠
2322	ズボン ★	명 바지
2323	スカート ★	명 스커트, 치마
2324	ポケット ★	명 주머니, 포켓
2325	ネクタイ	명 넥타이
2326	コート	명 코트
2327	セーター	명 스웨터
2328	ワンピース	명 원피스

★ 표시 = 2010년 이후 N5-N3 문자·어휘 기출 단어

2329	ハンカチ		명 손수건
2330	アクセサリー		명 액세서리
2331	サンダル		명 샌들
2332	サイズ	★	명 사이즈
2333	デパート		명 백화점
2334	ショッピング		명 쇼핑
2335	レジ	★	명 계산대
2336	カタログ	★	명 카탈로그
2337	スマートフォン/スマホ		명 스마트폰
2338	カッター	★	명 커터 칼
2339	ドライヤー		명 드라이어
2340	テーブル	★	명 테이블
2341	ベッド		명 침대
2342	カバー	★	명 커버, 덮개
2343	ペット		명 반려동물
2344	キッチン	★	명 주방

DAY 46
해커스 JLPT 기출 단어장 N5-N3

PART 3 N5-N3 가타카나어 | DAY 46 일상생활 347

★ 표시 = 2010년 이후 N5-N3 문자·어휘 기출 단어

2345	バケツ	★	명 양동이
2346	パンフレット	★	명 팸플릿, 소책자
2347	エアコン	★	명 에어컨
2348	シャワー	★	명 샤워
2349	センチ	★	명 센티, 센티미터
2350	メートル	★	명 미터
2351	キロ		명 킬로(그램), 킬로(미터)
2352	グラム	★	명 그램
2353	イメージ	★	명 이미지, 인상
2354	カット	★	명 자름, 커트

연습문제 체크체크!

[1] 각 가타카나어의 뜻을 써보세요.

01 ズボン　＿＿＿＿＿＿＿＿
02 パンフレット　＿＿＿＿＿＿＿＿
03 カッター　＿＿＿＿＿＿＿＿
04 エアコン　＿＿＿＿＿＿＿＿
05 キッチン　＿＿＿＿＿＿＿＿
06 シャワー　＿＿＿＿＿＿＿＿
07 グラム　＿＿＿＿＿＿＿＿
08 ポケット　＿＿＿＿＿＿＿＿

[2] 우리말에 알맞은 가타카나어를 보기에서 골라 써보세요.

スカート　イメージ　ノック　パーティー　バケツ
シャツ　カバー　カタログ　コンビニ　テーブル

09 이미지, 인상　＿＿＿＿＿＿＿＿
10 셔츠　＿＿＿＿＿＿＿＿
11 커버, 덮개　＿＿＿＿＿＿＿＿
12 노크　＿＿＿＿＿＿＿＿
13 파티　＿＿＿＿＿＿＿＿
14 카탈로그　＿＿＿＿＿＿＿＿
15 테이블　＿＿＿＿＿＿＿＿
16 스커트, 치마　＿＿＿＿＿＿＿＿

정답: 01 바지　02 팸플릿, 소책자　03 커터 칼　04 에어컨　05 주방　06 샤워　07 그램　08 주머니, 포켓
09 イメージ　10 シャツ　11 カバー　12 ノック　13 パーティー　14 カタログ　15 テーブル　16 スカート

 # 음식, 장소

mp3 바로 듣기

2355	カレー	★	명 카레
2356	ハンバーガー		명 햄버거
2357	クッキー		명 쿠키
2358	ケーキ	★	명 케이크
2359	サンドイッチ		명 샌드위치
2360	ステーキ		명 스테이크
2361	スパゲッティ		명 스파게티
2362	パン		명 빵
2363	チーズ		명 치즈
2364	チョコレート	★	명 초콜릿
2365	バナナ	★	명 바나나
2366	コーヒー	★	명 커피
2367	ジュース		명 주스

2368	アルコール	★	명 알코올
2369	スプーン		명 스푼, 숟가락
2370	メニュー	★	명 메뉴
2371	ランチ		명 런치, 점심
2372	レストラン	★	명 레스토랑
2373	キャンセル	★	명 취소, 캔슬
2374	シェフ		명 셰프
2375	オープン	★	명 오픈
2376	ドア		명 문, 도어
2377	アパート	★	명 아파트
2378	センター		명 센터
2379	ビル	★	명 빌딩, 건물
2380	トイレ	★	명 화장실
2381	プール	★	명 수영장
2382	ホテル	★	명 호텔
2383	オフィス		명 사무실, 오피스

★ 표시 = 2010년 이후 N5-N3 문자·어휘 기출 단어

2384	カフェ		명	카페
2385	ガソリンスタンド		명	주유소
2386	タクシー	★	명	택시
2387	バス	★	명	버스
2388	アクセス	★	명	접근성, 액세스, 목적지까지의 교통수단
2389	エンジン	★	명	엔진
2390	カーブ	★	명	커브, 곡선
2391	ストップ	★	명	멈춤, 정지

연습문제 체크체크!

[1] 각 가타카나어의 뜻을 써보세요.

01 コーヒー _____
02 プール _____
03 アパート _____
04 レストラン _____
05 バナナ _____
06 チョコレート _____
07 タクシー _____
08 ビル _____

[2] 우리말에 알맞은 가타카나어를 보기에서 골라 써보세요.

アルコール　カーブ　チーズ　トイレ　オープン
キャンセル　ケーキ　エンジン　カレー　ストップ

09 커브, 곡선 _____
10 취소, 캔슬 _____
11 엔진 _____
12 케이크 _____
13 화장실 _____
14 오픈 _____
15 알코올 _____
16 멈춤, 정지 _____

정답: 01 커피　02 수영장　03 아파트　04 레스토랑　05 바나나　06 초콜릿　07 택시　08 빌딩, 건물
09 カーブ　10 キャンセル　11 エンジン　12 ケーキ　13 トイレ　14 オープン　15 アルコール　16 ストップ

DAY 48 학업, 업무

mp3 바로 듣기

2392	クラス	명 클래스, 수업, 학급
2393	テキスト	명 교재, 교과서
2394	ページ	명 페이지, 쪽
2395	ノート	명 노트, 공책
2396	ボールペン	명 볼펜
2397	レベル	명 레벨
2398	テスト	명 시험, 테스트
2399	ヒント ★	명 힌트
2400	サークル	명 동아리, 서클
2401	チャンス	명 기회, 찬스
2402	コミュニケーション	명 커뮤니케이션
2403	スピーチ ★	명 스피치, 연설
2404	メッセージ ★	명 메시지

★ 표시 = 2010년 이후 N5-N3 문자·어휘 기출 단어

2405	セミナー		명	세미나
2406	ユーモア	★	명	유머
2407	スーツ		명	정장, 양복
2408	インタビュー	★	명	인터뷰
2409	スタッフ		명	직원, 스태프
2410	アンケート	★	명	앙케트, 설문
2411	スケジュール	★	명	스케줄, 일정
2412	ポスター	★	명	포스터
2413	プリンター		명	프린터
2414	マーク	★	명	마크, 상표
2415	イベント		명	이벤트
2416	サービス	★	명	서비스
2417	アルバイト	★	명	아르바이트
2418	バイト		명	아르바이트(アルバイト의 준말)
2419	パートタイム		명	파트타임, 시간제 근무
2420	メール		명	메일

★ 표시 = 2010년 이후 N5-N3 문자·어휘 기출 단어

2421	レポート		명	리포트, 보고서
2422	アイデア/アイディア	★	명	아이디어
2423	コピー		명	복사
2424	メモ		명	메모
2425	サイン	★	명	사인, 서명
2426	アドバイス	★	명	조언, 충고
2427	ストレス		명	스트레스

연습문제 체크체크!

[1] 각 가타카나어의 뜻을 써보세요.

01 スタッフ　　　　　＿＿＿＿＿＿＿

02 サービス　　　　　＿＿＿＿＿＿＿

03 インタビュー　　　＿＿＿＿＿＿＿

04 アンケート　　　　＿＿＿＿＿＿＿

05 メッセージ　　　　＿＿＿＿＿＿＿

06 アルバイト　　　　＿＿＿＿＿＿＿

07 ユーモア　　　　　＿＿＿＿＿＿＿

08 アイデア　　　　　＿＿＿＿＿＿＿

[2] 우리말에 알맞은 가타카나어를 보기에서 골라 써보세요.

　　アドバイス　　イベント　　チャンス　　ヒント　　コミュニケーション
　　マーク　　サイン　　スピーチ　　スケジュール　　ストレス

09 커뮤니케이션　　＿＿＿＿＿＿＿

10 조언, 충고　　　＿＿＿＿＿＿＿

11 스케줄, 일정　　＿＿＿＿＿＿＿

12 기회, 찬스　　　＿＿＿＿＿＿＿

13 스피치, 연설　　＿＿＿＿＿＿＿

14 사인, 서명　　　＿＿＿＿＿＿＿

15 힌트　　　　　　＿＿＿＿＿＿＿

16 마크, 상표　　　＿＿＿＿＿＿＿

정답: 01 직원, 스태프　02 서비스　03 인터뷰　04 앙케트, 설문　05 메시지　06 아르바이트　07 유머　08 아이디어
09 コミュニケーション　10 アドバイス　11 スケジュール　12 チャンス　13 スピーチ　14 サイン　15 ヒント　16 マーク

 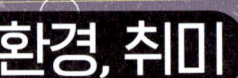 

환경, 취미

2428	ウイルス	명 바이러스
2429	インフルエンザ	명 인플루엔자, 유행성 감기
2430	プラスチック	명 플라스틱
2431	リサイクル ★	명 재활용, 리사이클
2432	ホームステイ	명 홈스테이
2433	コンサート ★	명 콘서트
2434	チケット ★	명 티켓
2435	バイオリン	명 바이올린
2436	ピアノ	명 피아노
2437	ギター ★	명 기타
2438	タイトル ★	명 제목, 타이틀
2439	テーマ ★	명 테마, 주제
2440	アニメ	명 애니메이션

2441	ドラマ		명 드라마
2442	ゲーム		명 게임
2443	デート	★	명 데이트
2444	テレビ		명 텔레비전, TV
2445	パソコン		명 PC, 퍼스널 컴퓨터
2446	コンピューター	★	명 컴퓨터
2447	インターネット		명 인터넷
2448	ラジオ		명 라디오
2449	カメラ	★	명 카메라
2450	デザイン	★	명 디자인
2451	プログラム		명 프로그램
2452	プロジェクター		명 프로젝터
2453	グループ	★	명 그룹
2454	ダンス		명 댄스
2455	ボランティア		명 자원봉사
2456	レジャー	★	명 레저

★ 표시 = 2010년 이후 N5-N3 문자·어휘 기출 단어

2457	チャレンジ	★	명 도전, 챌린지
2458	ガイド		명 가이드
2459	ピクニック		명 피크닉, 소풍
2460	ツアー		명 투어, 여행
2461	プレゼント		명 선물
2462	ロッカー	★	명 보관함, 로커
2463	チェック	★	명 체크, 확인

연습문제 체크체크!

[1] 각 가타카나어의 뜻을 써보세요.

01 タイトル _____
02 グループ _____
03 カメラ _____
04 プレゼント _____
05 コンサート _____
06 ロッカー _____
07 デザイン _____
08 ギター _____

[2] 우리말에 알맞은 가타카나어를 보기에서 골라 써보세요.

ゲーム　チケット　ボランティア　チェック　テーマ
デート　ツアー　ドラマ　リサイクル　レジャー

09 레저 _____
10 테마, 주제 _____
11 체크, 확인 _____
12 데이트 _____
13 드라마 _____
14 자원봉사 _____
15 재활용, 리사이클 _____
16 티켓 _____

정답: 01 제목, 타이틀　02 그룹　03 카메라　04 선물　05 콘서트　06 보관함, 로커　07 디자인　08 기타
09 レジャー　10 テーマ　11 チェック　12 デート　13 ドラマ　14 ボランティア　15 リサイクル　16 チケット

DAY 50 운동 및 기타

mp3 바로 듣기

2464	スポーツ	명 스포츠, 운동
2465	ハイキング	명 하이킹
2466	ヨガ	명 요가
2467	ジョギング	명 조깅
2468	バレーボール	명 배구
2469	マラソン	명 마라톤
2470	ゴルフ	명 골프
2471	サッカー ★	명 축구
2472	スキー	명 스키
2473	テニス ★	명 테니스
2474	バスケットボール	명 농구
2475	バドミントン	명 배드민턴
2476	スリッパ ★	명 슬리퍼

#	단어		뜻
2477	ダイエット		명 다이어트
2478	カロリー	★	명 칼로리(열량의 단위)
2479	スタート	★	명 시작
2480	トレーニング	★	명 트레이닝, 훈련
2481	エスカレーター		명 에스컬레이터
2482	エレベーター	★	명 엘리베이터
2483	スイッチ	★	명 스위치
2484	データ		명 데이터
2485	プリント		명 프린트, 인쇄물
2486	セット	★	명 세트, 세팅
2487	サポート		명 서포트, 지원
2488	ルール	★	명 규칙, 룰
2489	アメリカ		명 미국
2490	タイ		명 태국
2491	ベトナム		명 베트남
2492	スペイン		명 스페인

2493	ドイツ		명 독일
2494	ヨーロッパ		명 유럽
2495	ニュース		명 뉴스
2496	アップ	★	명 업, 상승
2497	スピード		명 스피드, 속도
2498	エネルギー	★	명 에너지
2499	オーバー	★	명 오버, 초과
2500	ロボット		명 로봇

연습문제 체크체크!

[1] 각 가타카나어의 뜻을 써보세요.

01 ゴルフ　　　　　　　　_____

02 エネルギー　　　　　　_____

03 セット　　　　　　　　_____

04 スイッチ　　　　　　　_____

05 トレーニング　　　　　_____

06 ヨーロッパ　　　　　　_____

07 スリッパ　　　　　　　_____

08 カロリー　　　　　　　_____

[2] 우리말에 알맞은 가타카나어를 보기에서 골라 써보세요.

| アップ | エレベーター | オーバー | バドミントン | データ |
| スタート | テニス | ダイエット | ルール | マラソン |

09 규칙, 룰　　　　　　　_____

10 시작　　　　　　　　　_____

11 마라톤　　　　　　　　_____

12 배드민턴　　　　　　　_____

13 업, 상승　　　　　　　_____

14 오버, 초과　　　　　　_____

15 다이어트　　　　　　　_____

16 엘리베이터　　　　　　_____

정답: 01 골프　02 에너지　03 세트, 세팅　04 스위치　05 트레이닝, 훈련　06 유럽　07 슬리퍼　08 칼로리
09 ルール　10 スタート　11 マラソン　12 バドミントン　13 アップ　14 オーバー　15 ダイエット　16 エレベーター

무료 학습자료 제공
japan.Hackers.com

JLPT N5-N3 단어
인덱스

교재에 수록된 모든 N5-N3 표제어가 오십음도 순으로 되어 있어요.
특정 단어가 있는 본문 페이지를 바로 찾아갈 수 있어요.

★ 잘 모르겠는 단어에 체크하여 더 꼼꼼히 학습하세요. 빨간색 글자는 N5-N3 문자·어휘 기출 단어입니다.

あ

	단어	읽기	페이지
□	相変わらず	あいかわらず	148
□	あいさつ	-	49
□	合図	あいず	187
□	間	あいだ	20
□	相手	あいて	117
□	アイデア/アイディア	-	356
□	あいまいだ	-	254
□	会う	あう	20
□	合う	あう	73
□	青	あお	82
□	赤	あか	82
□	赤信号	あかしんごう	178
□	上がる	あがる	98
□	明るい	あかるい	51
□	赤ん坊	あかんぼう	56
□	秋	あき	36
□	明らかだ	あきらかだ	73
□	諦める	あきらめる	220
□	飽きる	あきる	259
□	開く	あく	39
□	アクセサリー	-	347
□	アクセス	-	352
□	あくび	-	201
□	開ける	あける	39
□	明ける	あける	108
□	あげる	-	48
□	上げる	あげる	132
□	あご	-	55
□	朝	あさ	13
□	浅い	あさい	82
□	朝ご飯	あさごはん	20
□	あさって	-	15
□	朝晩	あさばん	108
□	足	あし	54
□	味	あじ	30
□	明日	あした	15
□	味わう	あじわう	148
□	明日	あす	104
□	預かる	あずかる	302
□	預ける	あずける	302
□	汗	あせ	201
□	汗をかく	あせをかく	93
□	遊ぶ	あそぶ	20
□	温かい	あたたかい	37
□	暖かい	あたたかい	160
□	温める/暖める	あたためる	141
□	頭	あたま	54
□	頭がいい	あたまがいい	198
□	新しい	あたらしい	25
□	当たる	あたる	334
□	熱い	あつい	28
□	暑い	あつい	37
□	厚い	あつい	129
□	扱う	あつかう	132
□	アップ	-	364
□	集まる	あつまる	90
□	集める	あつめる	88
□	あて先	あてさき	188
□	後	あと	14
□	後で	あとで	106
□	アドバイス	-	356
□	兄	あに	18
□	アニメ	-	358
□	姉	あね	18
□	アパート	-	351
□	浴びる	あびる	21
□	危ない	あぶない	44
□	油	あぶら	136
□	溢れる	あふれる	275
□	甘い	あまい	27
□	あまり	-	76
□	余る	あまる	110
□	編む	あむ	294
□	雨	あめ	36
□	アメリカ	-	363
□	謝る	あやまる	49
□	洗う	あらう	58
□	新ただ	あらただ	128
□	あらゆる	-	132
□	表す	あらわす	261
□	現れる	あらわれる	278
□	ある	-	22
□	歩く	あるく	91
□	アルコール	-	351
□	アルバイト	-	355
□	泡	あわ	276
□	合わせる	あわせる	252
□	慌ただしい	あわただしい	145
□	慌てる	あわてる	193
□	案	あん	241
□	案外	あんがい	204

☐	アンケート	-	355	☐ 忙しい	いそがしい	50	☐ 居間	いま	57
☐	安心だ	あんしんだ	75	☐ 急ぐ	いそぐ	69	☐ 意味	いみ	85
☐	安全	あんぜん	94	☐ 痛い	いたい	268	☐ イメージ	-	348
☐	案内	あんない	31	☐ 痛む	いたむ	78	☐ 芋	いも	137
☐	良い	いい/よい	75	☐ 一	いち	12	☐ 妹	いもうと	18
☐	言い直す	いいなおす	184	☐ 位置	いち	153	☐ 嫌だ	いやだ	76
☐	言う	いう	45	☐ いちご	-	27	☐ いよいよ	-	298
☐	家	いえ	57	☐ 一日中	いちにちじゅう	14	☐ 依頼	いらい	242
☐	以下	いか	12	☐ 一番	いちばん	76	☐ いらいら	-	259
☐	以外	いがい	56	☐ いつ	-	32	☐ いらっしゃる	-	50
☐	意外	いがい	194	☐ いつか	-	90	☐ 入口	いりぐち	38
☐	いかが	-	49	☐ 一週間	いっしゅうかん	32	☐ いる	-	22
☐	息	いき	202	☐ 一生懸命だ	いっしょうけんめいだ	52	☐ いる	-	26
☐	生き方	いきかた	72	☐ 一緒に	いっしょに	20	☐ 入れる	いれる	21
☐	行き方	いきかた/ゆきかた	43	☐ いっぱい	-	76	☐ 色	いろ	82
☐	行き先	いきさき/ゆきさき	297	☐ 一般	いっぱん	333	☐ 色々だ	いろいろだ	145
☐	いきなり	-	37	☐ 一般化	いっぱんか	150	☐ 岩	いわ	274
☐	生きる	いきる	78	☐ 一般的だ	いっぱんてきだ	230	☐ 祝う	いわう	46
☐	行く	いく	91	☐ 一方	いっぽう	74	☐ 印刷	いんさつ	87
☐	池	いけ	81	☐ いつも	-	64	☐ 印象	いんしょう	202
☐	意見	いけん	72	☐ 移動	いどう	174	☐ インターネット	-	359
☐	以降	いこう	106	☐ 以内	いない	14	☐ インタビュー	-	355
☐	石	いし	82	☐ 田舎	いなか	88	☐ インフルエンザ	-	358
☐	意志	いし	252	☐ 犬	いぬ	80	☐ ウイルス	-	358
☐	維持	いじ	221	☐ 祈る	いのる	85	☐ 上	うえ	42
☐	意識	いしき	250	☐ 違反	いはん	178	☐ 植える	うえる	272
☐	医者	いしゃ	79	☐ いびきをかく	-	206	☐ 受かる	うかる	221
☐	以上	いじょう	12	☐ イベント	-	355	☐ 受け入れる	うけいれる	252
☐	椅子	いす	60	☐ 今	いま	14	☐ 受付	うけつけ	32
☐	泉	いずみ	273						
☐	以前	いぜん	96						

★ 잘 모르겠는 단어에 체크하여 더 꼼꼼히 학습하세요. 빨간색 글자는 N5-N3 문자·어휘 기출 단어입니다.

☐	受け取る	うけとる	188	☐	羨ましい	うらやましい	257	☐	駅前	えきまえ	149
☐	受け持ち	うけもち	156	☐	売り上げ	うりあげ	149	☐	エスカレーター	-	363
☐	受ける	うける	63	☐	売り場	うりば	25	☐	枝	えだ	80
☐	動かす	うごかす	304	☐	売る	うる	25	☐	エネルギー	-	364
☐	動き出す	うごきだす	44	☐	うるさい	-	52	☐	絵本	えほん	87
☐	動く	うごく	91	☐	嬉しい	うれしい	75	☐	偉い	えらい	196
☐	後ろ	うしろ	42	☐	売れる	うれる	134	☐	選ぶ	えらぶ	69
☐	薄い	うすい	25	☐	うろうろ	-	171	☐	得る	える	114
☐	右折	うせつ	176	☐	上着	うわぎ	37	☐	エレベーター	-	363
☐	嘘	うそ	45	☐	うわさ	-	144	☐	絵を描く	えをえがく	62
☐	うそをつく	-	190	☐	運転	うんてん	44	☐	円	えん	98
☐	歌う	うたう	86	☐	運転手	うんてんしゅ	66	☐	延期	えんき	302
☐	疑う	うたがう	249	☐	運転免許	うんてんめんきょ	177	☐	エンジン	-	352
☐	うち	-	57	☐	運動	うんどう	92	☐	演奏	えんそう	281
☐	内側	うちがわ	179	☐	運動会	うんどうかい	34	☐	鉛筆	えんぴつ	60
☐	打つ	うつ	310	☐	運動場	うんどうじょう	93	☐	遠慮	えんりょ	49
☐	うっかり	-	121	☐	絵	え	85	☐	追い越す	おいこす	221
☐	美しい	うつくしい	55	☐	エアコン	-	348	☐	おいしい	-	28
☐	写す	うつす	96	☐	映画	えいが	84	☐	追いつく	おいつく	337
☐	移す	うつす	174	☐	英会話	えいかいわ	61	☐	追い抜く	おいぬく	293
☐	写る	うつる	96	☐	映画館	えいがかん	86	☐	お祝い	おいわい	187
☐	映る	うつる	122	☐	影響	えいきょう	164	☐	追う	おう	233
☐	移る	うつる	292	☐	営業	えいぎょう	98	☐	応援	おうえん	185
☐	腕	うで	54	☐	影響力	えいきょうりょく	320	☐	王様	おうさま	286
☐	奪う	うばう	277	☐	英語	えいご	97	☐	横断	おうだん	177
☐	馬	うま	81	☐	英文学	えいぶんがく	61	☐	応答	おうとう	185
☐	うまい	-	30	☐	栄養	えいよう	264	☐	往復	おうふく	45
☐	生まれる	うまれる	56	☐	笑顔	えがお	256	☐	欧米	おうべい	285
☐	海	うみ	81	☐	駅	えき	44	☐	応募	おうぼ	292
☐	生む	うむ	79	☐	駅員	えきいん	44	☐	応用	おうよう	337
☐	埋める	うめる	315							
☐	裏	うら	179							

☐	終える	おえる	63	☐ おしまい	-	146	☐ 大人しい	おとなしい	51
☐	多い	おおい	73	☐ おしゃべり	-	229	☐ 踊る	おどる	91
☐	大きい	おおきい	55	☐ おじゃまする	-	118	☐ 驚く	おどろく	75
☐	大きさ	おおきさ	129	☐ お正月	おしょうがつ	84	☐ お腹	おなか	79
☐	大声	おおごえ	186	☐ (お)知らせ	(お)しらせ	33	☐ お腹がすく	おなかがすく	126
☐	おおぜい	-	90	☐ 押す	おす	93	☐ 同じだ	おなじだ	73
☐	オーバー	-	364	☐ お世話になる	おせわになる	20	☐ お兄さん	おにいさん	18
☐	オープン	-	351	☐ 遅い	おそい	14	☐ おにぎり	-	26
☐	丘	おか	171	☐ 恐ろしい	おそろしい	260	☐ お姉さん	おねえさん	18
☐	お母さん	おかあさん	18	☐ 教わる	おそわる	62	☐ お願い	おねがい	189
☐	お菓子	おかし	209	☐ お互いに	おたがいに	116	☐ おば	-	19
☐	おかしい	-	261	☐ 穏やかだ	おだやかだ	194	☐ おばあさん	-	19
☐	(お)金	(お)かね	328	☐ 落ち着く	おちつく	193	☐ (お)はし	-	30
☐	起きる	おきる	91	☐ お茶	おちゃ	27	☐ オフィス	-	351
☐	置く	おく	58	☐ お茶を入れる	おちゃをいれる	126	☐ お弁当	おべんとう	90
☐	奥さん	おくさん	19	☐ 落ちる	おちる	80	☐ 覚える	おぼえる	61
☐	屋上	おくじょう	38	☐ おっしゃる	-	50	☐ 溺れる	おぼれる	275
☐	送る	おくる	22	☐ 夫	おっと	19	☐ おまわりさん	-	67
☐	遅れる	おくれる	44	☐ おつり	-	26	☐ お見合い	おみあい	85
☐	起こす	おこす	98	☐ お手洗い	おてあらい	38	☐ お見舞い	おみまい	79
☐	(お)こづかい	-	208	☐ 音	おと	100	☐ お土産	おみやげ	90
☐	行う	おこなう	34	☐ お父さん	おとうさん	18	☐ 重い	おもい	55
☐	怒る	おこる	50	☐ 弟	おとうと	18	☐ 思い浮かぶ	おもいうかぶ	250
☐	起こる	おこる	98	☐ 男	おとこ	48	☐ 思い込む	おもいこむ	251
☐	おごる	-	124	☐ 男の人	おとこのひと	48	☐ 思い出す	おもいだす	72
☐	おさない	-	202	☐ お年寄り	おとしより	48	☐ 思いつく	おもいつく	250
☐	惜しい	おしい	261	☐ 落とす	おとす	43	☐ 思い出	おもいで	88
☐	おじいさん	-	19	☐ おととい	-	14	☐ 思う	おもう	72
☐	教える	おしえる	62	☐ おととし	-	15	☐ 面白い	おもしろい	73
☐	おじぎ	-	49	☐ 大人	おとな	48	☐ おもちゃ	-	208
☐	押し込む	おしこむ	173						

★ 잘 모르겠는 단어에 체크하여 더 꼼꼼히 학습하세요. 빨간색 글자는 N5-N3 문자·어휘 기출 단어입니다.

□	表	おもて	99	□ 開館	かいかん	34	□ 会話	かいわ	61
□	主に	おもに	146	□ 会館	かいかん	40	□ 買う	かう	25
□	思わず	おもわず	261	□ 海岸	かいがん	81	□ 飼う	かう	56
□	親指	おやゆび	54	□ 会議	かいぎ	70	□ 返す	かえす	22
□	お湯	おゆ	27	□ 会議室	かいぎしつ	70	□ 変える	かえる	49
□	泳ぐ	およぐ	92	□ 会計	かいけい	124	□ 帰る	かえる	91
□	およそ	-	109	□ 解決	かいけつ	332	□ 替える	かえる	313
□	及ぼす	およぼす	321	□ 外交	がいこう	326	□ 換える	かえる	330
□	降りる	おりる	44	□ 外国	がいこく	88	□ 顔	かお	54
□	折る	おる	294	□ 外国語	がいこくご	97	□ 香り	かおり	211
□	お礼	おれい	49	□ 外国人	がいこくじん	97	□ 画家	がか	67
□	お礼を言う	おれいをいう	49	□ 改札	かいさつ	179	□ 価格	かかく	133
□	折れる	おれる	276	□ 開始	かいし	34	□ 科学	かがく	99
□	おわびする	-	118	□ 会社	かいしゃ	68	□ 鏡	かがみ	25
□	終わらせる	おわらせる	230	□ 会社員	かいしゃいん	68	□ 輝く	かがやく	164
□	終わる	おわる	63	□ 回収	かいしゅう	323	□ 係り	かかり	33
□	音楽	おんがく	84	□ 外出	がいしゅつ	288	□ 係員	かかりいん	156
□	音楽会	おんがくかい	34	□ 解消	かいしょう	306	□ かかる	-	133
□	音楽室	おんがくしつ	64	□ 会場	かいじょう	32	□ 下記	かき	155
□	温泉	おんせん	300	□ 外食	がいしょく	147	□ かぎ	-	57
□	温暖だ	おんだんだ	160	□ 回数券	かいすうけん	180	□ 書き方	かきかた	46
□	温度	おんど	160	□ 改正	かいせい	324	□ かき氷	かきごおり	26
□	女	おんな	48	□ 解説	かいせつ	216	□ かきまぜる	-	141
□	女の子	おんなのこ	48	□ 改造	かいぞう	150	□ 書く	かく	60
□	女の人	おんなのひと	48	□ 階段	かいだん	38	□ 家具	かぐ	57
				□ 快適だ	かいてきだ	230	□ 各駅	かくえき	179
		か		□ 回転	かいてん	96	□ 各自	かくじ	118
□	カーブ	-	352	□ ガイド	-	360	□ 各日	かくじつ	154
□	貝	かい	136	□ 開発	かいはつ	316	□ 確実だ	かくじつだ	236
□	会員	かいいん	66	□ 回復	かいふく	264	□ 拡充	かくじゅう	318
□	海外	かいがい	88	□ 開放	かいほう	173	□ 学習	がくしゅう	217
				□ 買い物	かいもの	24	□ 隠す	かくす	278

□ 学生	がくせい	66
□ 学生証	がくせいしょう	226
□ 拡大	かくだい	318
□ 各地	かくち	138
□ 拡張	かくちょう	150
□ 確認	かくにん	244
□ 学費	がくひ	225
□ 学部	がくぶ	63
□ 隠れる	かくれる	278
□ かげ	-	273
□ かける	-	51
□ 駆ける	かける	304
□ 過去	かこ	149
□ 囲む	かこむ	273
□ 傘	かさ	37
□ 重ねる	かさねる	211
□ 飾る	かざる	64
□ 火事	かじ	98
□ 貸出し/貸し出し	かしだし	99
□ 歌手	かしゅ	67
□ 貸す	かす	20
□ 数	かず	13
□ 風	かぜ	36
□ 風邪	かぜ	79
□ 稼ぐ	かせぐ	124
□ 風邪をひく	かぜをひく	80
□ 下線	かせん	222
□ 数える	かぞえる	13
□ 加速	かそく	338
□ 家族	かぞく	18

□ ガソリンスタンド	-	352
□ 肩	かた	200
□ 硬い	かたい	92
□ 固い	かたい	142
□ 形	かたち	85
□ 片づける	かたづける	64
□ 片方	かたほう	210
□ 片道	かたみち	180
□ 語る	かたる	184
□ カタログ	-	347
□ 価値	かち	328
□ 課長	かちょう	67
□ 勝つ	かつ	309
□ 学科	がっか	228
□ がっかり	-	259
□ 活気	かっき	194
□ 学期	がっき	63
□ 楽器	がっき	281
□ 格好	かっこう	56
□ 学校	がっこう	62
□ 各国	かっこく	138
□ カッター	-	347
□ カット	-	348
□ 活動	かつどう	291
□ 月日	がっぴ	105
□ 活用	かつよう	338
□ 家庭	かてい	56
□ 仮定	かてい	339
□ 家庭教師	かていきょうし	221
□ 角	かど	43
□ 家内	かない	112

□ 悲しい	かなしい	76
□ 必ず	かならず	306
□ かなり	-	56
□ 加入	かにゅう	290
□ 可能	かのう	292
□ 彼女	かのじょ	20
□ カバー	-	347
□ かばん	-	25
□ 花瓶	かびん	25
□ カフェ	-	352
□ かぶる	-	21
□ かまわない	-	254
□ 我慢	がまん	264
□ 紙	かみ	87
□ 噛む	かむ	81
□ カメラ	-	359
□ 科目	かもく	219
□ かゆい	-	268
□ 通う	かよう	87
□ 火曜日	かようび	32
□ 柄	がら	130
□ 辛い	からい	28
□ からだ	-	268
□ がらがらだ	-	171
□ 体	からだ	54
□ 借りる	かりる	20
□ 軽い	かるい	93
□ カレー	-	350
□ 枯れる	かれる	273
□ カロリー	-	363
□ 川	かわ	81

★ 잘 모르겠는 단어에 체크하여 더 꼼꼼히 학습하세요. 빨간색 글자는 N5-N3 문자·어휘 기출 단어입니다.

□ 皮	かわ	137	□ 感想	かんそう	281	□ ギター	-	358
□ かわいい	-	55	□ 観測	かんそく	165	□ 期待	きたい	115
□ 乾く	かわく	64	□ 簡単だ	かんたんだ	72	□ 帰宅	きたく	225
□ 代わりに	かわりに	92	□ 感動	かんどう	300	□ 汚い	きたない	58
□ 変わる	かわる	52	□ 頑張る	がんばる	61	□ きつい	-	130
□ 眼科	がんか	266	□ 看板	かんばん	145	□ きっかけ	-	310
□ 考え方	かんがえかた	72	□ 管理	かんり	172	□ 気づく	きづく	257
□ 考える	かんがえる	72	□ 木	き	80	□ 喫茶店	きっさてん	30
□ 間隔	かんかく	182	□ 黄色	きいろ	82	□ キッチン	-	347
□ 感覚	かんかく	201	□ 消える	きえる	85	□ 切手	きって	87
□ 観客	かんきゃく	282	□ 気温	きおん	160	□ きっと	-	74
□ 環境	かんきょう	277	□ 機械	きかい	94	□ きっぷ	-	45
□ 関係	かんけい	20	□ 機会	きかい	235	□ 気に入る	きにいる	134
□ 歓迎	かんげい	188	□ 議会	ぎかい	325	□ 気にする	きにする	249
□ 歓迎会	かんげいかい	158	□ 着替える	きがえる	210	□ 記入	きにゅう	158
□ 関係者	かんけいしゃ	68	□ 気がする	きがする	262	□ 昨日	きのう	14
□ 観光	かんこう	296	□ 気がつく	きがつく	126	□ 機能	きのう	312
□ 韓国	かんこく	88	□ 期間	きかん	32	□ 厳しい	きびしい	50
□ 韓国語	かんこくご	97	□ 聞く	きく	62	□ 気分	きぶん	74
□ 看護師	かんごし	79	□ 期限	きげん	332	□ 規模	きぼ	316
□ 観察	かんさつ	165	□ 危険性	きけんせい	342	□ 希望	きぼう	256
□ 漢字	かんじ	60	□ 危険だ	きけんだ	78	□ 基本	きほん	310
□ 感謝	かんしゃ	49	□ 聞こえる	きこえる	22	□ 基本的だ	きほんてきだ	121
□ 感情的だ	かんじょうてきだ	261	□ 帰国	きこく	62	□ 決まる	きまる	68
□ 歓心	かんしん	242	□ 生地	きじ	214	□ 決める	きめる	72
□ 感心	かんしん	257	□ 汽車	きしゃ	45	□ 気持ち	きもち	74
□ 関心	かんしん	283	□ 技術	ぎじゅつ	93	□ 着物	きもの	84
□ 完成	かんせい	294	□ 傷	きず	267	□ 疑問	ぎもん	218
□ 間接	かんせつ	339	□ 季節	きせつ	36	□ 客	きゃく	31
□ 完全だ	かんぜんだ	315	□ 基礎	きそ	339	□ 逆	ぎゃく	181
□ 乾燥	かんそう	165	□ 規則	きそく	227	□ キャンセル	-	351
			□ 北	きた	42	□ 九	きゅう/く	12

☐ 休業	きゅうぎょう	70	☐ 嫌う	きらう	138	☐ 苦情	くじょう	248
☐ 急激だ	きゅうげきだ	322	☐ 霧	きり	166	☐ 薬	くすり	78
☐ 急行	きゅうこう	45	☐ ぎりぎり	-	249	☐ 薬を飲む	くすりをのむ	80
☐ 休日	きゅうじつ	144	☐ 規律	きりつ	227	☐ 癖	くせ	121
☐ 救助	きゅうじょ	270	☐ 着る	きる	24	☐ 具体的だ	ぐたいてきだ	154
☐ 急だ	きゅうだ	162	☐ 切る	きる	58	☐ くたびれる	-	229
☐ 牛肉	ぎゅうにく	26	☐ きれいだ	-	55	☐ 果物	くだもの	27
☐ 牛乳	ぎゅうにゅう	27	☐ 切れる	きれる	125	☐ 口	くち	54
☐ 給料	きゅうりょう	242	☐ キロ	-	348	☐ 靴	くつ	24
☐ 今日	きょう	15	☐ 記録	きろく	286	☐ 苦痛	くつう	269
☐ 教育	きょういく	63	☐ 議論	ぎろん	253	☐ クッキー	-	350
☐ 強化	きょうか	316	☐ 気をつける	きをつける	80	☐ 靴下	くつした	24
☐ 教会	きょうかい	40	☐ 銀色	ぎんいろ	130	☐ ぐっすり	-	288
☐ 教科書	きょうかしょ	63	☐ 禁煙	きんえん	78	☐ 国	くに	88
☐ 行儀	ぎょうぎ	228	☐ 金額	きんがく	329	☐ 配る	くばる	156
☐ 教師	きょうし	232	☐ 銀行	ぎんこう	39	☐ 首	くび	200
☐ 行事	ぎょうじ	152	☐ 禁止	きんし	153	☐ 首になる	くびになる	246
☐ 教室	きょうしつ	63	☐ 近所	きんじょ	43	☐ 工夫	くふう	249
☐ 業績	ぎょうせき	197	☐ 近代	きんだい	286	☐ 区別	くべつ	233
☐ 競争	きょうそう	308	☐ 緊張	きんちょう	218	☐ 組合	くみあい	243
☐ 器用だ	きようだ	197	☐ 勤務	きんむ	240	☐ 組む	くむ	293
☐ 兄弟	きょうだい	18	☐ 金曜日	きんようび	32	☐ 雲	くも	36
☐ 強調	きょうちょう	78	☐ 具合	ぐあい	78	☐ 曇る	くもる	37
☐ 共通	きょうつう	339	☐ 具合が悪い	ぐあいがわるい	269	☐ 悔しい	くやしい	259
☐ 共通点	きょうつうてん	252	☐ 空気	くうき	36	☐ 暗い	くらい	39
☐ 興味	きょうみ	87	☐ 空港	くうこう	91	☐ ぐらぐら	-	171
☐ 協力	きょうりょく	229	☐ 空席	くうせき	172	☐ 暮らす	くらす	120
☐ 曲線	きょくせん	280	☐ 偶然	ぐうぜん	121	☐ クラス	-	354
☐ 去年	きょねん	15	☐ 空中	くうちゅう	275	☐ 比べる	くらべる	96
☐ 距離	きょり	179	☐ 区切る	くぎる	172	☐ グラム	-	348
☐ 嫌いだ	きらいだ	76	☐ くしゃみ	-	267	☐ 繰り返す	くりかえす	222
						☐ 来る	くる	39

★ 잘 모르겠는 단어에 체크하여 더 꼼꼼히 학습하세요. 빨간색 글자는 N5-N3 문자·어휘 기출 단어입니다.

☐	グループ	-	359	☐ 下車	げしゃ	178	☐ 研究室	けんきゅうしつ	61
☐	苦しい	くるしい	260	☐ 下宿	げしゅく	40	☐ 現金	げんきん	329
☐	車	くるま	44	☐ 消す	けす	58	☐ 言語	げんご	97
☐	くれる	-	48	☐ 削る	けずる	242	☐ 健康	けんこう	264
☐	暮れる	くれる	82	☐ 血圧	けつあつ	265	☐ 検査	けんさ	265
☐	黒	くろ	82	☐ 血液	けつえき	265	☐ 現在	げんざい	235
☐	苦労	くろう	125	☐ 血液型	けつえきがた	341	☐ 現実	げんじつ	323
☐	加える	くわえる	243	☐ 結果	けっか	68	☐ 厳重だ	げんじゅうだ	286
☐	詳しい	くわしい	146	☐ 結局	けっきょく	236	☐ 現象	げんしょう	166
☐	訓練	くんれん	233	☐ 結構だ	けっこうだ	75	☐ 減少	げんしょう	323
☐	経営	けいえい	329	☐ 結婚	けっこん	56	☐ 建設	けんせつ	316
☐	経営学	けいえいがく	219	☐ 結婚式	けっこんしき	285	☐ 現代人	げんだいじん	320
☐	計画	けいかく	90	☐ 決して	けっして	74	☐ 検討	けんとう	237
☐	けいかん	-	67	☐ 決心	けっしん	133	☐ 見物	けんぶつ	90
☐	景気	けいき	332	☐ 欠席	けっせき	224	☐ 原料	げんりょう	130
☐	経験	けいけん	22	☐ 決定	けってい	69	☐ 五	ご	12
☐	経験者	けいけんしゃ	317	☐ 欠点	けってん	203	☐ 恋しい	こいしい	256
☐	敬語	けいご	190	☐ 月曜日	げつようび	32	☐ 行為	こうい	281
☐	経済	けいざい	98	☐ 結論	けつろん	253	☐ 公園	こうえん	87
☐	計算	けいさん	61	☐ 気配	けはい	202	☐ 講演	こうえん	228
☐	掲示板	けいじばん	70	☐ 下品だ	げひんだ	195	☐ 公演	こうえん	281
☐	芸術	げいじゅつ	280	☐ 険しい	けわしい	82	☐ 講演会	こうえんかい	169
☐	携帯電話	けいたいでんわ	94	☐ 原因	げんいん	79	☐ 高価	こうか	329
☐				☐ けんか	-	20	☐ 後悔	こうかい	260
☐	経由	けいゆ	296	☐ 限界	げんかい	323	☐ 郊外	こうがい	43
☐	ケーキ	-	350	☐ 見学	けんがく	62	☐ 校外	こうがい	64
☐	ゲーム	-	359	☐ 玄関	げんかん	57	☐ 合格	ごうかく	61
☐	けが	-	79	☐ 元気だ	げんきだ	78	☐ 効果的だ	こうかてきだ	341
☐	外科	げか	266	☐ 元気になる	げんきになる	80	☐ 交換	こうかん	133
☐	劇的だ	げきてきだ	282	☐ 研究	けんきゅう	100	☐ 交換留学	こうかんりゅうがく	226
☐	今朝	けさ	13	☐ 研究会	けんきゅうかい	61	☐ 後期	こうき	106
☐	景色	けしき	90						

□ 講義	こうぎ	62	□ 声をかける	こえをかける	50	□ ご飯	ごはん	26
□ 高級	こうきゅう	96	□ コート	-	346	□ ご飯を食べる	ごはんをたべる	31
□ 工業	こうぎょう	312	□ コーヒー	-	350	□ コピー	-	356
□ 公共交通機関	こうきょうこうつうきかん	181	□ 氷	こおり	99	□ こぼす	-	139
□ 高校	こうこう	64	□ 語学	ごがく	219	□ 細かい	こまかい	51
□ 高校生	こうこうせい	66	□ 呼吸	こきゅう	305	□ 困る	こまる	125
□ 広告	こうこく	152	□ 国際	こくさい	97	□ ごみ	-	58
□ 交際	こうさい	114	□ 黒板	こくばん	224	□ コミュニケーション	-	354
□ 交差点	こうさてん	43	□ 国立	こくりつ	97	□ 込む	こむ	43
□ 工事	こうじ	69	□ 焦げる	こげる	141	□ 米	こめ	136
□ 工場	こうじょう	69	□ 午後	ごご	14	□ 小指	こゆび	54
□ 更新	こうしん	326	□ 小声	こごえ	55	□ ゴルフ	-	362
□ 高速	こうそく	341	□ 心	こころ	74	□ これから	-	210
□ 交代	こうたい	243	□ 腰	こし	200	□ 転ぶ	ころぶ	125
□ 紅茶	こうちゃ	27	□ 後日	ごじつ	105	□ 怖い	こわい	260
□ 校長	こうちょう	67	□ 故障	こしょう	94	□ 怖がる	こわがる	300
□ 交通	こうつう	42	□ 個人	こじん	116	□ 壊れる	こわれる	94
□ 交通事故	こうつうじこ	177	□ 午前	ごぜん	14	□ 今回	こんかい	33
□ 交通費	こうつうひ	179	□ 子育て	こそだて	209	□ 今月	こんげつ	15
□ 講堂	こうどう	63	□ 答える	こたえる	46	□ コンサート	-	358
□ 後輩	こうはい	114	□ 国会	こっかい	325	□ 混雑	こんざつ	178
□ 交番	こうばん	40	□ こっそり	-	122	□ 今週	こんしゅう	15
□ 幸福	こうふく	211	□ 今年	ことし	15	□ 今度	こんど	33
□ 公務員	こうむいん	66	□ 言葉	ことば	46	□ 困難だ	こんなんだ	334
□ 公立	こうりつ	228	□ 子ども	こども	48	□ 今晩	こんばん	31
□ 効率	こうりつ	317	□ 小鳥	ことり	80	□ コンビニ	-	346
□ 交流	こうりゅう	186	□ 断る	ことわる	188	□ コンピューター	-	359
□ 合流	ごうりゅう	301	□ 粉	こな	137	□ 今夜	こんや	13
□ 高齢者	こうれいしゃ	233	□ この間	このあいだ	302			
□ 声	こえ	55	□ この頃	このごろ	108		さ	
□ 越える	こえる	337	□ 好む	このむ	257	□ サークル	-	354

★ 잘 모르겠는 단어에 체크하여 더 꼼꼼히 학습하세요. 빨간색 글자는 N5-N3 문자·어휘 기출 단어입니다.

□	サービス	-	355	□	撮影	さつえい	282	□	散歩	さんぽ	87
□	最近	さいきん	86	□	作家	さっか	67	□	字	じ	60
□	最後	さいご	14	□	サッカー	-	362	□	四	し/よん	12
□	最高	さいこう	161	□	さっき	-	107	□	試合	しあい	93
□	最終	さいしゅう	234	□	作曲	さっきょく	281	□	寺院	じいん	283
□	最終日	さいしゅうび	144	□	雑誌	ざっし	284	□	シェフ	-	351
□	最初	さいしょ	85	□	早速	さっそく	107	□	塩	しお	137
□	最小限	さいしょうげん	334	□	さとう	-	28	□	自覚	じかく	257
□	最新	さいしん	128	□	寂しい	さびしい	262	□	仕方	しかた	93
□	サイズ	-	347	□	サポート	-	363	□	仕方ない	しかたない	68
□	財布	さいふ	25	□	様々だ	さまざまだ	291	□	叱る	しかる	50
□	細胞	さいぼう	341	□	寒い	さむい	36	□	時間	じかん	14
□	材料	ざいりょう	130	□	冷める	さめる	140	□	四季	しき	161
□	材料費	ざいりょうひ	157	□	覚める	さめる	206	□	支給	しきゅう	329
□	サイン	-	356	□	皿	さら	30	□	時給	じきゅう	330
□	坂	さか	82	□	再来年	さらいねん	15	□	試験	しけん	61
□	探す	さがす	33	□	さらさら	-	275	□	資源	しげん	276
□	魚	さかな	26	□	騒がしい	さわがしい	124	□	事件	じけん	98
□	盛んだ	さかんだ	148	□	さわぐ	-	52	□	事故	じこ	98
□	作業	さぎょう	245	□	爽やかだ	さわやかだ	164	□	事項	じこう	155
□	咲く	さく	80	□	触る	さわる	81	□	思考力	しこうりょく	220
□	削除	さくじょ	245	□	三	さん	12	□	時刻表	じこくひょう	180
□	作成	さくせい	237	□	参加	さんか	155	□	自己紹介	じこしょうかい	188
□	作品	さくひん	85	□	参加者	さんかしゃ	66	□	仕事	しごと	69
□	作文	さくぶん	60	□	産業	さんぎょう	98	□	事故にあう	じこにあう	181
□	桜	さくら	80	□	残業	ざんぎょう	240	□	持参	じさん	157
□	下げる	さげる	21	□	参考	さんこう	216	□	指示	しじ	242
□	支える	ささえる	115	□	賛成	さんせい	73	□	事実	じじつ	339
□	さす	-	37	□	サンダル	-	347	□	辞書	じしょ	60
□	左折	させつ	176	□	サンドイッチ	-	350	□	事情	じじょう	116
□	誘う	さそう	49	□	残念だ	ざんねんだ	76	□	地震	じしん	82

□ 自信	じしん	193	□ 自転車	じてんしゃ	92	□ 社会学	しゃかいがく	61
□ 自信を持つ	じしんをもつ	262	□ 指導	しどう	236	□ 写真	しゃしん	87
□ 静かだ	しずかだ	45	□ 自動化	じどうか	312	□ 写真家	しゃしんか	67
□ 沈む	しずむ	275	□ 自動車	じどうしゃ	44	□ 社長	しゃちょう	67
□ 姿勢	しせい	305	□ 自動車会社	じどうしゃがいしゃ	318	□ シャツ	-	346
□ 施設	しせつ	169	□ 自動的だ	じどうてきだ	314	□ 借金	しゃっきん	99
□ 自然	しぜん	272	□ 品物	しなもの	24	□ しゃっくり	-	201
□ 事前	じぜん	301	□ 死ぬ	しぬ	78	□ しゃべる	-	113
□ 下	した	42	□ 支払う	しはらう	124	□ じゃま	-	69
□ 時代	じだい	85	□ しばらく	-	107	□ シャワー	-	348
□ 次第に	しだいに	163	□ しばる	-	213	□ 十	じゅう	12
□ 下着	したぎ	24	□ 字引	じびき	60	□ 習慣	しゅうかん	50
□ 支度	したく	63	□ 自分	じぶん	19	□ 週刊誌	しゅうかんし	285
□ 親しい	したしい	113	□ 自分自身	じぶんじしん	237	□ 集合	しゅうごう	226
□ 七	しち/なな	12	□ 志望	しぼう	237	□ 重視	じゅうし	285
□ 実家	じっか	209	□ しぼる	-	141	□ 自由時間	じゆうじかん	301
□ しっかり	-	210	□ 島	しま	40	□ 住所	じゅうしょ	39
□ 失業	しつぎょう	235	□ しまう	-	21	□ 就職	しゅうしょく	233
□ 湿気	しっけ	166	□ 閉まる	しまる	31	□ ジュース	-	350
□ 実験	じっけん	100	□ 自慢	じまん	113	□ 修正	しゅうせい	245
□ 実現	じつげん	230	□ 地味だ	じみだ	193	□ 自由だ	じゆうだ	88
□ しつこい	-	196	□ 市民	しみん	66	□ 渋滞	じゅうたい	176
□ 実際	じっさい	131	□ 事務室	じむしつ	40	□ 重大だ	じゅうだいだ	332
□ 実施	じっし	156	□ 事務所	じむしょ	69	□ 住宅	じゅうたく	40
□ じっと	-	206	□ 締め切り	しめきり	157	□ 集中	しゅうちゅう	307
□ 室内	しつない	169	□ 示す	しめす	187	□ 終点	しゅうてん	45
□ 失敗	しっぱい	69	□ しめる	-	24	□ 柔道	じゅうどう	92
□ 質問	しつもん	46	□ 閉める	しめる	38	□ 十分だ	じゅうぶんだ	74
□ 実力	じつりょく	145	□ 地面	じめん	274	□ 週末	しゅうまつ	86
□ 失礼	しつれい	49	□ 地元	じもと	168	□ 住民	じゅうみん	66
□ 指定	してい	33	□ 社会	しゃかい	96	□ 重要だ	じゅうようだ	230
						□ 修理	しゅうり	317

□ 終了	しゅうりょう	157	□ しょうがない	-	254	□ 勝利	しょうり	309
□ 授業	じゅぎょう	63	□ 乗客	じょうきゃく	45	□ 使用量	しようりょう	342
□ 授業料	じゅぎょうりょう	156	□ 上級	じょうきゅう	289	□ 初級	しょきゅう	289
□ 塾講師	じゅくこうし	221	□ 商業	しょうぎょう	328	□ ジョギング	-	362
□ 祝日	しゅくじつ	227	□ 状況	じょうきょう	313	□ 職員	しょくいん	68
□ 宿題	しゅくだい	60	□ 消極的だ	しょうきょくてきだ	196	□ 食事	しょくじ	31
□ 宿泊	しゅくはく	296	□ 上下	じょうげ	238	□ 食堂	しょくどう	30
□ 受験	じゅけん	63	□ 詳細	しょうさい	154	□ 食品	しょくひん	30
□ 受講	じゅこう	290	□ 常識	じょうしき	197	□ 植物	しょくぶつ	80
□ 首相	しゅしょう	232	□ 正直だ	しょうじきだ	194	□ 食料品	しょくりょうひん	30
□ 主人	しゅじん	19	□ 乗車	じょうしゃ	178	□ 助言	じょげん	253
□ 手段	しゅだん	305	□ 小食	しょうしょく	138	□ 初心者	しょしんしゃ	289
□ 主張	しゅちょう	340	□ 上手だ	じょうずだ	52	□ 女性	じょせい	48
□ 出勤	しゅっきん	240	□ 小説	しょうせつ	86	□ 食器	しょっき	147
□ 出身	しゅっしん	66	□ 招待	しょうたい	22	□ ショッピング	-	347
□ 出席	しゅっせき	62	□ 状態	じょうたい	336	□ 書類	しょるい	68
□ 出張	しゅっちょう	240	□ 招待状	しょうたいじょう	157	□ 知らせる	しらせる	155
□ 出発	しゅっぱつ	91	□ 上達	じょうたつ	307	□ 調べる	しらべる	69
□ 出発日	しゅっぱつび	296	□ 冗談	じょうだん	186	□ 知り合う	しりあう	116
□ 首都	しゅと	168	□ 小中学生	しょうちゅうがくせい	232	□ 資料	しりょう	68
□ 趣味	しゅみ	90	□ 商店	しょうてん	169	□ 視力	しりょく	265
□ 主要だ	しゅようだ	331	□ 商売	しょうばい	148	□ 知る	しる	50
□ 種類	しゅるい	131	□ 消費	しょうひ	328	□ 白	しろ	82
□ 順番	じゅんばん	147	□ 商品	しょうひん	128	□ 進学	しんがく	225
□ 準備	じゅんび	90	□ 上品だ	じょうひんだ	195	□ 真剣だ	しんけんだ	257
□ 使用	しよう	93	□ 丈夫だ	じょうぶだ	93	□ 人口	じんこう	97
□ 紹介	しょうかい	67	□ 情報	じょうほう	153	□ 深呼吸	しんこきゅう	266
□ 奨学金	しょうがくきん	226	□ 正面	しょうめん	172	□ 深刻だ	しんこくだ	140
□ 小学生	しょうがくせい	66	□ しょうゆ	-	28	□ 信じる	しんじる	115
□ 小学校	しょうがっこう	64	□ 将来	しょうらい	62	□ 申請	しんせい	156
						□ 新製品	しんせいひん	24

☐ 親戚	しんせき	19	☐ スキー	-	362	☐ 砂	すな	274
☐ 親切	しんせつ	51	☐ 好きだ	すきだ	75	☐ 素直だ	すなおだ	192
☐ 新鮮だ	しんせんだ	146	☐ 過ぎる	すぎる	108	☐ スパゲッティ	-	350
☐ 身体	しんたい	200	☐ 空く	すく	31	☐ 素晴らしい	すばらしい	299
☐ 身長	しんちょう	201	☐ すぐ	-	49	☐ スピーチ	-	354
☐ 新入部員	しんにゅうぶいん	226	☐ すぐ怒る	すぐおこる	190	☐ スピード	-	364
☐ 心配だ	しんぱいだ	76	☐ 少ない	すくない	97	☐ スプーン	-	351
☐ 新聞	しんぶん	97	☐ すぐに	-	227	☐ スペイン	-	363
☐ 新聞社	しんぶんしゃ	40	☐ 優れる	すぐれる	197	☐ 全て	すべて	146
☐ 進歩	しんぽ	337	☐ スケジュール	-	355	☐ 滑る	すべる	28
☐ 深夜	しんや	13	☐ 凄い	すごい	299	☐ スポーツ	-	362
☐ 信用	しんよう	117	☐ 少し	すこし	37	☐ ズボン	-	346
☐ 信頼	しんらい	117	☐ 少しずつ	すこしずつ	308	☐ スマートフォン/スマホ	-	347
☐ 親類	しんるい	19	☐ 少し前に	すこしまえに	107			
☐ 図	ず	280	☐ 少しも	すこしも	74	☐ 住まい	すまい	57
☐ 水泳	すいえい	92	☐ すし	-	26	☐ 済ます	すます	122
☐ 吸い込む	すいこむ	276	☐ 涼しい	すずしい	37	☐ 済ませる	すませる	244
☐ 水族館	すいぞくかん	40	☐ 進む	すすむ	43	☐ すみ	-	64
☐ スイッチ	-	363	☐ 勧める	すすめる	150	☐ 住む	すむ	57
☐ 水道	すいどう	94	☐ 進める	すすめる	246	☐ 済む	すむ	69
☐ ずいぶん	-	139	☐ スタート	-	363	☐ スリッパ	-	362
☐ 睡眠	すいみん	122	☐ スタッフ	-	355	☐ する	-	91
☐ 睡眠不足	すいみんぶそく	264	☐ 頭痛	ずつう	268	☐ 座る	すわる	306
☐ 水曜日	すいようび	32	☐ すっかり	-	22	☐ 背	せ	55
☐ 吸う	すう	78	☐ すっきり	-	210	☐ 正解	せいかい	216
☐ 数学	すうがく	61	☐ ずっと	-	97	☐ 性格	せいかく	192
☐ 数字	すうじ	109	☐ ステーキ	-	350	☐ 正確だ	せいかくだ	338
☐ 図々しい	ずうずうしい	196	☐ 素敵だ	すてきだ	55	☐ 生活	せいかつ	21
☐ スーツ	-	355	☐ 捨てる	すてる	58	☐ 請求書	せいきゅうしょ	330
☐ スーパー	-	346	☐ ストップ	-	352	☐ 税金	ぜいきん	328
☐ スカート	-	346	☐ ストレス	-	356	☐ 清潔だ	せいけつだ	150

★ 잘 모르겠는 단어에 체크하여 더 꼼꼼히 학습하세요. 빨간색 글자는 N5-N3 문자·어휘 기출 단어입니다.

☐ 制限	せいげん	308	☐ ぜひ	-	46	☐ 全部	ぜんぶ	92
☐ 成功	せいこう	68	☐ 背広	せびろ	68	☐ 専門	せんもん	98
☐ 制作	せいさく	294	☐ 狭い	せまい	39	☐ 専門家	せんもんか	145
☐ 生産	せいさん	68	☐ セミナー	-	355	☐ 専門用語	せんもんようご	315
☐ 政治	せいじ	72	☐ 世話	せわ	56	☐ 専用	せんよう	132
☐ 性質	せいしつ	336	☐ 世話をする	せわをする	214	☐ 線路	せんろ	180
☐ 正常	せいじょう	144	☐ 千	せん	12	☐ 増加	ぞうか	322
☐ 成績	せいせき	224	☐ 線	せん	177	☐ 早期	そうき	227
☐ 製造	せいぞう	312	☐ 全員	ぜんいん	62	☐ 増減	ぞうげん	323
☐ 成長	せいちょう	99	☐ 選挙	せんきょ	325	☐ 操作	そうさ	318
☐ 生徒	せいと	66	☐ 先月	せんげつ	15	☐ 掃除	そうじ	58
☐ 制度	せいど	324	☐ 前後	ぜんご	163	☐ 送信	そうしん	188
☐ 製品	せいひん	24	☐ 専攻	せんこう	228	☐ 想像	そうぞう	298
☐ 制服	せいふく	225	☐ 全国	ぜんこく	88	☐ 想像力	そうぞうりょく	282
☐ 成分	せいぶん	341	☐ 先日	せんじつ	15	☐ 早退	そうたい	224
☐ 西洋	せいよう	96	☐ 前日	ぜんじつ	104	☐ 相談	そうだん	67
☐ セーター	-	346	☐ 選手	せんしゅ	307	☐ 相当	そうとう	147
☐ 世界	せかい	96	☐ 先週	せんしゅう	15	☐ 送付	そうふ	246
☐ 咳	せき	267	☐ 先生	せんせい	66	☐ 総務	そうむ	241
☐ 席	せき	282	☐ 全然	ぜんぜん	300	☐ 速度	そくど	100
☐ 世代	せだい	321	☐ 戦争	せんそう	97	☐ 底	そこ	129
☐ せっかく	-	301	☐ センター	-	351	☐ 阻止	そし	324
☐ 積極的だ	せっきょくてきだ	186	☐ 全体	ぜんたい	51	☐ そして	-	51
☐ 接近	せっきん	166	☐ 洗濯	せんたく	58	☐ 注ぐ	そそぐ	307
☐ 接続	せつぞく	313	☐ 選択	せんたく	251	☐ そそっかしい	-	196
☐ 絶対	ぜったい	235	☐ 洗濯機	せんたくき	213	☐ 育てる	そだてる	56
☐ セット	-	363	☐ 洗濯代	せんたくだい	213	☐ 卒業	そつぎょう	225
☐ 説明	せつめい	33	☐ 洗濯物	せんたくもの	213	☐ そっくり	-	121
☐ 説明会	せつめいかい	170	☐ センチ	-	348	☐ そっくりだ	-	205
☐ 節約	せつやく	98	☐ 宣伝	せんでん	152	☐ そっと	-	121
☐ 背中	せなか	55	☐ 先輩	せんぱい	19	☐ 外	そと	42

□ そのまま	-	214	□ 大切だ	たいせつだ	84	□ 戦う	たたかう	308
□ そば	-	26	□ 大体	だいたい	292	□ 正しい	ただしい	73
□ そば	-	181	□ 体調	たいちょう	164	□ 畳む	たたむ	212
□ 祖父	そふ	19	□ たいてい	-	321	□ 立入禁止	たちいりきんし	173
□ 祖母	そぼ	19	□ 態度	たいど	206	□ 立場	たちば	253
□ 空	そら	81	□ 台所	だいどころ	57	□ 立つ	たつ	48
□ それから	-	34	□ タイトル	-	358	□ 建つ	たつ	96
□ 揃える	そろえる	212	□ 代表的だ	だいひょうてきだ	144	□ 経つ	たつ	108
□ そろそろ	-	163	□ だいぶ	-	79	□ 卓球	たっきゅう	92
□ 存在	そんざい	277	□ 台風	たいふう	37	□ たった	-	107
	た		□ 大部分	だいぶぶん	173	□ たっぷり	-	142
□ タイ	-	363	□ 大変だ	たいへんだ	309	□ 建物	たてもの	38
□ 体育	たいいく	304	□ 逮捕	たいほ	326	□ 建てる	たてる	96
□ 体育館	たいいくかん	64	□ 太陽光	たいようこう	314	□ 例えば	たとえば	70
□ 退院	たいいん	266	□ 大量	たいりょう	131	□ 他人	たにん	117
□ ダイエット	-	363	□ 体力	たいりょく	304	□ 種	たね	272
□ 大会	たいかい	152	□ 倒れる	たおれる	78	□ 楽しい	たのしい	75
□ 大学	だいがく	64	□ 高い	たかい	25	□ 楽しむ	たのしむ	75
□ 大学院	だいがくいん	64	□ たくさん	-	76	□ 頼む	たのむ	31
□ 大学生	だいがくせい	66	□ タクシー	-	352	□ 頼もしい	たのもしい	193
□ 大企業	だいきぎょう	233	□ 確かだ	たしかだ	248	□ たばこ	-	78
□ 代金	だいきん	329	□ 確かめる	たしかめる	235	□ たばこを吸う	たばこをすう	270
□ 大工	だいく	232	□ 多少	たしょう	147	□ たびたび	-	308
□ 退屈だ	たいくつだ	289	□ 足す	たす	13	□ たぶん	-	163
□ 体験	たいけん	293	□ 出す	だす	75	□ 食べ放題	たべほうだい	146
□ 滞在	たいざい	302	□ 多数	たすう	74	□ 食べ物	たべもの	90
□ 大使	たいし	67	□ 助かる	たすかる	123	□ 食べる	たべる	27
□ 大使館	たいしかん	40	□ 助ける	たすける	270	□ 卵	たまご	26
□ 大事だ	だいじだ	72	□ 訪ねる	たずねる	20	□ たまたま	-	107
□ 大丈夫だ	だいじょうぶだ	73	□ 尋ねる	たずねる	189	□ たまに	-	70
□ 大好きだ	だいすきだ	75	□ ただ	-	30	□ たまる	-	268

★ 잘 모르겠는 단어에 체크하여 더 꼼꼼히 학습하세요. 빨간색 글자는 N5-N3 문자·어휘 기출 단어입니다.

☐	黙る	だまる	185	☐ 近い	ちかい	20	☐ 駐車	ちゅうしゃ	176
☐	だめだ	-	309	☐ 違う	ちがう	73	☐ 注射	ちゅうしゃ	266
☐	貯める	ためる	330	☐ 近く	ちかく	43	☐ 駐車場	ちゅうしゃじょう	38
☐	多様化	たようか	322	☐ 地下鉄	ちかてつ	45	☐ 中旬	ちゅうじゅん	105
☐	多様だ	たようだ	131	☐ 力	ちから	51	☐ 昼食	ちゅうしょく	138
☐	頼る	たよる	115	☐ 力を注ぐ	ちからをそそぐ	310	☐ 中心	ちゅうしん	96
☐	だらしない	-	204	☐ 地球	ちきゅう	338	☐ 注文	ちゅうもん	31
☐	足りない	たりない	73	☐ 地区	ちく	168	☐ 超過	ちょうか	333
☐	多量	たりょう	165	☐ チケット	-	358	☐ 調査	ちょうさ	340
☐	足りる	たりる	73	☐ 遅刻	ちこく	70	☐ 調子	ちょうし	267
☐	だるい	-	269	☐ 知識	ちしき	217	☐ 調子が悪い	ちょうしがわるい	270
☐	短期	たんき	62	☐ 知人	ちじん	117	☐ 長時間	ちょうじかん	163
☐	短気だ	たんきだ	195	☐ 地図	ちず	43	☐ 長所	ちょうしょ	51
☐	単語	たんご	217	☐ 父	ちち	18	☐ 頂上	ちょうじょう	291
☐	団子	だんご	137	☐ 父親	ちちおや	18	☐ 朝食	ちょうしょく	138
☐	単純だ	たんじゅんだ	194	☐ ちっとも	-	70	☐ ちょうど	-	37
☐	誕生日	たんじょうび	56	☐ 地方	ちほう	275	☐ 貯金	ちょきん	99
☐	単身	たんしん	209	☐ 地名	ちめい	88	☐ 直後	ちょくご	106
☐	ダンス	-	359	☐ 茶色	ちゃいろ	82	☐ 直線	ちょくせん	222
☐	男性	だんせい	48	☐ チャレンジ	-	360	☐ チョコレート	-	350
☐	団体	だんたい	323	☐ ちゃわん	-	30	☐ ちょっと	-	162
☐	だんだん	-	51	☐ チャンス	-	354	☐ 散らかす	ちらかす	208
☐	担当	たんとう	66	☐ 注意	ちゅうい	33	☐ 地理	ちり	88
☐	段取り	だんどり	246	☐ 中華	ちゅうか	145	☐ 治療	ちりょう	267
☐	短編	たんぺん	87	☐ 中学生	ちゅうがくせい	66	☐ ツアー	-	360
☐	暖房	だんぼう	94	☐ 中学校	ちゅうがっこう	64	☐ 追加	ついか	153
☐	血	ち	79	☐ 中級	ちゅうきゅう	289	☐ ついでに	-	212
☐	地域	ちいき	168	☐ 中古	ちゅうこ	128	☐ ついに	-	236
☐	小さい	ちいさい	55	☐ 中国	ちゅうごく	88	☐ 通過	つうか	181
☐	チーズ	-	350	☐ 中止	ちゅうし	38	☐ 通勤	つうきん	241
☐	チェック	-	360						
☐	地下	ちか	38				☐ 通じる	つうじる	185

□ 通信	つうしん	312	□ 詰める	つめる	211	□ 出口	でぐち	45
□ 通知	つうち	290	□ つもり	-	72	□ デザイン	-	359
□ 通訳	つうやく	241	□ 積もる	つもる	37	□ 手数料	てすうりょう	331
□ 使い捨て	つかいすて	84	□ 梅雨	つゆ	37	□ テスト	-	354
□ 使い捨て用品	つかいすてようひん	277	□ 強い	つよい	51	□ 手伝う	てつだう	22
□ 使う	つかう	93	□ つらい	-	260	□ 手続き	てつづき	297
□ 疲れが取れる	つかれがとれる	307	□ 連れる	つれる	91	□ 鉄道	てつどう	180
□ 疲れる	つかれる	78	□ 手	て	54	□ 徹夜	てつや	222
□ 次	つぎ	50	□ 提案	ていあん	190	□ テニス	-	362
□ 次々と	つぎつぎと	326	□ 定員	ていいん	154	□ 手に入る	てにはいる	126
□ 次の年	つぎのとし	106	□ 低下	ていか	160	□ デパート	-	347
□ 付く	つく	21	□ 定期的だ	ていきてきだ	153	□ 手袋	てぶくろ	24
□ 着く	つく	44	□ 提供	ていきょう	149	□ 手間	てま	142
□ 机	つくえ	60	□ 停止	ていし	177	□ 手間がかかる	てまがかかる	142
□ 作り方	つくりかた	93	□ 停車	ていしゃ	177	□ 寺	てら	85
□ 作り出す	つくりだす	313	□ 提出	ていしゅつ	218	□ 出る	でる	16
□ 作る	つくる	87	□ 停電	ていでん	314	□ テレビ	-	359
□ 付ける	つける	21	□ 程度	ていど	110	□ 店員	てんいん	30
□ 都合	つごう	24	□ ていねい	-	49	□ 天気	てんき	36
□ 伝える	つたえる	33	□ データ	-	363	□ 電気	でんき	94
□ 伝わる	つたわる	186	□ デート	-	359	□ 天気予報	てんきよほう	38
□ 続いて	つづいて	322	□ テーブル	-	347	□ 電気をつける	でんきをつける	94
□ 続き	つづき	283	□ テーマ	-	358	□ 電源	でんげん	314
□ 続ける	つづける	78	□ 出かける	でかける	87	□ 伝言	でんごん	189
□ 包む	つつむ	25	□ 手紙	てがみ	46	□ 天才	てんさい	52
□ 勤める	つとめる	240	□ 手軽だ	てがるだ	28	□ 電車	でんしゃ	45
□ 務める	つとめる	243	□ テキスト	-	354	□ 点数	てんすう	221
□ 常に	つねに	120	□ 適する	てきする	236	□ 伝説	でんせつ	286
□ 妻	つま	19	□ 適当だ	てきとうだ	93	□ 伝達	でんたつ	189
□ つまらない	-	74	□ できる	-	33	□ 店長	てんちょう	31
□ 冷たい	つめたい	38	□ できるだけ	-	22	□ 電灯	でんとう	94

★ 잘 모르겠는 단어에 체크하여 더 꼼꼼히 학습하세요. 빨간색 글자는 N5-N3 문자·어휘 기출 단어입니다.

□	伝統	でんとう	285	□ 登録	とうろく	290	□ 特急券	とっきゅうけん	180
□	天ぷら	てんぷら	30	□ 遠い	とおい	91	□ とっくに	-	108
□	展覧会	てんらんかい	34	□ 通り過ぎる	とおりすぎる	174	□ 突然	とつぜん	162
□	電話	でんわ	94	□ 通る	とおる	91	□ とても	-	76
□	ドア	-	351	□ 都会	とかい	96	□ 届く	とどく	16
□	問い合わせる	といあわせる	149	□ 時	とき	14	□ 届ける	とどける	16
□	ドイツ	-	364	□ 時々	ときどき	86	□ となり	-	22
□	トイレ	-	351	□ どきどき	-	298	□ 怒鳴る	どなる	116
□	どう	-	100	□ 得意だ	とくいだ	217	□ 飛ばす	とばす	314
□	同意	どうい	251	□ 読書	どくしょ	86	□ 飛び込む	とびこむ	292
□	同期	どうき	114	□ 特色	とくしょく	30	□ 飛び出す	とびだす	174
□	同級生	どうきゅうせい	229	□ 独身	どくしん	50	□ 飛ぶ	とぶ	81
□	道具	どうぐ	87	□ 特徴	とくちょう	172	□ 跳ぶ	とぶ	304
□	動作	どうさ	313	□ 独特だ	どくとくだ	205	□ 止まる	とまる	44
□	投資	とうし	331	□ 特に	とくに	74	□ 留まる	とまる	173
□	当日	とうじつ	104	□ 得票	とくひょう	325	□ 泊まる	とまる	297
□	どうして	-	73	□ 特別だ	とくべつだ	72	□ 止める	とめる	44
□	登場	とうじょう	282	□ 独立	どくりつ	209	□ 友達	ともだち	19
□	当選	とうせん	325	□ 時計	とけい	94	□ 共働き	ともばたらき	97
□	当然	とうぜん	250	□ 溶ける	とける	165	□ 土曜日	どようび	32
□	どうぞ	-	49	□ どこ	-	43	□ ドライヤー	-	347
□	逃走	とうそう	326	□ 所	ところ	39	□ ドラマ	-	359
□	同窓会	どうそうかい	229	□ 登山	とざん	291	□ 鳥	とり	80
□	到着	とうちゃく	296	□ 年	とし	50	□ 取り上げる	とりあげる	244
□	とうとう	-	68	□ 都市	とし	96	□ 取り替える	とりかえる	26
□	投票	とうひょう	325	□ 図書館	としょかん	63	□ 取り消す	とりけす	298
□	動物	どうぶつ	80	□ 閉じる	とじる	20	□ 取り付ける	とりつける	211
□	動物園	どうぶつえん	40	□ 都心	としん	169	□ とり肉	とりにく	26
□	どうも	-	49	□ 土地	とち	274	□ 取り巻く	とりまく	211
□	東洋	とうよう	96	□ 途中	とちゅう	69	□ 努力	どりょく	307
□	道路	どうろ	43	□ 読解力	どっかいりょく	220	□ 取る	とる	21
				□ 特急	とっきゅう	45			

撮る	とる	87
トレーニング	-	363
泥	どろ	274
とんとん	-	244
どんどん	-	79

な

内部	ないぶ	38
内容	ないよう	216
治す	なおす	79
直す	なおす	94
治る	なおる	79
中	なか	42
長い	ながい	55
なかなか	-	74
仲間	なかま	114
中身	なかみ	129
流れる	ながれる	276
泣き声	なきごえ	209
鳴く	なく	81
泣く	なく	258
慰める	なぐさめる	187
無くす	なくす	28
なぐる	-	238
投げ捨てる	なげすてる	238
投げる	なげる	310
なさけない	-	258
なぜ	-	100
なだらかだ	-	274
夏	なつ	36
懐かしい	なつかしい	256
納得	なっとく	252

夏休み	なつやすみ	63
鍋料理	なべりょうり	148
名前	なまえ	50
波	なみ	162
涙	なみだ	258
悩む	なやむ	72
習い事	ならいごと	290
習い始める	ならいはじめる	291
習う	ならう	68
並ぶ	ならぶ	31
並べる	ならべる	21
なる	-	21
なるべく	-	234
慣れる	なれる	75
何度も	なんども	238
二	に	12
似合う	にあう	56
におい	-	30
苦い	にがい	76
苦手だ	にがてだ	193
にぎやかだ	-	51
握る	にぎる	187
肉	にく	26
逃げる	にげる	98
にこにこ	-	75
西	にし	42
日時	にちじ	153
日常	にちじょう	120
日曜日	にちようび	32
日課	にっか	219
日記	にっき	60

日程	にってい	32
二年前	にねんまえ	15
日本	にほん	88
日本語	にほんご	97
日本人	にほんじん	97
荷物	にもつ	297
入院	にゅういん	79
入荷	にゅうか	246
入学	にゅうがく	62
入金	にゅうきん	331
入場	にゅうじょう	85
ニュース	-	364
入門	にゅうもん	289
入力	にゅうりょく	245
似る	にる	55
庭	にわ	40
人気	にんき	85
人形	にんぎょう	25
にんじん	-	27
人数	にんずう	154
脱ぐ	ぬぐ	21
ぬる	-	20
ぬるい	-	140
濡れる	ぬれる	38
根	ね	272
願う	ねがう	46
ネクタイ	-	346
猫	ねこ	80
値段	ねだん	25
熱	ねつ	78
熱心だ	ねっしんだ	60
寝坊	ねぼう	16

★ 잘 모르겠는 단어에 체크하여 더 꼼꼼히 학습하세요. 빨간색 글자는 N5-N3 문자·어휘 기출 단어입니다.

☐ 眠い	ねむい	16		**は**		☐ 始める	はじめる	87
☐ 眠たい	ねむたい	16	☐ 歯	は	54	☐ 場所	ばしょ	38
☐ 眠る	ねむる	16	☐ 葉	は	272	☐ 走り出す	はしりだす	92
☐ 寝る	ねる	16	☐ 場合	ばあい	74	☐ 走る	はしる	92
☐ 年中	ねんじゅう	105	☐ パーティー	-	346	☐ バス	-	352
☐ 年生	ねんせい	226	☐ パートタイム	-	355	☐ バスが込む	バスがこむ	45
☐ 年末	ねんまつ	90	☐ 倍	ばい	110	☐ 恥ずかしい	はずかしい	51
☐ 燃料	ねんりょう	318	☐ バイオリン	-	358	☐ バスケットボール	-	362
☐ 年齢	ねんれい	237	☐ ハイキング	-	362	☐ パソコン	-	359
☐ 農業	のうぎょう	277	☐ 歯医者	はいしゃ	67	☐ 働く	はたらく	70
☐ 能力	のうりょく	197	☐ 配達	はいたつ	132	☐ 八	はち	12
☐ ノート	-	354	☐ バイト	-	355	☐ 発音	はつおん	60
☐ 残す	のこす	140	☐ 売買	ばいばい	98	☐ 発刊	はっかん	284
☐ 残る	のこる	75	☐ 倍率	ばいりつ	340	☐ はっきり	-	205
☐ 除く	のぞく	155	☐ 入る	はいる	62	☐ 発見	はっけん	336
☐ 望む	のぞむ	254	☐ 生える	はえる	203	☐ 発言	はつげん	184
☐ ノック	-	346	☐ 葉書	はがき	88	☐ 発行	はっこう	284
☐ 喉	のど	54	☐ 測る/計る/量る	はかる	201	☐ 発射	はっしゃ	315
☐ 伸ばす	のばす	203	☐ はきはき	-	195	☐ 発生	はっせい	321
☐ 延ばす	のばす	299	☐ はく	-	21	☐ 発想	はっそう	340
☐ 伸びる	のびる	273	☐ 吐く	はく	269	☐ 発達	はったつ	306
☐ 述べる	のべる	184	☐ 博物館	はくぶつかん	85	☐ 発展	はってん	337
☐ 登る	のぼる	91	☐ 激しい	はげしい	261	☐ 発売	はつばい	133
☐ 飲み会	のみかい	243	☐ バケツ	-	348	☐ 発表	はっぴょう	218
☐ 飲み物	のみもの	27	☐ 箱	はこ	57	☐ 発表会	はっぴょうかい	34
☐ 飲み物代	のみものだい	139	☐ 運ぶ	はこぶ	69	☐ 発明	はつめい	100
☐ 飲む	のむ	27	☐ 橋	はし	92	☐ バドミントン	-	362
☐ 乗り換える	のりかえる	44	☐ 始まる	はじまる	34	☐ 鼻	はな	54
☐ 乗り物	のりもの	44	☐ 初めて	はじめて	301	☐ 花	はな	80
☐ 乗る	のる	44	☐ はじめに	-	34	☐ 話	はなし	46
☐ のろのろ	-	195						
☐ のんびり	-	195						

388 무료 학습자료 제공 japan.Hackers.com

☐ 話しかける	はなしかける	184	☐ ハンカチ	-	347	☐ ひかれる	-	269
☐ 話す	はなす	46	☐ 番組	ばんぐみ	84	☐ 引き受ける	ひきうける	243
☐ 放す	はなす	123	☐ 番号	ばんごう	33	☐ 引き落とす	ひきおとす	330
☐ 離す	はなす	208	☐ 晩ご飯	ばんごはん	26	☐ 引き出す	ひきだす	330
☐ バナナ	-	350	☐ 犯罪	はんざい	326	☐ 引く	ひく	21
☐ 花火	はなび	84	☐ 反射	はんしゃ	336	☐ 弾く	ひく	86
☐ 花火大会	はなびたいかい	84	☐ 反省	はんせい	262	☐ 低い	ひくい	161
☐ 花見	はなみ	84	☐ 反対	はんたい	73	☐ ピクニック	-	360
☐ 離れる	はなれる	174	☐ 判断	はんだん	251	☐ 飛行機	ひこうき	45
☐ 跳ねる	はねる	278	☐ 判断力	はんだんりょく	198	☐ 飛行場	ひこうじょう	40
☐ 母	はは	18	☐ 番地	ばんち	168	☐ 美術	びじゅつ	280
☐ 母親	ははおや	18	☐ 半島	はんとう	82	☐ 美術館	びじゅつかん	85
☐ 阻む	はばむ	322	☐ 半年	はんとし	16	☐ 非常に	ひじょうに	92
☐ 場面	ばめん	85	☐ 半日	はんにち	105	☐ 美人	びじん	55
☐ 速い	はやい	44	☐ ハンバーガー	-	350	☐ 左	ひだり	42
☐ 早い	はやい	51	☐ 販売	はんばい	134	☐ 左側	ひだりがわ	42
☐ 早く	はやく	50	☐ パンフレット	-	348	☐ びっくりする	-	76
☐ 林	はやし	81	☐ 半分	はんぶん	22	☐ 引っ越す	ひっこす	57
☐ 早めに	はやめに	301	☐ 日	ひ	32	☐ ぴったり	-	204
☐ はやる	-	283	☐ 日当たり	ひあたり	164	☐ 必要だ	ひつようだ	92
☐ 払い戻す	はらいもどす	134	☐ ピアノ	-	358	☐ ひどい	-	52
☐ 払う	はらう	31	☐ 冷える	ひえる	28	☐ 一人暮らし	ひとりぐらし	120
☐ ばらばら	-	113	☐ 日帰り	ひがえり	299	☐ 批判	ひはん	253
☐ 春	はる	36	☐ 控える	ひかえる	173	☐ 批評	ひひょう	253
☐ はる	-	93	☐ 比較	ひかく	321	☐ 暇だ	ひまだ	52
☐ バレーボール	-	362	☐ 東	ひがし	42	☐ 秘密	ひみつ	19
☐ 晴れる	はれる	37	☐ 日がのぼる	ひがのぼる	342	☐ 百	ひゃく	12
☐ 晩	ばん	13	☐ ぴかぴか	-	164	☐ 日焼け	ひやけ	203
☐ パン	-	350	☐ 光	ひかり	100	☐ 冷やす	ひやす	28
☐ 範囲	はんい	217	☐ 光る	ひかる	84	☐ 費用	ひよう	292
☐ 反映	はんえい	320						

★ 잘 모르겠는 단어에 체크하여 더 꼼꼼히 학습하세요. 빨간색 글자는 N5-N3 문자·어휘 기출 단어입니다.

□	秒	びょう	109	□ 不可欠	ふかけつ	333	□ 部品	ぶひん	317
□	病院	びょういん	79	□ 深まる	ふかまる	117	□ 部分	ぶぶん	342
□	美容院	びよういん	170	□ ふきん	-	212	□ 不便だ	ふべんだ	76
□	評価	ひょうか	218	□ 服	ふく	24	□ 不満	ふまん	248
□	病気	びょうき	79	□ 吹く	ふく	36	□ 不満だ	ふまんだ	56
□	表現	ひょうげん	249	□ 拭く	ふく	212	□ ふむ	-	49
□	表現力	ひょうげんりょく	198	□ 不具合	ふぐあい	313	□ 冬	ふゆ	36
				□ 復学	ふくがく	225	□ 冬休み	ふゆやすみ	63
□	表紙	ひょうし	100	□ 複雑だ	ふくざつだ	310	□ 不要だ	ふようだ	214
□	表情	ひょうじょう	203	□ 復習	ふくしゅう	217	□ プラスチック	-	358
□	評判	ひょうばん	254	□ 複数	ふくすう	109	□ ふらふら	-	268
□	表面	ひょうめん	338	□ 服装	ふくそう	228	□ ぶらぶら	-	297
□	評論	ひょうろん	254	□ 含む	ふくむ	155	□ ふりこみ	-	99
□	開く	ひらく	34	□ 無事だ	ぶじだ	265	□ プリンター	-	355
□	昼	ひる	13	□ 夫人	ふじん	112	□ プリント	-	363
□	ビル	-	351	□ 防ぐ	ふせぐ	317	□ 降る	ふる	36
□	昼ご飯	ひるごはん	31	□ 不足	ふそく	305	□ 振る	ふる	189
□	昼間	ひるま	13	□ 豚肉	ぶたにく	26	□ 古い	ふるい	86
□	昼休み	ひるやすみ	63	□ 普段	ふだん	120	□ プレゼント	-	360
□	広い	ひろい	39	□ 部長	ぶちょう	67	□ 触れる	ふれる	269
□	拾う	ひろう	21	□ 普通	ふつう	162	□ プログラム	-	359
□	広場	ひろば	40	□ 物価	ぶっか	332	□ プロジェクター	-	359
□	広まる	ひろまる	322	□ 二日前	ふつかまえ	14	□ 雰囲気	ふんいき	298
□	貧困	ひんこん	334	□ ぶつかる	-	73	□ 文化	ぶんか	84
□	ヒント	-	354	□ ぶつける	-	124	□ 文学	ぶんがく	61
□	貧乏だ	びんぼうだ	333	□ 物質	ぶっしつ	338	□ 文学部	ぶんがくぶ	229
□	不安だ	ふあんだ	258	□ ぶつぶつ	-	258	□ 文書	ぶんしょ	68
□	封筒	ふうとう	26	□ ふと	-	251	□ 文章	ぶんしょう	216
□	夫婦	ふうふ	112	□ 太い	ふとい	55	□ 分布	ぶんぷ	320
□	プール	-	351	□ ぶどう	-	27	□ 文法	ぶんぽう	61
□	増える	ふえる	98	□ 太る	ふとる	56	□ 分量	ぶんりょう	142
□	深い	ふかい	82	□ 船	ふね	99			

分類	ぶんるい	284	方法	ほうほう	305	毎月	まいつき/まいげつ	16
平均	へいきん	161	訪問	ほうもん	170	毎年	まいとし	16
平均的だ	へいきんてきだ	161	法律	ほうりつ	324	毎日	まいにち	16
平日	へいじつ	105	吠える	ほえる	278	毎晩	まいばん	14
平和	へいわ	210	ホームステイ	-	358	前	まえ	42
ページ	-	354	ボールペン	-	354	前もって	まえもって	158
下手だ	へただ	52	ポケット	-	346	任せる	まかせる	246
ベッド	-	347	保健	ほけん	227	曲がる	まがる	43
ペット	-	347	ほこり	-	213	負ける	まける	93
別に	べつに	158	星	ほし	81	曲げる	まげる	305
別々	べつべつ	139	欲しい	ほしい	72	孫	まご	113
ベトナム	-	363	募集	ぼしゅう	290	真面目だ	まじめだ	51
部屋	へや	57	保証	ほしょう	331	交じる	まじる	315
ぺらぺらだ	-	220	ポスター	-	355	まず	-	31
減る	へる	306	細い	ほそい	204	まずい	-	28
変化	へんか	202	保存	ほぞん	286	貧しい	まずしい	333
勉強	べんきょう	60	ホテル	-	351	ますます	-	162
変更	へんこう	32	ほとんど	-	97	混ぜる	まぜる	342
返事	へんじ	68	ほめる	-	46	また	-	73
変身	へんしん	202	ボランティア	-	359	まだ	-	100
変だ	へんだ	198	本	ほん	86	または	-	100
返納	へんのう	123	本気	ほんき	75	町	まち	39
便利だ	べんりだ	99	本日	ほんじつ	104	待ち合わせる	まちあわせる	157
貿易	ぼうえき	99	本棚	ほんだな	57	間違える	まちがえる	73
方角	ほうがく	182	本当	ほんとう	76	待つ	まつ	33
方向	ほうこう	182	本屋	ほんや	39	真っ白だ	まっしろだ	166
報告	ほうこく	241	翻訳	ほんやく	241	まっすぐ	-	43
報告書	ほうこくしょ	218		ま		まったく	-	205
ぼうし	-	37	マーク	-	355	祭り	まつり	84
放送	ほうそう	84	毎朝	まいあさ	13	窓	まど	57
防犯	ぼうはん	317	毎週	まいしゅう	86	窓口	まどぐち	99

★ 잘 모르겠는 단어에 체크하여 더 꼼꼼히 학습하세요. 빨간색 글자는 N5-N3 문자·어휘 기출 단어입니다.

☐	まとめる	-	213	☐	身につける	みにつける	294	☐	メートル	-	348
☐	学ぶ	まなぶ	62	☐	身分証明書/身分証	みぶんしょうめいしょ/みぶんしょう	154	☐	メール	-	355
☐	間に合う	まにあう	33	☐	見本	みほん	238	☐	めがね	-	56
☐	眩しい	まぶしい	163	☐	耳	みみ	54	☐	珍しい	めずらしい	25
☐	豆	まめ	136	☐	未来	みらい	341	☐	メッセージ	-	354
☐	守る	まもる	324	☐	魅力的だ	みりょくてきだ	205	☐	めったにない	-	134
☐	迷う	まよう	182	☐	見る	みる	86	☐	メニュー	-	351
☐	マラソン	-	362	☐	みんな	-	50	☐	メモ	-	356
☐	丸い	まるい	205	☐	向かう	むかう	182	☐	免疫	めんえき	267
☐	回す	まわす	206	☐	迎える	むかえる	85	☐	面接	めんせつ	234
☐	万	まん	12	☐	昔	むかし	14	☐	面倒くさい	めんどうくさい	259
☐	満員	まんいん	178	☐	剥く	むく	141	☐	面倒だ	めんどうだ	259
☐	満足	まんぞく	131	☐	向く	むく	197	☐	もう	-	14
☐	見送る	みおくる	187	☐	虫	むし	81	☐	申し上げる	もうしあげる	50
☐	見返す	みかえす	293	☐	無視	むし	260	☐	申込書/申し込み書	もうしこみしょ	158
☐	みがく	-	58	☐	蒸し暑い	むしあつい	37	☐	申し込む	もうしこむ	33
☐	見かける	みかける	122	☐	難しい	むずかしい	100	☐	申し訳ない	もうしわけない	118
☐	みかん	-	27	☐	息子	むすこ	112	☐	もうすぐ	-	99
☐	右	みぎ	42	☐	結ぶ	むすぶ	115	☐	燃える	もえる	342
☐	右側	みぎがわ	42	☐	娘	むすめ	112	☐	模擬	もぎ	237
☐	見事だ	みごとだ	280	☐	無駄だ	むだだ	249	☐	目的	もくてき	299
☐	短い	みじかい	129	☐	夢中だ	むちゅうだ	293	☐	目的地	もくてきち	91
☐	水	みず	99	☐	胸	むね	200	☐	目標	もくひょう	220
☐	湖	みずうみ	81	☐	村	むら	39	☐	木曜日	もくようび	32
☐	店	みせ	39	☐	無理	むり	309	☐	もし	-	56
☐	見せる	みせる	67	☐	無料	むりょう	98	☐	文字	もじ	283
☐	道	みち	43	☐	目	め	54	☐	持ち帰る	もちかえる	147
☐	見つかる	みつかる	100	☐	めい	-	113	☐	持ち物	もちもの	297
☐	見つける	みつける	100	☐	命令	めいれい	242	☐	もちろん	-	250
☐	緑	みどり	130	☐	迷惑	めいわく	118				
☐	港	みなと	39								
☐	南	みなみ	42								

☐	持つ	もつ	21	☐ やせる	-	204	☐ ユーモア	-	355
☐	もったいない	-	248	☐ 家賃	やちん	57	☐ 床	ゆか	212
☐	もっと	-	76	☐ 薬局	やっきょく	266	☐ 雪	ゆき	36
☐	最も	もっとも	300	☐ やっと	-	234	☐ 輸出	ゆしゅつ	99
☐	戻す	もどす	92	☐ 雇う	やとう	150	☐ 豊かだ	ゆたかだ	84
☐	戻る	もどる	69	☐ やはり	-	74	☐ ゆっくり	-	34
☐	紅葉	もみじ/こうよう	273	☐ やぶる	-	125	☐ ゆでる	-	141
☐	もも	-	27	☐ 破れる	やぶれる	316	☐ 輸入	ゆにゅう	99
☐	燃やす	もやす	278	☐ 山	やま	81	☐ 指	ゆび	54
☐	模様	もよう	129	☐ 山登り	やまのぼり	291	☐ 夢	ゆめ	62
☐	最寄り	もより	181	☐ 止む	やむ	36	☐ ゆるい	-	131
☐	もらう	-	48	☐ やめる	-	87	☐ 許す	ゆるす	324
☐	森	もり	81	☐ やり方	やりかた	244	☐ 揺れる	ゆれる	82
☐	文句	もんく	258	☐ やりとり	-	185	☐ 用意	ようい	38
☐	問題	もんだい	61	☐ やり直す	やりなおす	219	☐ 容易だ	よういだ	316
		や		☐ やる	-	91	☐ 容器	ようき	139
☐	やおや	-	22	☐ 柔らかい	やわらかい	25	☐ 用紙	ようし	219
☐	野球	やきゅう	92	☐ 柔らかだ	やわらかだ	194	☐ 用事	ようじ	24
☐	約	やく	109	☐ 遊園地	ゆうえんち	169	☐ 様子	ようす	203
☐	焼く	やく	140	☐ 夕方	ゆうがた	13	☐ 要素	ようそ	337
☐	訳す	やくす	245	☐ 夕刊	ゆうかん	284	☐ 幼稚園	ようちえん	208
☐	約束	やくそく	46	☐ 優勝	ゆうしょう	93	☐ 曜日	ようび	32
☐	役立つ	やくだつ	123	☐ 友情	ゆうじょう	114	☐ 洋服	ようふく	24
☐	役割	やくわり	238	☐ 夕食	ゆうしょく	31	☐ ようやく	-	234
☐	野菜	やさい	27	☐ 友人	ゆうじん	19	☐ ヨーロッパ	-	364
☐	易しい	やさしい	72	☐ 郵送	ゆうそう	132	☐ ヨガ	-	362
☐	優しい	やさしい	192	☐ 夕飯	ゆうはん	20	☐ 夜が明ける	よがあける	109
☐	安い	やすい	25	☐ 郵便	ゆうびん	122	☐ 預金	よきん	331
☐	休みを取る	やすみをとる	70	☐ 郵便局	ゆうびんきょく	39	☐ よく	-	86
☐	休む	やすむ	86	☐ 夕べ	ゆうべ	13	☐ 翌日	よくじつ	104
				☐ 有名だ	ゆうめいだ	30	☐ 翌年	よくねん	106
							☐ 横	よこ	171

★ 잘 모르겠는 단어에 체크하여 더 꼼꼼히 학습하세요. 빨간색 글자는 N5-N3 문자·어휘 기출 단어입니다.

☐	横になる	よこになる	126	☐ ランチ	-	351	☐ レジ	-	347
☐	汚れる	よごれる	58	☐ 理解	りかい	336	☐ レジャー	-	359
☐	予算	よさん	332	☐ リサイクル	-	358	☐ レストラン	-	351
☐	予習	よしゅう	60	☐ 立派だ	りっぱだ	172	☐ 列車	れっしゃ	45
☐	予想	よそう	251	☐ 理由	りゆう	67	☐ レベル	-	354
☐	予測	よそく	165	☐ 留学	りゅうがく	64	☐ レポート	-	356
☐	予定	よてい	24	☐ 留学生	りゅうがくせい	64	☐ 連休	れんきゅう	288
☐	夜中	よなか	13	☐ 流行	りゅうこう	283	☐ 練習	れんしゅう	86
☐	呼びかける	よびかける	189	☐ 利用	りよう	93	☐ 連続	れんぞく	306
☐	呼ぶ	よぶ	31	☐ 両替	りょうがえ	299	☐ 連絡	れんらく	33
☐	予報	よほう	38	☐ 両側	りょうがわ	185	☐ 連絡先	れんらくさき	69
☐	予防	よぼう	265	☐ 料金	りょうきん	298	☐ 連絡を取る	れんらくをとる	190
☐	読み書き	よみかき	222	☐ 漁師	りょうし	232	☐ 廊下	ろうか	64
☐	読む	よむ	86	☐ 利用者	りようしゃ	293	☐ 老人	ろうじん	48
☐	予約	よやく	33	☐ 両親	りょうしん	18	☐ 六	ろく	12
☐	余裕	よゆう	256	☐ 両方	りょうほう	74	☐ 録画	ろくが	318
☐	夜	よる	13	☐ 料理	りょうり	28	☐ ロッカー	-	360
☐	寄る	よる	91	☐ 旅館	りょかん	39	☐ ロボット	-	364
☐	喜ぶ	よろこぶ	75	☐ 緑茶	りょくちゃ	137			
☐	弱い	よわい	52	☐ 旅行	りょこう	90	**わ**		
☐	弱気	よわき	52	☐ 旅行先	りょこうさき	90	☐ ワイシャツ	-	346
				☐ 履歴書	りれきしょ	236	☐ 若い	わかい	51
ら				☐ りんご	-	27	☐ 沸かす	わかす	28
☐	来館	らいかん	170	☐ ルール	-	363	☐ わがまま	-	196
☐	来月	らいげつ	15	☐ 留守	るす	57	☐ 分かりやすい	わかりやすい	198
☐	来週	らいしゅう	15	☐ 留守番電話	るすばんでんわ	123	☐ 分かる	わかる	46
☐	来場	らいじょう	170	☐ 冷静だ	れいせいだ	192	☐ 別れる	わかれる	118
☐	来店	らいてん	170	☐ 冷蔵庫	れいぞうこ	58	☐ わけ	-	252
☐	来年	らいねん	15	☐ 冷凍	れいとう	142	☐ 分ける	わける	110
☐	楽だ	らくだ	288	☐ 冷房	れいぼう	94	☐ わざわざ	-	74
☐	ラジオ	-	359	☐ 歴史	れきし	61	☐ わずか	-	334
☐	落下	らっか	340						

☐ 忘れる	わすれる	90
☐ 渡す	わたす	69
☐ 渡る	わたる	43
☐ 笑う	わらう	75
☐ 割合	わりあい	139
☐ 割引	わりびき	133
☐ 割る	わる	13
☐ 悪い	わるい	76
☐ 割れる	われる	125
☐ ワンピース	-	346

해커스 JLPT
| 일본어능력시험 |
기출 단어장
N5-N3

초판 9쇄 발행 2026년 2월 2일
초판 1쇄 발행 2022년 2월 25일

지은이	해커스 JLPT연구소
펴낸곳	㈜해커스 어학연구소
펴낸이	해커스 어학연구소 출판팀
주소	서울특별시 서초구 강남대로61길 23 ㈜해커스 어학연구소
고객센터	02-537-5000
교재 관련 문의	publishing@hackers.com
	해커스일본어 사이트(japan.Hackers.com) 교재 Q&A 게시판
동영상강의	japan.Hackers.com
ISBN	978-89-6542-464-2 (13730)
Serial Number	01-09-01

저작권자 ⓒ 2022, 해커스 어학연구소
이 책 및 음성파일의 모든 내용, 이미지, 디자인, 편집 형태에 대한 저작권은 저자에게 있습니다.
서면에 의한 저자와 출판사의 허락 없이 내용의 일부 혹은 전부를 인용, 발췌하거나 복제, 배포할 수 없습니다.

일본어 교육 1위
해커스일본어(japan.Hackers.com)

해커스일본어

- QR코드로 바로 듣는 **다양한 버전의 무료 MP3**
- 해커스 스타강사의 **JLPT 인강**(교재 내 할인쿠폰 수록)
- 암기 효과를 극대화하는 **무료 Day별 단어 퀴즈 및 연습문제 체크체크 해석**

한경비즈니스 선정 2020 한국브랜드선호도 교육(온·오프라인 일본어) 부문 1위

일본어 교육 **1위** 해커스일본어
한경비즈니스 선정 2020 한국브랜드선호도 교육(온·오프라인 일본어) 부문 1위

해커스JLPT

착한 0원반
수강료

* [0원] 교재비 환급대상 제외/제세공과금 본인부담/미션달성시
* 페이지 내 유의사항 필수 확인

해커스 어학연구소만의 자신 있는 합격 전략!
해커스 JLPT N3~N1 교재 제공

성적 or 출석 달성 시	기초일본어부터	미션 실패 시 무조건	일본어 학습자료
수강료 100% 환급	**JLPT 강의까지 무제한**	**수강 기간 연장**	**무료 제공**

* 교재비 환급대상 제외/제세공과금 본인부담/미션달성시
* [출석] 수강기간 180일 중 120일 연속 출석
* 페이지 내 유의사항 필수 확인

* 페이지 내 유의사항 필수 확인

* PDF

일본어 교육 1위 해커스일본어
japan.Hackers.com

JLPT
N3/N2/N1
착한 0원반 ▶